国家卫生和计划生育委员会"十三五"规划教材

全国高等中医药教育教材

供中医学、针灸推拿学、中西医临床医学等专业用

# 循证医学

## 第 2 版

主　编　刘建平

副主编　王　健　吴大嵘　李国春　李晓枫　郑景辉

编　委（以姓氏笔画为序）

王　健（长春中医药大学）　　　吴大嵘（广东省中医院）

王永刚（陕西中医药大学）　　　张亚军（内蒙古医学院）

王成岗（山东中医药大学）　　　季聪华（浙江中医药大学）

刘建平（北京中医药大学）　　　郑景辉（广西中医药大学）

李国春（南京中医药大学）　　　费宇彤（北京中医药大学）

李晓枫（大连医科大学）　　　　董　秀（辽宁中医药大学）

杨　颖（海南省妇幼保健院）　　熊光轶（云南中医学院）

秘　书　曹卉娟（北京中医药大学）

人民卫生出版社

**图书在版编目（CIP）数据**

循证医学/刘建平主编.—2 版.—北京：人民卫生出版社,2018
ISBN 978-7-117-25930-9

Ⅰ.①循…　Ⅱ.①刘…　Ⅲ.①循证医学-医学院校-教材
Ⅳ.①R499

中国版本图书馆 CIP 数据核字(2018)第 014388 号

| 人卫智网 | www.ipmph.com | 医学教育、学术、考试、健康，购书智慧智能综合服务平台 |
| 人卫官网 | www.pmph.com | 人卫官方资讯发布平台 |

## 循 证 医 学
### 第 2 版

主　　编：刘建平
出版发行：人民卫生出版社（中继线 010-59780011）
地　　址：北京市朝阳区潘家园南里 19 号
邮　　编：100021
E - mail：pmph @ pmph. com
购书热线：010-59787592　010-59787584　010-65264830
印　　刷：人卫印务（北京）有限公司
经　　销：新华书店
开　　本：787×1092　1/16　　印张：11
字　　数：253 千字
版　　次：2012 年 6 月第 1 版　2018 年 2 月第 2 版第 1 次印刷
　　　　　2022 年 12 月第 2 版第 3 次印刷（总第 4 次印刷）
标准书号：ISBN 978-7-117-25930-9/R·25931
定　　价：36.00 元

**打击盗版举报电话：010-59787491　E-mail：WQ @ pmph. com**
（凡属印装质量问题请与本社市场营销中心联系退换）

# 修 订 说 明

为了更好地贯彻落实《国家中长期教育改革和发展规划纲要(2010-2020)》《医药卫生中长期人才发展规划(2011-2020)》《中医药发展战略规划纲要(2016-2030 年)》和《国务院办公厅关于深化高等学校创新创业教育改革的实施意见》精神,做好新一轮全国高等中医药教育教材建设工作,人民卫生出版社在教育部、国家卫生和计划生育委员会、国家中医药管理局的领导下,在上一轮教材建设的基础上,组织和规划了全国高等中医药教育本科国家卫生和计划生育委员会"十三五"规划教材的编写和修订工作。

为做好新一轮教材的出版工作,人民卫生出版社在教育部高等中医学本科教学指导委员会和第二届全国高等中医药教育教材建设指导委员会的大力支持下,先后成立了第三届全国高等中医药教育教材建设指导委员会、首届全国高等中医药教育数字教材建设指导委员会和相应的教材评审委员会,以指导和组织教材的遴选、评审和修订工作,确保教材编写质量。

根据"十三五"期间高等中医药教育教学改革和高等中医药人才培养目标,在上述工作的基础上,人民卫生出版社规划、确定了中医学、针灸推拿学、中药学、中西医临床医学、护理学、康复治疗学 6 个专业 139 种国家卫生和计划生育委员会"十三五"规划教材。教材主编、副主编和编委的遴选按照公开、公平、公正的原则,在全国近 50 所高等院校 4000 余位专家和学者申报的基础上,近 3000 位申报者经教材建设指导委员会、教材评审委员会审定批准,聘任为主审、主编、副主编、编委。

本套教材的主要特色如下:

1. **定位准确,面向实际** 教材的深度和广度符合各专业教学大纲的要求和特定学制、特定对象、特定层次的培养目标,紧扣教学活动和知识结构,以解决目前各院校教材使用中的突出问题为出发点和落脚点,对人才培养体系、课程体系、教材体系进行充分调研和论证,使之更加符合教改实际、适应中医药人才培养要求和市场需求。

2. **夯实基础,整体优化** 以培养高素质、复合型、创新型中医药人才为宗旨,以体现中医药基本理论、基本知识、基本思维、基本技能为指导,对课程体系进行充分调研和认真分析,以科学严谨的治学态度,对教材体系进行科学设计、整体优化,教材编写综合考虑学科的分化、交叉,既要充分体现不同学科自身特点,又注意各学科之间有机衔接;确保理论体系完善,知识点结合完备,内容精练、完整,概念准确,切合教学实际。

3. **注重衔接,详略得当** 严格界定本科教材与职业教育教材、研究生教材、毕业后教育教材的知识范畴,认真总结、详细讨论现阶段中医药本科各课程的知识和理论框架,使其在教材中得以凸显,既要相互联系,又要在编写思路、框架设计、内容取舍等方面有一定的区分度。

4. **注重传承,突出特色** 本套教材是培养复合型、创新型中医药人才的重要工具,是中医药文明传承的重要载体,传统的中医药文化是国家软实力的重要体现。因此,教材既要反映原汁原味的中医药知识,培养学生的中医思维,又要使学生中西医学融会贯通,既要传承经典,又要创新发挥,体现本版教材"重传承、厚基础、强人文、宽应用"的特点。

5. **纸质数字,融合发展** 教材编写充分体现与时代融合、与现代科技融合、与现代医学融合的特色和理念,适度增加新进展、新技术、新方法,充分培养学生的探索精神、创新精神;同时,将移动互联、网络增值、慕课、翻转课堂等新的教学理念和教学技术、学习方式融入教材建设之中,开发多媒体教材、数字教材等新媒体形式教材。

6. **创新形式,提高效用** 教材仍将传承上版模块化编写的设计思路,同时图文并茂、版式精美;内容方面注重提高效用,将大量应用问题导入、案例教学、探究教学等教材编写理念,以提高学生的学习兴趣和学习效果。

7. **突出实用,注重技能** 增设技能教材、实验实训内容及相关栏目,适当增加实践教学学时数,增强学生综合运用所学知识的能力和动手能力,体现医学生早临床、多临床、反复临床的特点,使教师好教、学生好学、临床好用。

8. **立足精品,树立标准** 始终坚持中国特色的教材建设的机制和模式;编委会精心编写,出版社精心审校,全程全员坚持质量控制体系,把打造精品教材作为崇高的历史使命,严把各个环节质量关,力保教材的精品属性,通过教材建设推动和深化高等中医药教育教学改革,力争打造国内外高等中医药教育标准化教材。

9. **三点兼顾,有机结合** 以基本知识点作为主体内容,适度增加新进展、新技术、新方法,并与劳动部门颁发的职业资格证书或技能鉴定标准和国家医师资格考试有效衔接,使知识点、创新点、执业点三点结合;紧密联系临床和科研实际情况,避免理论与实践脱节、教学与临床脱节。

本轮教材的修订编写,教育部、国家卫生和计划生育委员会、国家中医药管理局有关领导和教育部全国高等学校本科中医学教学指导委员会、中药学教学指导委员会等相关专家给予了大力支持和指导,得到了全国各医药卫生院校和部分医院、科研机构领导、专家和教师的积极支持和参与,在此,对有关单位和个人表示衷心的感谢!希望各院校在教学使用中以及在探索课程体系、课程标准和教材建设与改革的进程中,及时提出宝贵意见或建议,以便不断修订和完善,为下一轮教材的修订工作奠定坚实的基础。

人民卫生出版社有限公司

2017 年 3 月

# 全国高等中医药教育本科
## 国家卫生和计划生育委员会"十三五"规划教材
## 教材目录

中医学等专业

| 序号 | 教材名称 | 主编 |
|---|---|---|
| 1 | 中国传统文化(第2版) | 臧守虎 |
| 2 | 大学语文(第3版) | 李亚军、赵鸿君 |
| 3 | 中国医学史(第2版) | 梁永宣 |
| 4 | 中国古代哲学(第2版) | 崔瑞兰 |
| 5 | 中医文化学 | 张其成 |
| 6 | 医古文(第3版) | 王兴伊、傅海燕 |
| 7 | 中医学导论(第2版) | 石作荣 |
| 8 | 中医各家学说(第2版) | 刘桂荣 |
| 9 | *中医基础理论(第3版) | 高思华　王　键 |
| 10 | 中医诊断学(第3版) | 陈家旭　邹小娟 |
| 11 | 中药学(第3版) | 唐德才　吴庆光 |
| 12 | 方剂学(第3版) | 谢　鸣 |
| 13 | *内经讲义(第3版) | 贺　娟　苏　颖 |
| 14 | *伤寒论讲义(第3版) | 李赛美　李宇航 |
| 15 | 金匮要略讲义(第3版) | 张　琦　林昌松 |
| 16 | 温病学(第3版) | 谷晓红　冯全生 |
| 17 | *针灸学(第3版) | 赵吉平　李　瑛 |
| 18 | *推拿学(第3版) | 刘明军　孙武权 |
| 19 | 中医临床经典概要(第2版) | 周春祥　蒋　健 |
| 20 | *中医内科学(第3版) | 薛博瑜　吴　伟 |
| 21 | *中医外科学(第3版) | 何清湖　秦国政 |
| 22 | *中医妇科学(第3版) | 罗颂平　刘燕峰 |
| 23 | *中医儿科学(第3版) | 韩新民　熊　磊 |
| 24 | *中医眼科学(第2版) | 段俊国 |
| 25 | 中医骨伤科学(第2版) | 詹红生　何　伟 |
| 26 | 中医耳鼻咽喉科学(第2版) | 阮　岩 |
| 27 | 中医急重症学(第2版) | 刘清泉 |
| 28 | 中医养生康复学(第2版) | 章文春　郭海英 |
| 29 | 中医英语 | 吴　青 |
| 30 | 医学统计学(第2版) | 史周华 |
| 31 | 医学生物学(第2版) | 高碧珍 |
| 32 | 生物化学(第3版) | 郑晓珂 |
| 33 | 医用化学(第2版) | 杨怀霞 |

| 34 | 正常人体解剖学（第2版） | 申国明 | |
|---|---|---|---|
| 35 | 生理学（第3版） | 郭 健 | 杜 联 |
| 36 | 神经生理学（第2版） | 赵铁建 | 郭 健 |
| 37 | 病理学（第2版） | 马跃荣 | 苏 宁 |
| 38 | 组织学与胚胎学（第3版） | 刘黎青 | |
| 39 | 免疫学基础与病原生物学（第2版） | 罗 晶 | 郝 钰 |
| 40 | 药理学（第3版） | 廖端芳 | 周玖瑶 |
| 41 | 医学伦理学（第2版） | 刘东梅 | |
| 42 | 医学心理学（第2版） | 孔军辉 | |
| 43 | 诊断学基础（第2版） | 成战鹰 | 王肖龙 |
| 44 | 影像学（第2版） | 王芳军 | |
| 45 | 循证医学（第2版） | 刘建平 | |
| 46 | 西医内科学（第2版） | 钟 森 | 倪 伟 |
| 47 | 西医外科学（第2版） | 王 广 | |
| 48 | 医患沟通学（第2版） | 余小萍 | |
| 49 | 历代名医医案选读 | 胡方林 | 李成文 |
| 50 | 医学文献检索（第2版） | 高巧林 | 章新友 |
| 51 | 科技论文写作（第2版） | 李成文 | |
| 52 | 中医药科研思路与方法（第2版） | 胡鸿毅 | |

## 中药学、中药资源与开发、中药制药等专业

| 序号 | 教材名称 | 主编姓名 | |
|---|---|---|---|
| 53 | 高等数学（第2版） | 杨 洁 | |
| 54 | 解剖生理学（第2版） | 邵水金 | 朱大诚 |
| 55 | 中医学基础（第2版） | 何建成 | |
| 56 | 无机化学（第2版） | 刘幸平 | 吴巧凤 |
| 57 | 分析化学（第2版） | 张 梅 | |
| 58 | 仪器分析（第2版） | 尹 华 | 王新宏 |
| 59 | 物理化学（第2版） | 张小华 | 张师愚 |
| 60 | 有机化学（第2版） | 赵 骏 | 康 威 |
| 61 | 医药数理统计（第2版） | 李秀昌 | |
| 62 | 中药文献检索（第2版） | 章新友 | |
| 63 | 医药拉丁语（第2版） | 李 峰 | 巢建国 |
| 64 | *药用植物学（第2版） | 熊耀康 | 严铸云 |
| 65 | 中药药理学（第2版） | 陆 茵 | 马越鸣 |
| 66 | 中药化学（第2版） | 石任兵 | 邱 峰 |
| 67 | 中药药剂学（第2版） | 李范珠 | 李永吉 |
| 68 | 中药炮制学（第2版） | 吴 皓 | 李 飞 |
| 69 | 中药鉴定学（第2版） | 王喜军 | |
| 70 | 中药分析学（第2版） | 贡济宇 | 张 丽 |
| 71 | 制药工程（第2版） | 王 沛 | |
| 72 | 医药国际贸易实务 | 徐爱军 | |
| 73 | 药事管理与法规（第2版） | 谢 明 | 田 侃 |
| 74 | 中成药学（第2版） | 杜守颖 | 崔 瑛 |
| 75 | 中药商品学（第3版） | 张贵君 | |
| 76 | 临床中药学（第2版） | 王 建 | 张 冰 |
| 77 | 临床中药学理论与实践 | 张 冰 | |

| 78 | 药品市场营销学（第2版） | 汤少梁 |
| 79 | 中西药物配伍与合理应用 | 王 伟　朱全刚 |
| 80 | 中药资源学 | 裴 瑾 |
| 81 | 保健食品研究与开发 | 张 艺　贡济宇 |
| 82 | 波谱解析（第2版） | 冯卫生 |

### 针灸推拿学等专业

| 序号 | 教材名称 | 主编姓名 |
| --- | --- | --- |
| 83 | *针灸医籍选读（第2版） | 高希言 |
| 84 | 经络腧穴学（第2版） | 许能贵　胡 玲 |
| 85 | 神经病学（第2版） | 孙忠人　杨文明 |
| 86 | 实验针灸学（第2版） | 余曙光　徐 斌 |
| 87 | 推拿手法学（第3版） | 王之虹 |
| 88 | *刺法灸法学（第2版） | 方剑乔　吴焕淦 |
| 89 | 推拿功法学（第2版） | 吕 明　顾一煌 |
| 90 | 针灸治疗学（第2版） | 杜元灏　董 勤 |
| 91 | *推拿治疗学（第3版） | 宋柏林　于天源 |
| 92 | 小儿推拿学（第2版） | 廖品东 |
| 93 | 针刀刀法手法学 | 郭长青 |
| 94 | 针刀医学 | 张天民 |

### 中西医临床医学等专业

| 序号 | 教材名称 | 主编姓名 |
| --- | --- | --- |
| 95 | 预防医学（第2版） | 王泓午　魏高文 |
| 96 | 急救医学（第2版） | 方邦江 |
| 97 | 中西医结合临床医学导论（第2版） | 战丽彬　洪铭范 |
| 98 | 中西医全科医学导论（第2版） | 郝微微　郭 栋 |
| 99 | 中西医结合内科学（第2版） | 郭 姣 |
| 100 | 中西医结合外科学（第2版） | 谭志健 |
| 101 | 中西医结合妇产科学（第2版） | 连 方　吴效科 |
| 102 | 中西医结合儿科学（第2版） | 肖 臻　常 克 |
| 103 | 中西医结合传染病学（第2版） | 黄象安　高月求 |
| 104 | 健康管理（第2版） | 张晓天 |
| 105 | 社区康复（第2版） | 朱天民 |

### 护理学等专业

| 序号 | 教材名称 | 主编姓名 |
| --- | --- | --- |
| 106 | 正常人体学（第2版） | 孙红梅　包怡敏 |
| 107 | 医用化学与生物化学（第2版） | 柯尊记 |
| 108 | 疾病学基础（第2版） | 王 易 |
| 109 | 护理学导论（第2版） | 杨巧菊 |
| 110 | 护理学基础（第2版） | 马小琴 |
| 111 | 健康评估（第2版） | 张雅丽 |
| 112 | 护理人文修养与沟通技术（第2版） | 张翠娣 |
| 113 | 护理心理学（第2版） | 李丽萍 |
| 114 | 中医护理学基础 | 孙秋华　陈莉军 |

| 115 | 中医临床护理学 | 胡慧 |
| 116 | 内科护理学(第2版) | 沈翠珍 高静 |
| 117 | 外科护理学(第2版) | 彭晓玲 |
| 118 | 妇产科护理学(第2版) | 单伟颖 |
| 119 | 儿科护理学(第2版) | 段红梅 |
| 120 | *急救护理学(第2版) | 许虹 |
| 121 | 传染病护理学(第2版) | 陈璇 |
| 122 | 精神科护理学(第2版) | 余雨枫 |
| 123 | 护理管理学(第2版) | 胡艳宁 |
| 124 | 社区护理学(第2版) | 张先庚 |
| 125 | 康复护理学(第2版) | 陈锦秀 |
| 126 | 老年护理学 | 徐桂华 |
| 127 | 护理综合技能 | 陈燕 |

**康复治疗学等专业**

| 序号 | 教材名称 | 主编姓名 |
| --- | --- | --- |
| 128 | 局部解剖学(第2版) | 张跃明 武煜明 |
| 129 | 运动医学(第2版) | 王拥军 潘华山 |
| 130 | 神经定位诊断学(第2版) | 张云云 |
| 131 | 中国传统康复技能(第2版) | 李丽 章文春 |
| 132 | 康复医学概论(第2版) | 陈立典 |
| 133 | 康复评定学(第2版) | 王艳 |
| 134 | 物理治疗学(第2版) | 张宏 姜贵云 |
| 135 | 作业治疗学(第2版) | 胡军 |
| 136 | 言语治疗学(第2版) | 万萍 |
| 137 | 临床康复学(第2版) | 张安仁 冯晓东 |
| 138 | 康复疗法学(第2版) | 陈红霞 |
| 139 | 康复工程学(第2版) | 刘夕东 |

注:①本套教材均配网络增值服务;②教材名称左上角标有*号者为"十二五"普通高等教育本科国家级规划教材。

# 第三届全国高等中医药教育教材
## 建设指导委员会名单

11

# 全国高等中医药教育本科
# 中医学专业教材评审委员会名单

# 前　言

　　循证医学自诞生至今已满 25 周年,其当初的预言已经成为现实,21 世纪的临床医学已经迈向循证医学的时代。占世界人口总数 80% 的人口正在使用传统医学,世界卫生组织(WHO)指出传统医学也应当走循证医学的道路。当今,循证医学已经从最初追求的循证临床实践,拓展到医疗卫生的各个领域,从基本药物目录制定到临床研究与临床实践都应当按照循证医学的原理和方法来加以指导。同时,循证医学的理念和方法已广泛应用于中医药的临床研究与评价。提出循证中医药的发展道路,对于调整中医临床研究的思路和方法,拓宽研究的领域,为中医药的疗效提供客观的科学证据,实现与国际接轨,必将产生巨大的促进作用。

　　作为第 2 版循证医学教材,本版教材从内容上反映了过去几年当中循证医学的进展,主要体现在循证医学对于中医药的发展逐渐规范,行业领域更加重视循证临床实践指南和临床路径的制定,充分遵循系统证据评价基础之上的推荐,促进中医的临床实践有证可循,促进中医临床实践从经验医学向以证据为基础的医学发展;同时采用循证医学方法开展高水平中医药临床研究,尤其是疗效评价研究,为中医药的疗效提供客观的科学证据,其最终目的在于更大范围地推广有效、安全的中医药疗法。本教材编写的内容涵盖面广、较及时地跟进国内外循证医学的最新进展,充分考虑中医高等院校教学的特点和需求,根据使用对象和专业要求、注重理论与实践相结合,突出重点、兼顾范围、由浅入深。在知识结构方面,强调中医临床实践和临床研究自身的特点,在采用循证医学方法评价中医药临床疗效时,注重方法学上的创新。其目的在于使中医药领域的实践和研究能够基于具有中医药特点的循证医学方法。

　　由于临床流行病学(临床科研的设计、测量与评价)是循证医学的基础学科,鉴于中医院校本科课程体系尚没有将临床流行病学列入课程体系,本教材力求将临床流行病学的知识与循证医学的内容进行有机整合,并针对中医临床研究的特点,提出适于中医临床疗效评价的思路与方法,中医临床研究证据的分级和严格评价,以及中医药防治重大疾病应用的临床研究实例。

　　本版教材更加注重在创新能力和思维能力上下功夫,在介绍循证医学概念和方法的基础上,结合中医特点,将临床流行病学中有关设计、实施和评价的内容有机地整合到中医循证临床评价中,起到承上启下的作用。全书分为 12 章,系统地介绍了循证医学的概念、循证医学证据分级体系、循证临床实践、中医药临床研究证据的检索、临床研究证据的严格评价、系统综述与 Meta 分析、临床实践指南、临床路径、社会学定性研究方法、卫生技术评估与经济学评价、中药疗法循证实践案例分析(心血管疾病、糖尿病、肿瘤、脑血管疾病、肠易激综合征、儿童过敏性紫癜)以及中医非药物疗法循证实践案例分析。同时,以中医药防治具有特色优势的病种为例介绍了循证医学在中药与中医非药物疗法防治疾病中应用的现状、进展及相关方法,并与临床流行病学进行了融合,通过临床案例为指引,为培养循证实践的技能奠定基础。

本教材适用于全国高等中医药院校中医学、针灸推拿学、中西医临床医学等专业本科生,从事中医药、中西医结合的临床医师、研究人员和科研管理人员也可以作为培训教材和科研参考书使用。

尽管我们在编写过程中倾注了大量心血,竭尽全力,但不足之处在所难免,我们期待读者的反馈意见,以利今后进一步提高和改进。

编者

2017 年 8 月

# 目　　录

# 第一章

# 循证医学概述

📖 **学习目的**

　　通过学习循证医学的基本概念及其起源,了解其与临床流行病学的关系,建立循证医学的基本理念、学科基础,为循证医学应用于中医药临床实践和研究奠定基础。

**学习要点**

　　循证医学产生的背景,基本概念;通过了解循证医学与临床流行病学的关系,加深对循证医学的理解;循证医学的研究方法及其在中医药领域应用的机遇与挑战。

## 第一节　循证医学的基本概念与起源

　　循证医学(evidence-based medicine,EBM)是一种新的医学实践范式和终身学习过程,是指所有医疗卫生的决策都应当依据当前最佳的、可获得的研究证据。这样的决策包括疾病的临床诊治、政府和保险机构的卫生决策、新药的开发和审批、基本药物目录的制定、启动新的临床试验、医疗仪器设备的采购等。

　　1992 年,加拿大著名临床流行病学专家 Gordon Guyatt 和 David Sackett 首次提出"循证医学",并在随后出版的首部循证医学专著中做出如下定义:"EBM 是指慎重、准确和明智地应用当前所能获得的最好的研究证据来确定对患者的治疗措施"。因此,早期提出的循证医学概念主要是针对临床治疗决策,强调需要遵循研究的证据。随着循证医学的发展,人们逐渐意识到它的理念和方法不仅仅限于临床医学领域,甚至可以扩大应用到医学的其他领域,如预防医学、药学、社会医学、心理学、医学教育学、医疗卫生决策、医疗保险、护理学等。因此,循证医学的内涵和核心思想也得以进一步延伸,即医疗决策应尽量以客观的研究结果为依据。医生在开具处方、制定诊治方案、编写医疗指南,政府机构做出医疗卫生决策等,都应根据现有的、可得到的、最好的研究证据来进行。循证医学的研究应用范围覆盖了临床各科疾病的病因、诊断、治疗、预防、预后和卫生经济学以及医学教育和卫生决策,它通过系统地收集临床医学各领域开展的临床试验,进行全面、定量的综合分析与评价,以各种文字和电子出版物的形式发表研究结果,为临床医疗、科研及医疗卫生决策提供可靠的科学依据。

　　根据 Sackett 在 2000 年第 2 版《循证医学——如何教学与实践》一书中的记述,循证医学的理念最早起源于中国清朝乾隆年间的《考证》一书,即使用研究记录的证据去解释孔夫子著述中有关干预措施的评价。实际上,全世界最早记载的有对照的临床研究是中国的《本草图经》——当时为了评价人参的效果,选择两人,一人服用人参,另一人不服用人参,令其二人奔跑,视各自疲劳的程度。从中医的望闻问切获取临床信息,结合中医理论推断疾病性质的辨证施治过程,即是典型的循证过程。由此可见,循证理念的起源和发展与中医是完全契合的。

循证医学产生的背景之一在于20世纪80年代临床医学领域对干预措施效果的评价方面取得了较大的发展。当时全世界临床试验非常活跃,发表的结果也越来越多,使循证医学的诞生具有了有证可循的前提条件。而随机对照试验(randomized clinical trial,RCT)的结果被国际上公认为预防和治疗性研究中最为可靠的依据(但在没有RCT证据时,其他研究结果如观察性研究也可作为依据)。英国流行病学家Archie Cochrane1971年在其专著《疗效与效益:医疗保健中的随机对照试验》中首次提出了医疗保健如何才能做到既有疗效、又有效益的问题,提出各临床专业和分支专业应对所有RCT文献进行整理和评价,并不断收集新的结果以更新这些评价,从而为临床治疗实践提供可靠依据。这一建议得到了医学界的积极响应,对临床医学产生了广泛和深远的影响。由于Cochrane这一先驱性贡献,国际Cochrane协作网以他的姓氏命名。

据统计,全世界每年有200多万篇医学论文发表在22000多种生物医学杂志上。临床医生和决策者很难迅速从中提取所需信息,而循证医学将在全世界范围内收集某一病种各种疗法的小样本单个临床研究结果,进行统计分析和系统评价,把经过科学评价的证据和结论及时提供给医疗卫生决策者,促进真正有效的治疗手段推广应用,摒除尚无证据表明治疗有效或甚至有害的疗法。为此,1993年在英国牛津成立的"Cochrane协作网"(一个国际性的循证医学组织),专门从事医疗干预措施效果的系统评价研究,并将结果(证据)通过电子媒体和杂志向全世界传播。在过去25年当中,由于循证的科学理念和研究结果对临床医学的重大贡献,循证医学这一新兴学科得以迅速发展,对临床医疗实践和医疗卫生决策产生了重大影响。

随着临床研究证据的积累和增多,如何获取研究证据成为临床医生需要培养的基本技能之一。当代的临床医生需要掌握文献检索和科研评价的能力,从国内外已经发表的临床研究中获取最新的、可靠的证据以指导自己的诊疗决策。因此,学习和实践循证医学对临床医务工作者提出了更高的要求。具体体现在三个方面:①临床医生通过多年的临床实践熟悉并掌握临床专业技能,提高对疾病的判断能力并积累诊疗经验。②现代临床医生应掌握查找和评估临床研究的技能。毕竟个人的临床经验往往有限而且不够全面。③临床医生应从患者的实际需求出发,结合具体患者的情况恰当地应用现有的证据,采取利大于弊的治疗措施,而不是仅仅依据理论或经验来处理患者。

循证医学的概念自20世纪90年代后期引入中国,之后得以迅速传播,成为临床医学领域的热门话题。很多地区相继成立了循证医学中心或研究所,如北京、上海、成都、广州、香港、济南、兰州等;部分高等医学院校为高年级本科生和研究生开设了循证医学的课程,循证医学也成为住院医师规范化培训和临床医生继续医学教育的重要组成部分。然而,循证医学的研究与实践在中国仍然处于起步和探索阶段。

通过对国内已发表的临床试验的评价,发现目前中国的临床研究中仍然存在诸多问题和不足,引入循证医学将对于调整临床研究的思路和方法,拓宽研究的领域,实现与国际接轨方面起到有益的促进作用。采用循证医学方法评价临床治疗措施的疗效，其目的在于避免无效或有害干预措施的滥用（overuse），有效或利大于弊的干预措施使用不足（underuse）或误用（misuse）。

## 第二节 循证医学与临床流行病学

临床流行病学（clinical epidemiology）将流行病学的原理和方法应用于临床医学研究，解决有关疾病病因、危险因素、预后、筛查、诊断、治疗、预防和康复等临床问题。临床流行病学的核心思想是设计（design）、测量（measurement）与评价（evaluation），简称DME，是临床研究的科研方法学，也是循证医学所采用的证据。临床流行病学自20世纪80年代初期引入临床医学，开展了大量的临床研究，产生了大量研究证据，然而临床医疗行为并不因为有了新的证据而改变。其中主要原因有两个方面：一是需要按照专业划分对医疗干预措施的疗效进行系统的整理、归纳和评价，这就产生了循证医学对证据综合的方法，即系统综述及荟萃分析（Meta分析）；其二，尽管存在相关研究证据，医生们可能不知道、难以获取、不懂如何应用，也就产生了循证医学对证据的严格评价和循证实践的五部曲——提出相关临床问题、查找相关临床证据、严格评价证据、使用证据和效果评价。由此可见，临床流行病学重在于产生证据，而循证医学在于促进证据的使用，解决临床实际问题。循证医学就好比是介于证据与实践之间的桥梁。

循证医学除了对证据进行系统的收集和综合，还探讨如何将证据应用于实践。因此产生了循证的临床实践指南和临床路径，促进临床医生在诊疗实践中使用证据，以规范临床诊疗实践，促进有限医疗卫生资源的合理使用，从医疗卫生决策层面上促进医疗卫生技术的评估和基本药物目录的制订，从而促进医疗卫生决策从经验向科学决策过渡。作为一门新的方法学科，循证医学受到了国内外医药学界的高度重视。在相关医学学会成立了循证医学专业委员会，在医学院校开设相关课程、举办培训班，介绍循证医学的概念和基本方法，促进了这一新学科方法的认识和初步应用。

## 第三节 循证医学的内容及应用领域

### 一、循证医学的内容

EBM的研究主要包括两个方面：一是证据产出的研究，比如进行高质量的临床试验，对临床试验文献进行严格评价，对试验结果进行定性和定量的综合，为临床决策提供证据基础；二是传播和使用证据，比如鉴定证据的需求，如何有效地查询和获取证据，如何在实践当中应用证据。同时，这两方面的研究又都有赖于方法学的研究。为了避免和减少临床研究从设计、实施和报告中发生的偏倚，以及由于利益因素带来的偏倚，国际上很多方法学家、临床学家、杂志编辑等致力于制定各种标准，现已公开发表的有临床试验报告国际规范（CONSORT Statement）、系统综述报告的国际标准（PRISMA）、诊断性试验的报告标准（STARD）、流行病学观察性研究的报告标准（MOOSE）、针灸临床试验干预的报告标准（STRICTA）等。并于2005年由渥太华工作组提出临床试验的国际注册制度，以确保临床试验结果能够公开、公正地报道。

## 二、循证医学的主要应用领域

为促进医疗护理的质量和效果,美国和加拿大的医疗研究与质量管理局相继成立了13个循证实践中心(Evidence-Based Practice Centers,EPC),通过评估所有与临床、行为、医疗机构和费用管理相关的科学文献,以产出证据报告和技术评估指南,用于政府有关部门做出循证的决策。同时EPC也提出质量测量工具、教育培训计划、制定指南和提出研究议案,进行系统综述的方法学研究。英国的国家卫生服务部(NHS)成立国家健康与临床卓越研究院(National Institute for Health and Clinical Excellence, NICE)(http://www.nice.org.uk),旨在提供临床医疗和公共卫生领域的循证医学证据综合评价,如各类临床实践指南和卫生技术评估报告;NHS的第二个循证医学机构为设立在约克大学的评价与传播中心(Centre for Reviews and Dissemination,CRD)(http://www.york.ac.uk/crd),该中心旨在对医疗保健和社会福利中干预措施研究的效果做出评价,并建有多个数据库,为国家的医疗决策提供证据,为临床医疗提供实践指南;英国建立的第三个循证医学机构为设立在牛津大学的英国循证医学中心(Centre for Evidence-Based Medicine,CEBM)(http://www.cebm.net/index.asp),为循证医学的学习、研究与教学提供技术支持;英国建立的第四个循证医学机构为Cochrane协作网(The Cochrane Collaboration)(http://www.cochrane.org/)。澳大利亚国家卫生与医疗研究委员会(NHMRC)资助成立了17个临床研究卓越中心(Centres for Clinical Research Excellence,CCRE)(http://www.nhmrc.gov.au/publications/_files/ccre.pdf),为全国所有医生和政府医疗卫生决策者提供信息查询和证据。丹麦医学研究委员会(MRC)资助了循证实践与决策(Evidence-based policy and practice,EBPP)项目,推行循证的医疗决策与临床实践。

补充与替代医学(即世界卫生组织所称传统医学)领域,也积极地倡导循证的实践与决策。美国政府机构国立卫生研究院(NIH)成立了补充替代医学研究中心(NC-CAM),政府提供大量的研究经费,用于补充与替代医学疗法的效果和安全性评价。

## 三、循证医学在中医药中的应用

循证医学方法已广泛应用于中医药的临床评价,在中医理论指导下对中医的诊断和治疗在临床的应用加以验证,以确证其有效性和安全性。中医临床评价是临床医生、患者以及卫生行政部门共同关心的问题,它关系到进一步的临床决策和卫生资源的合理分配,也关系到医疗质量改进和医生业务素质的提高。传统的临床评价多为中医专家和医生在临证实践中对个案病例或系列病例的经验总结,而缺乏严格设计的前瞻性对照试验研究。其明显的不足之处在于偏倚难以控制,结果难以在群体水平上得到重复,临床经验难以提高和升华,好的疗法得不到推广应用。循证医学提倡的证据是指前瞻性的RCT所获得的结果,是针对某一疾病或病症采用某一干预措施对随机选择的病例进行试验干预后所观察到的客观效应。而循证医学的另一种级别更高的证据则是对单个RCT的证据进行系统、全面的鉴定、评价与合并所获得的单一综合效应,即系统综述或荟萃分析。因此,中医的证候研究和疗效评价均可采用循证医学的研究方法。

近20年来,临床试验方法在中医药的应用呈迅速增长趋势。RCT是目前国际上公认的评价干预措施效果的"金标准",将其应用于中医药的临床疗效评价具有重要意义。我国的《新药审批办法》中也规定了Ⅱ、Ⅲ期临床试验采用随机的方法。多中心、双盲RCT已经成为国际发展的趋势。RCT可用于评价两种干预措施的优劣、确定某一干预措施的利弊、证实某一干预措施的有效性和安全性。因此,严格设计的RCT将对干预措施的效果做出肯定或否定的评价,通过推广应用有效的治疗、摒弃无效的治疗,能够节省医疗卫生资源,避免低水平的重复研究造成人力、时间、物力的浪费,提高医疗的质量。按病种或疗法进行系统评价对指导医疗实践、正确的科研选题提供可靠的依据,并有助于确定临床相关的结局评价指标,为新药开发提供线索。

自20世纪90年代以来,由于中医的临床研究中引入了临床流行病学的研究方法,中医临床研究的水平得以提高,人们开始认识到RCT的重要性,发表的临床研究报告也愈来愈多。检索国内期刊文献中发表的中医药临床试验文章数量逐渐增多,但仍存在不少问题。如缺乏以临床实践问题为导向的研究,研究设计的质量不高,方法学描述过于简单,缺乏足够的样本数量,观察指标不够明确;无论是证候或是疗效判断指标都难以达到规范化和量化;报告的疗效可重复性较差,且疗效指标多为临床症状等"软"指标,缺乏长期随访的终点"硬"指标,如病死率、致残率等,这些问题影响了研究结果的可靠性,试验的科学价值难以得到国际认可。既往对1976—1996年发表的2938篇中医药RCT文章的分析表明,试验设计、实施和报告中存在诸多问题,如随机分组方法的描述、盲法的使用、依从性、疗效的定义等。有学者对《中国中西医结合杂志》从创刊到1997年17年间发表的文献进行手工检索,检出临床试验4378篇,占发表论文数的68.7%,其中,RCT占22.3%(978篇),而非随机的对照试验占13.8%。

然而,学者们对中国发表的中医药RCT质量评价发现,极少有大规模、多中心或随机双盲安慰剂对照试验,"随机"概念的误用或滥用,中药试验的对照设置不合理(如中药与中药比较的临床试验);存在发表偏倚和系统误差(偏倚)使结果不可靠,疗效评价指标选择不恰当,疗效的评价未能体现中医特色;临床试验的报告不规范(未按CONSORT原则)。此外,尚未建立达到国际标准的临床试验机构和评价机构,缺乏对现有临床研究证据的综合。

然而,这些临床疗效评价中存在的质量问题并不仅仅限于中医药,西医领域的干预措施也亟须严格的评价。正如英国医学杂志主编1991年指出:"医药干预措施中仅有15%得到严格的科学证据支持(only about 15% of medical interventions are supported by solid scientific evidence)"。因此,大量的临床干预需要有严格评价的证据,中医药也不例外。但需要注意的是,循证医学不是"教条式"的科学,同样它也不是包治百病的灵药;循证医学不能代替个人的临床技能;循证医学不仅限于或只依赖于RCT和Meta分析的结果,不能提供所有问题的答案。

循证医学对中医疗效评价提出更高的要求,其中包括中医药疗效评价的全过程,即疗效评价研究的设计类型,试验的样本大小,准确地选择研究对象(公认的诊断标准与中医辨证依据),详细描述干预措施的细节,如所用中药的药材产地、收获季节、加工处理方式,产品或制剂的质量控制,治疗干预方案(剂量、用法、疗程),患者对治疗的依从性等。

传统的经验疗效应当转化成为科学的疗效证据,即回答何谓"疗效"?疗效研究的证据类型、疗效应用的患病对象、干预措施的组成、剂量、疗程,与干预措施对比的措施,

"疗效"的测量指标以及测量的时点等,这些因素在临床疗效评价研究中极其重要。

## 第四节　循证中医药的机遇与挑战

### 一、循证中医药所带来的机遇

中医药的起源是临证实践的结果,几千年的源远流长就是经验、认识、实践、再认识的积累过程,形成了中医自身的理论基础和保健、疾病防治的方法和手段。传统的临床疗效评价主要来源于中医师治病的经验和患者个体的主观体验。这些经验与体验在治疗方法的推广应用时会遇到可重复性差甚至难以被重复的问题。如何将中医药的有效方法在更大范围内推广运用,造福更多的民众,需要采用现代科学的研究方法对中医的临床疗效进行研究与评价。

中医药界已普遍认识到循证医学对中医临床研究与临床实践的重要性和必要性,强调要走循证中医药的道路,将循证医学的理念和方法应用于中医药的临床研究与评价。循证医学与传统医学有着重要的区别。这里所指的传统医学包括传统的西方医学和中医药学。传统医学多以个人经验为主,医生根据自己的实践经验、高年资医生的指导、教科书以及从医学期刊上获得的零散的研究报告为依据来处理患者。其临证实践的结果是:一些真正有效的疗法因不为公众所知而长期未被临床采用;一些实际无效甚至有害的疗法因从理论上推断或从非人体研究的结果判断可能有效而在长期、广泛的使用。循证医学的实践既重视个人临床经验又强调采用现有的、最好的研究依据,两者缺一不可。这种研究的依据主要是指临床研究证据,而基础理论或动物实验等依据,只是在没有临床研究证据的情况下作为参考。一种治疗方法在动物身上或理论上的效果并不等于在患者身上的实际效果。而该实际效果需要临床试验予以证明。

正如专家预言,21世纪的临床医学已进入循证医学的时代。中医药的现代化必须借助循证医学的方法和思路,将分析与综合、微观与宏观辨证统一起来,以中医理论为指导,确定科研的选题、方案设计和研究方法,把实验结果同中医理论的要素结合加以评价。通过前瞻性的临床研究和系统综述,将在中医证候的客观化研究、方剂的适应病症、疗效和评价指标体系的系统研究、针灸的疗效和方法学评价等方面可望有突破性进展。

将循证医学方法用于中医药治疗性研究文献的系统性评价将在下述几方面发挥重要作用:

○ 全面了解中医药临床科研方法的应用状况、存在的问题,对研究质量的现状和总体水平做出评估。

○ 对中医药或中西医结合治疗疾病的有效性做出较客观的评价,以指导临床治疗决策。

○ 对未来的临床研究设计提供线索和依据。

○ 为中医药临床研究的方法学改进提供建议。

○ 通过使用科学证据决策,提高有效卫生资源的利用。

○ 有利于中医药的国际交流,促进中医药走向世界。

实践循证的中医药学将在以下几个方面促进中医药的现代化进程:

△ 促使中医药临床研究水平的不断提高,并最终与国际接轨。

△ 制定循证的中医药临床评价指标体系,客观、科学地对中医药疗法的有效性和安全性做出评价。

△ 通过在临床医疗实践中应用循证医学评价的证据,促进中医的临床实践,提高疗效。

△ 成为中医临床医生自我学习、不断提高的终身继续教育模式。

△ 开展循证的中医药学教学,科学地设置课程,倡导以问题为导向的学习方法以及学生参与教学的方式,科学地评价教学效果,开展循证中医药学教学的研究,培养懂得现代医学科学方法、具有创新思维的新一代中医师。

△ 借助相关国际组织,开展中医药国际协作研究,学习并引进先进的研究方法和组织管理机制。

引入循证医学和其他现代科学的方法和新思路,采取多学科合作,继承与发展相结合,"有所为,有所不为";以提高中医药防病治病能力和中医药学术水平为中心,重点放在提高临床疗效和培养新一代名中医,经过我国中西医药科学工作者的共同努力,中医药的现代化终将会实现。

虽然中医药学研究已取得了较好的成绩,但与现代医学在诸多领域的重大突破相比,还存在着较大的差距,发展的速度也较慢。20 世纪 80 年代以前,临床研究大多以经验医学模式为主。80 年代以后,随着临床流行病学方法的引入,传统医学模式逐渐被现代医学模式所取代,经验医学开始朝着以科学证据为基础的循证医学发展。中医学由于重视个人临床实践,强调个人经验总结,是典型的经验医学,其疗效的可重复性差;加之其理论体系是在中国特定历史、哲学思想影响下形成和发展起来的,其理论、诊断、治疗和语言自成一体,很难与西方现代医学交流与沟通。因而难以走出国门,为世界更广泛地区的人民服务。因而,寻找新的共同语言和方法学也是发展的机遇。

随着中国改革开放的不断深入,中国加入世界贸易组织(WTO)之后,医疗体制的改革与转型,西方医药和现代化的检查仪器设备大举进入中国市场和医疗机构,对中医药系统造成了很大冲击。中医药正面临着前所未有的挑战。中医药临床研究的质量也亟待提高。虽然中医药的期刊数量和发表文章的数量均在不断增长,但我国现有的 130 余种中医药和其他传统医药期刊中,仅有两本杂志(《中西医结合杂志》英文版和《中医杂志》英文版)被国际权威检索工具《SCI》扩展版收录。临床研究中的 RCT 数量和比例均较低,且发表文章的质量不高。中医药系统临床科研队伍的素质和能力普遍较低。这些因素都明显制约着中医现代化发展的速度。然而,中国加入 WTO 后,医药领域中化学合成药的 97% 为仿制药品,由于受知识产权保护将不能再自行生产,很多制药企业将转而开发研究中药制剂。中药制剂相对西药而言具有开发研制投入小、周期短、本土化、基础好的特点,具有很大的优势;同时为中药出口创造了前所未有的机遇。我国政府也十分重视中医药的现代化,制订了《中医药健康服务发展规划(2015—2020 年)》《中医药事业发展"十二五"规划》和《中药现代化科技产业行动计划》;2016 年 12 月中国政府发布了《中国的中医药》白皮书,2017 年 7 月 1 日《中华人民共和国中医药法》正式实施;上述政策法规对于中医药医疗和科研将起到巨大的推动作用。国际形势对中医药的发展也十分有利,世界 80% 的人口仍然依赖于传统医药体系,欧美等发达国家对补充替代医学的使用以年 20% 的速度增长。因此,抓住机遇,促进中医药走向世界,是当代广大中医药工作者的重大使命。中医药学与循证医学的结合必将促使中医药在 21 世纪得到更快、更好的发展。

## 二、循证中医药所面对的挑战与对策

实践循证的中医药可能面对的挑战包括:首先,要求中医医师和中医药研究人员从经验医学或者哲学思维指导下的中医观念加以更新和转变,能够接受新的科学评价方法;其次,需要对中医药从业人员和临床研究人员进行方法学的培训与教育;培养循证实践的技能(提出正确的问题、查找文献与鉴定研究的能力、严格评价的技能、研究综合的能力、解释与使用证据的能力);此外,需要对现有中医药研究方法学进行改进或创新;最后,确定中医药临床研究的优先领域、优势病种。中医药学的当务之急是临床疗效的客观评价,临床疗效是中医药的立足之本,是中医药传承和发展的前提。循证医学方法对中医药的临床疗效评价可以从几方面着手:按病种或药物(疗法)确定急需评价的目标病种或极具潜力的药物(疗法);对综合评价后不能提供严格疗效证据的药物(疗法)进行严格的临床试验,如对上市后中成药进行上市后的再评价;对现有中医药的临床试验系统地进行鉴定、整理和综合,为临床实践和进一步的临床研究提供线索;要制定主要病种、药物疗效评价的符合中医特色的指标体系;如中医的证候评价、结合中医证候实质的微观指标、多指标的联合运用;尤其是遵循循证医学理念的患者参与的评价指标体系。

发展循证中医药的几点对策:

☆ 通过国内、国际的协作,充分发挥优势互补,用 3~5 年时间使中医药临床疗效评价有一个大发展。

☆ 培养循证中医药科研的人才:循证医学的基础学科是临床流行病学和医学统计学。急需在国内中医院校的教学,尤其是针对研究生和长学制学生中开设临床流行病学、医学统计学、计算机文献检索、循证医学的课程。

☆ 对重大疾病的主要中医药疗法进行系统评价,为中医药疗效提供证据,为高质量的临床研究提供线索。

### 学习小结

学习内容

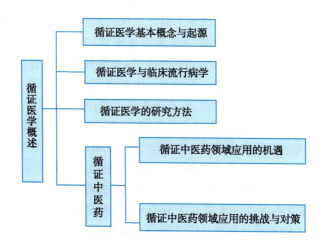

**学习方法**

通过对循证医学产生背景和组织机构建立历程的了解,掌握循证医学核心思想、基本概念和相关方法,理解为什么中医药学的发展需要引入循证医学。

（刘建平）

## 复习思考题

1. 为什么在临床医学发展的过程中提出循证医学?
2. 循证医学与临床医学(包括中医药学)的关系如何?

# 第二章

## 循证医学证据分级体系

📖 **学习目的**

通过学习循证医学证据的概念、分类,分级与推荐原则,以及产生证据的常用临床研究方案的概念及设计原理,熟悉循证医学中"证据""最佳证据"及"证据体"的基本含义及证据的产生方法与推荐应用原则,为循证医学实践奠定基础。

**学习要点**

产生证据的常用临床科研方案的概念、基本原理,证据与证据的概念,证据的分级与推荐原则等内容。

循证医学是认真、明确和明智地应用现有最好临床研究证据(clinical research evidence)并结合医师技能和临床经验,考虑患者的愿望做出决策的医学,因此证据是循证医学实践的基础,临床研究证据种类繁多,可以根据研究和应用的不同进行分类。从研究方法上更重视原始研究证据(primary research evidence),因此,我们主要基于临床流行病学层面对临床研究证据产生的科研方法进行介绍。主要包括试验性研究方法、分析性研究方法及描述性研究方法,由于它们的设计原则及实施要点不同,所产生证据的论证强度也有差别。所以,对于不同科研方法产生的证据,应有合理的分级与推荐标准,用以评价结果的真实性、临床重要性和适用性,才能找到最佳证据并应用于指导临床实践。

### 第一节 产生证据的常用临床科研方法

#### 一、试验性研究方法

试验研究是一个验证假设的过程。通过调控特定因素下发生的结果,提供对因果关系的了解,依靠可重复的过程和结果的逻辑分析。试验性研究方法,是在研究者控制下,对研究对象施加或消除某种因素或措施,以观察此因素或措施对研究对象的影响,再对所获得的第一手数据,进行统计学处理、分析、总结后得出结论。按研究场所和干预对象不同,试验性研究可分为临床试验、现场试验和社区干预试验三大类。在临床场所及患者中进行的试验性研究称为临床试验。按照设计不同,临床试验主要包括了平行组随机对照试验、单病例随机对照试验、群组随机对照试验、随机交叉试验、

10

自身前后对照试验等多种类型。

### （一）随机对照试验

定义：随机对照试验（randomized controlled trial，RCT）指平行组随机对照研究，RCT通常被认为是临床治疗性试验的黄金标准方法。即严格采用随机分配的方法，将符合要求的研究对象随机分配到试验组和对照组，分别给予研究的干预措施和对照措施，在一致的条件或环境下，前瞻性地进行观察、分析、比较试验的效应，从而得出研究结论。严格的RCT在设计时应遵循三个基本原则，即设置对照组（control）、研究对象的随机化分组（randomization）和盲法观察（blinding）。

应用：最主要用于临床治疗，以探讨药物、治疗方案、筛查方法等干预或预防措施的确切疗效，评价不良反应，即某一新药或新的治疗措施与对照相比较，是否可以提高疗效，或是否有效。特定的病因学研究，在病因学临床随机对照试验的证据也是最可靠的，但若已有研究证明某一因素对人体有害，就不允许用于RCT。RCT也可用于非临床试验的系统工程，如教育学、农业等。

优缺点：优点是有前瞻性的对照设计，可比性好，能控制某些偏倚，诊断和实施标准化，资料统计分析效能高。缺点：成本高，外部真实性受限，医学伦理问题多。

### （二）群组随机对照试验

群组随机对照试验（cluster randomized control trial）是指以夫妇、家庭、病房、医院、学校的班级、甚至整个社区、城市等作为随机试验的一个观察单位（群组）进行的随机对照试验（group-randomized trials and place-randomized trials）。即以群组为单位，将不同的群组随机分为试验组和对照组，分别给予不同的干预措施，随访观察一段时间并比较两组人群的结局。注意在每个群组内的每个对象所接受的处理措施相同。主要用于不能针对个体的干预措施，例如生活方式变化，行为变化。主要的缺点是设计和分析的复杂性更大。

### （三）随机交叉对照研究

定义：随机交叉对照研究（randomized crossover controlled trial）是对两组受试者使用两种不同的治疗措施，然后相互交换处理措施，最后比较结果的试验方法。这是一种纵向研究（longitudinal study），运用重复测量设计，即用随机方法把患者分为两组，每个患者或先或后都接受试验组或对照组的处理或治疗，以比较每一阶段两组间及同一组不同阶段的差别。

应用：适用某些慢性病，不易根治并需要药物维持治疗。也用于新药 I 期临床观察毒副作用。

优缺点：优点是每例患者先后接受试验组或对照组的治疗，消除了不同个体间的差异。随机分组可避免组间差异和人为选择偏倚，需要的病例数较少。缺点是应用病种范围受限。对于各种急性重症疾患或不能恢复到第一阶段治疗前状况的疾病，及那些不允许停止治疗让病情回到第一阶段的疾病等，都不能采用交叉对照试验。两个阶段的治疗可能有重叠，故需要一个洗脱期（washout period），其长短依所选药物的半衰期和病种、病情而定。每阶段治疗期的长短受到限制，有些药物的有效性可能尚未发挥；由于洗脱期的需要，整个研究的观察期延长，不能避免患者的病情和观察指标的自然波动，患者的依从性不容易得到保证。

### （四）自身前后对照研究

定义：自身前后对照研究（before-after study in the same patient）即同一组患者先后接受两种不同的治疗，以其中一种治疗作为对照，比较两种治疗结果的差别，以确定考核药物的疗效。适用于慢性稳定性或复发性疾病，如高血压病和高脂血症等。由于同一组病例先后作为治疗组和对照组而接受治疗，可确切判断每例患者对研究因素或安慰剂的反应，具有良好的可比性，结果的可靠性亦远高于不同病例组的前后对照研究。

应用：仅适用于慢性反复发作且不能自限自愈的疾病的研究。

优缺点：优点是自身作对照可消除个体差异，减少样本量，节约成本，具有公平性，减少了自愿者偏倚和研究人员意愿偏倚，可以实现试验措施标准化，采用盲法并随机分配，提高结果可信度。缺点是研究期限延长了一倍，患者的依从性容易受到影响。两个阶段的起始点难以保证完全一致，洗脱期过长还影响及时治疗。

### （五）单病例随机对照试验

定义：单病例随机对照试验（number of one randomized controlled trial，N-of-1 trial）对临床单个病例用多种药物作随机对照试验，随机分配决定患者被给予药物的顺序，即随机安排试验期和对照期，进行3轮或3轮以上单个患者的自身对照双盲试验（少于3轮不能明确证明因果关系）。须注意在每一轮治疗间隔要有洗脱期以消除前一次干预措施的残余影响。

应用：适用于慢性病需要长期治疗者，如偏头痛、类风湿关节炎、心理、精神性疾病的治疗研究；或患者服用多种药物，其有效与无效、疗效与不良反应相互掺杂，而又不能相互识别，但又必须弄清各自效应，以决定取舍的情况。这种试验不能提供治疗效果的最可靠证据，不适用于急性病和可以治愈的疾病。在下列情况下，可以考虑使用单病例试验：治疗效果可疑，治疗十分昂贵，治疗周期很长，治疗可能存在严重或持久的副作用。

### （六）非随机同期对照试验

定义：非随机同期对照试验（concurrent nonrandomized controlled trial）是传统临床使用的一种研究设计方法，指试验组和对照组的受试对象不是随机分配的，而是由患者或医生根据病情及有关因素人为地分到试验组和对照组，并同期进行结果观察，是前瞻性研究。

应用：常用于比较临床不同干预措施的效果，主要是在不宜用随机对照的情况，例如：外科手术治疗、危重症患者抢救或贵重药物的选用等。

优缺点：在无随机对照试验结果，尤其是大样本结果中具有重要的临床价值，设计方案可行性好，医生和患者易于接受，依从性高。缺点论证强度弱，有选择性偏倚和测量性偏倚，减低了试验结果的真实性。

### （七）多中心临床试验

定义：多中心临床试验（multicenter clinical trail）是由多位研究者按同一试验方案在不同地点和单位同时进行的临床试验。各中心同期开始与结束试验。多中心试验由一位主要研究者总负责，并作为临床试验各中心间的协调研究者。开展多中心临床试验一般有两种情况，一是大样本随机临床试验，一是药物的Ⅲ期临床试验。旨在解决重要的亟待解决的临床问题，或者评估药物的确切临床疗效及不良反应。

优缺点：设计方法科学，可公正地评估治疗药物的疗效，有助于提高临床治疗水平,多中心合作节省大量医药开支,还能让安全有效药厂家获益。是上市后药物疗效再评价的最佳方法。缺点是管理合作难度大,统一标准、同步性、评价方法都较难质量控制。

## 二、分析性研究方法

是在描述性研究的基础上,进一步在有选择的人群中检验研究因素与研究结局之间是否存在因果关联的一类研究方法。分析性研究需要事先设立对照组,通过观察、测量发生在不同组别研究对象上的各种现象或不同因素,通过对比分析确定疾病或健康状态与可能的影响因素之间的关联,从而检验假说。分析性研究主要包括病例对照研究、队列研究及其衍生类型。

### (一) 队列研究

定义:队列研究(cohort study)又称定群研究、群组研究,也是研究病因的一种主要流行病学方法。队列研究的对象是加入研究时未患所研究疾病的一群人,根据是否暴露于所研究的病因(或保护因子)或暴露程度而划分为不同组别,然后在一定期间内随访观察不同组别的该病(或多种疾病)的发病率或死亡率。如果暴露组(或大剂量组)的发生率显著高于未暴露组(或小剂量组)的发生率,则可认为这种暴露与疾病之间存在联系,并在符合一些条件时有可能是因果联系。队列研究属于观察性研究,各种暴露因素不是人为给予的,而是客观存在的,属于前瞻性研究,分组不是随机化分配,先因后果,符合推理逻辑,论证强度高。

应用:主要应用于疾病预后研究,特别是前瞻性队列研究是疾病预后研究的首选设计方案;检验病因假设,也是最优的明确因果联系的方法;评价预防效果;新药上市后监测及疗效比较研究。

优缺点:符合因果逻辑链的逻辑顺序,验证病因论证强度高,可直接获得 RR、AR 等指标,不存在回忆偏倚,可以了解疾病自然史,能同时观察一个病因与多种疾病的关系。缺点:研究时间长,样本量大,人力、物力投入大,管理控制难,有失访偏倚,不适用发病率低、潜伏期长的疾病。

### (二) 病例对照研究

定义:病例对照研究(case control study)是以某人群内一组患有某种疾病的人(称为病例)和同一人群内未患此病但在与患病有关的某些已知因素方面和病例组相似的人(称为对照)作为研究对象,调查他们过去对某个或某些可疑病因(即研究因子)的暴露有无和(或)暴露程度(剂量);通过对两组暴露率的比较,推断研究因子作为病因的可能性。如果病例组有暴露史者或严重暴露者的比例在统计学上显著高于对照组,则可认为这种暴露与患病存在统计学联系,有可能是因果联系。根据在设计中选取对照组的原则与方法不同,病例对照研究可分为成组设计的病例对照研究和配比设计的病例对照研究两类。前者在选择对照时,只要求对照人群在数量上不少于对照组即可,不作其他限制;后者则要根据匹配的条件,特异性地选择某些特征相同(相似)的对象为对照。特点:病例对照研究是在疾病发生之后,是一种回顾性研究,是先有结果,再追溯其可能的原因,只能通过分析暴露率的比较分析看是否有关联。

应用:探索病因和危险因素,评价筛检试验效果,评价干预和治疗效果运用于发病率很低的疾病,很难进行 RCT,研究药物不良反应尤其是 RCT 等由于伦理学限制无法实施的。

优缺点:所需样本量小,研究对象易找,工作量、人力、物力都较小,出结果快,可以对一个疾病进行多种病因的探讨。是罕见病病因研究的唯一设计方案。缺点是容易受到回忆性偏倚的影响,先有果再有因论证强度低,合理的对照选择困难,只能计算发病率推算优势比 OR。

### （三）病例对照研究的衍生类型

常用的主要有病例队列研究、巢式病例对照研究和病例交叉研究三种类型。

1. 病例队列研究(case-cohort study) 又称病例参比式研究(case-base reference study),是一种队列研究与病例对照研究相结合的设计形式。其设计原理为:首先确定某个人群作为所研究的队列,称为全队列,然后在全队列中用随机抽样的方法抽取一个样本组成子队列作为对照组,再将随访过程全队列发生的所有病例作为病例组,用一定的统计方法比较分析病例和对照组的资料,以探索影响疾病发生、生存时间、预后等的因素。其最大的优点是节约样本量,节省人力、物力和财力。尤其适用于预后研究。

2. 巢式病例对照研究(nested case control study) 由美国流行病学家 Mantel 在1973 年提出的综合式病例对照研究设计。基本原理为:根据一定条件确定某一人群作为研究队列,收集队列内每个成员的相关信息,随访一定时间,以队列中随访期内发生研究疾病的全部病例作为病例组,再根据病例发生时间,在研究队列的非病例中按年龄、性别等基本信息为每个病例随机配一个或多个对照组成对照组,分析病例和对照组相关因素的差别,确定其与疾病之间的关联。这种设计的主要优点是研究对象选择性偏倚小,可以较好地避免回忆偏倚,研究和统计检验效率高,论证强度明显强于传统的病例对照研究。

3. 病例交叉研究(case-crossover study) 由 Maclure 于 1991 年首次提出,是一种用于研究短暂暴露对罕见急性病的瞬间影响的流行病学方法。基本思想为:选择发生某种急性事件的病例,分别调查急性事件发生时及发生前的暴露情况及暴露程度,以判断暴露危险因子与该急性事件有无关联及关联强度大小的一种流行病学研究方法。目前已广泛应用于急性病、慢性病急性发作及药物不良事件的研究。该方法的优点是仅需要患者资料,对照为患者本身;患者的混杂变量易控制,可避免对照组选择偏倚。最适用于个体暴露不时变化,疾病发生突然,潜伏期短暂,诱导期短的事件。

## 三、描述性研究方法

描述性研究(descriptive study)是利用已有的或专门调查的资料,按不同地区、时间或人群特征分类,将健康人群或患病人群的分布情况真实地展现出来的一类研究方法。在揭示相关因素与疾病或健康因果关联的探索过程中,描述性研究是最基础的工作,可为深入研究提供线索,建立研究假设。临床研究中常用的描述性研究方法主要包括病例报告、病例系列分析、横断面研究等,其中病例系列分析是临床经验总结的主要报告方法,而横断面研究则是描述性研究中最重要和最常用的方法,在临床和社区调查中均已广泛应用。

### （一）横断面研究

横断面研究(survey,cross-sectional study)是指在某一个时点(或期间)这个断面上,对某一特定人群的有关变量(因素)、疾病或健康(或事件发生)状况及其各种因素(暴露)进行的调查分析,以描述分布与因素的关联。由于是在短时间内完成,如一天、一周或一个月,且调查的是患病频率,因此又称为现况研究,或现患病率研究(prevalence study)。通过普查(census)或抽样调查(sampling survey)等方法收集特定时点或时期内、特定范围人群中的有关变量(因素)、疾病或健康状况的资料,以描述目前疾病或健康状况的分布及某因素与疾病或健康的关联。由于所收集的资料一般不是过去的暴露史或疾病情况,也不是通过追踪观察将来的暴露与疾病情况,故又称为横断面研究。

横断面研究通常包括普查和抽样调查两种调查方法。普查是在特定时间内对特定范围内人群的每一个成员进行的全面调查;抽样调查则是从调查总体中随机抽取有代表性的部分人群进行调查,抽样调查时应注意抽样方法的合理使用,常用的有单纯随机抽样、系统抽样、分层抽样、整群抽样和分级抽样,这些方法各有优缺点,应根据研究目的、研究对象的情况加以选择。由于横断面研究开始时一般不设立对照,在确定因果联系时受到限制,但设计良好的现况研究可以解释许多疾病与暴露的现象,提供有价值的病因假设。

特点:在设计阶段一般不预设对照组,但在资料处理阶段可以进行分组比较,对于调查时间越集中越准确。在确定因果联系时受限,大多只能提供病因线索。可以在同一人群定期重复开展横断面调查获得发病率、新发感染率,转归等资料。

应用:描述疾病或健康状态在人群的分布及其特征,进行社区诊断,提供病因、危险因素线索,确定高危人群,评价疾病防治效果或促进健康的对策与措施,医疗卫生服务的需求和质量评价。

优缺点:容易实施,研究对象代表性好,可一次研究观察多种疾病的患病情况及多种相关的可能影响因素。缺点是难以确定暴露和疾病的因果关系,大规模调查和普查,需要投入很多人力、物力。

### (二)病例分析

病例分析(case analysis)是对现有的病例临床资料进行归纳、分析并得出结论,或对新的疾病病因或表现特征进行描述、分析、总结的一类研究。主要包括个案病例报告和病例系列分析等,是临床工作者在日常工作中最易于掌握、最常用的描述性研究方法。

1. 个案病例报告(case report) 对单个病例或 10 个以下病例的详尽临床报告,包括个人基本资料、临床表现(症状、体征和实验室检验结果)、治疗、治疗后的反应和结局,及分析和总结。在罕见病和新发疾病的报道中最为有用,也为发现新病种或药物副作用等提供第一手资料。

2. 病例系列分析(case series analysis) 是相对于单个病例报告的一种回顾的描述性研究方法。临床上将较多相同病例(大于 10 例)按临床特征、人口学特征等分类进行比较分析。与病例报告不同,病例系列分析可进行统计学显著性检验,并可估计机遇作用的大小,是总结临床经验的重要方法。病例分析也可利用已有资料进行分析,为临床研究提供信息和方向,但是由于没有事先设立对照,不能明确关联的前后关系,因此不能推断因果关联。20 世纪 90 年代后,病例系列分析被赋予了新的含义,不同于传统意义上的多个病例报告的综合,特指自身对照病例系列方法(self-controlled

case series method），可用来估计在事先定义好的时间范围内，经过某种干预（或暴露）后，与自身另一非暴露时段进行比较，估计某临床事件的相对发生率。它从病例对照研究和队列研究演化而来，又称病例系列方法（case series method）。

另外，病例系列中有一种"全或无病例系列"（all or none）是指病例系列中报告的病例在治疗与不治疗之间发生了非常显著的差异。包括两种情况：一种是若该病不进行如此治疗，患者全部（或绝大部分）会死亡，但接受治疗后，一部分或很多患者会存活；另一情况是若该病不进行如此治疗，大多数患者会死亡，接受治疗后，没有或几乎没有患者死亡。"全或无病例系列"属于循证医学的Ⅰ级证据。在拥有高质量的"全或无病例系列"结果时，不需要再进行随机对照试验证明其疗效。

特点：主要以观察法为手段，观察、收集和分析相关病例数据，归纳和总结研究对象的各类重要特征。也没有对照组，仅能提供因果联系线索，可为后续分析型研究打下基础。

应用：病例分析可用于临床的方方面面，是最为广泛的方法。如描述罕见或新发现疾病的临床特征、诊治方法和预后，描述新的手术方式和医疗革新，描述危及患者生命、罕发的药物副作用，报告医疗事故、差错和经验教训，总结临床治疗和护理经验等。

优缺点：研究容易实施，短期易出结果，节省人财物力，而且系列病例报告有说服力，不需要设对照组。缺点，没有对照组，说服力不强，不能控制选择性偏倚和混杂因素对结果的影响，论证强度弱。

3. 病例报告的 CARE 指南　"CARE"指南，是"case"和"report"的前两个字母合并而成，2013 年成立 CARE 小组，在美国密歇根大学形成了病例报告的清单项目。2016 年 1 月更新了新的版本（英文版 http://www.care-statement.org/resources/checklist）。

病例报告最重要的特色就在于具有很强的临床实用性，中医学历来重视个体化治疗，强调因人、因时、因地制宜，因而中医临床个案作为中医医案的表现形式，蕴含了中医整体化思维和个体化辨证思想，因此，应该重视个案的研究，强化中医临床个体化诊疗。

### （三）病例注册登记

病例注册登记（patient registry）通常是指涉及健康信息的登记。狭义的病例注册登记研究是为了达到一种或更多预定的科学或临床目的，利用观察性研究方法收集统一的数据来评估某一特定疾病、状况或暴露人群的结局指标，其结论可为描述疾病的自然史或确定某一治疗措施的临床疗效、安全性、成本效益以及评价或改善临床治疗提供科学依据。

与传统队列研究类似，病例注册登记研究也需要观察随访患者一段时间；但后者在其范围和关注点方面更加灵活，可随研究额外进行调整，研究的手段更为灵活，如一项注册登记研究可为多个研究目的收集数据，且有多种数据收集的方式。相对于随机对照试验来说，病例注册登记研究可为验证性的 RCT 提供临床数据。此外，RCT 通常严格要求实施随机、盲法等原则，在某些罕见疾病的研究、外科手术以及转归随访时间过长的试验中不易实现，而基于观察性临床实践的病例注册登记研究能以更为全面的方式收集用于评估患者转归所需要的信息。

病例注册登记研究按照不同适用人群进行分类，主要包括：疾病或者健康状况登记、卫生产品登记、卫生服务登记等。疾病或者健康状况登记则是对有相同疾病诊断的患者进行的观察随访；卫生产品登记的研究人群主要是指使用生物制药产品或者医疗器械的患者；而卫生服务登记由拥有共同程序、临床治疗的患者组成。

### （四）生态学研究

研究观察和分析单位是整个人群组而不是个体，是生态学研究（ecological study），其原理是以人群为观察单位，人群可以是学校的班级、工厂、城市甚至国家，观察人群的暴露和疾病信息可能存在的因果关系。分为生态比较研究（ecological comparison study，指同一时间不同观察单位间的暴露和疾病之间存在相关）生态趋势研究（ecological trend study），即同一观察单位不同时间的暴露和疾病之间存在相关。主要目的是提供病因产生病因假设，广泛应用于慢性病的病因研究，或用于探讨环境变量与人群中疾病或健康状态的关系。也用于评估人群干预措施的效果，在疾病监测中估计监测疾病的发展趋势等。优点在于可应用常规资料或现成数据库，节省时间，人力和物力，易得结果，提供线索可供深入研究，可用于无法测量个体暴露剂量的情况，适合对人群综合干预措施的评价（如健康教育、健康促进等），在疾病监测估计疾病发展趋势。其局限性在于生态学谬误（ecological fallacy）或生态偏倚（ecological bias）由于缺乏暴露群组与疾病分布的资料，难以将暴露和疾病联系起来。其次混杂因素难以控制，还有不能准确地解释暴露改变量与所致疾病发病率或死亡率改变量的关系。所以生态学研究结果不作为因果关系的有力证据。

## 第二节　循证医学证据分级体系

### 一、证据与证据体的概念

循证医学的证据（evidence）是指任何原始或二次研究的结果和结论，包括离体研究、体外细胞研究、动物实验及人体（人群）研究的结果和结论，但主要指以患者为研究对象的各种临床研究（包括预防、病因、诊断、治疗及预后研究、经济学研究及评价等）所得到的结果和结论。证据主要来源于互联网在线数据库、杂志及指南等。

证据体（evidence body）是指针对同一临床问题，多种来源、不同研究方法和等级强度的多个研究构成的证据体系。证据体一般呈金字塔形，位于塔尖的一般为多个基于临床随机对照试验研究的系统综述结论，然后可能是证据级别依次降低、研究数量逐渐增多的临床随机对照试验、队列研究、病例对照研究、现况研究、病例系列分析、病例报告和专家经验总结等。证据体的形成一般需要长期的积累过程，往往是对某个问题研究目的由探索到验证、研究精度由粗到细的逐渐递进过程，同时证据级别也由低到高。

### 二、证据分类

根据研究和应用的不同需要，证据有以下几种分类方法。

#### （一）按照研究方法分类
按照研究方法不同可以分为原始研究证据和二次研究证据。

1. 原始研究证据（primary research evidence）　是指直接以受试者（包括健康人及

患者)为研究对象,通过进行单个的预防、病因、诊断、治疗及预后研究,获得一手数据,经统计学分析和总结后得出的结论。原始研究的基本设计类型包括随机对照试验(randomized controlled trial,RCT)、交叉试验、非随机同期对照试验、队列研究、病例对照研究、横断面研究、病例报告和病例系列分析等。

2. 二次研究证据(secondary research evidence)　是指对某一具体问题系统地收集全部原始研究证据,然后应用科学的标准严格评价、整合处理、分析总结后所得出的综合结论。二次研究证据是对多个原始研究证据再加工后得到的更高层次的证据,主要包括临床实践指南、临床证据手册、系统综述(systematic review,SR)和卫生技术评估报告等。二次研究证据的质量取决于原始研究的质量。

除了以上研究证据,还有个人经验、专家意见等非研究证据。非研究证据在研究证据较少和面对复杂病例时有重要的参考价值。

### (二)按照研究问题类型分类

按照研究问题的类型不同可将证据分为预防、病因、诊断、治疗、预后及不良反应等研究证据。既可以是原始研究证据,也可以是二次研究证据。

### (三)按照用户需求分类

按照用户需求可分为临床证据手册、临床实践指南、临床决策规则(clinical decision rule,CDR)、系统综述、卫生技术评估报告及健康教育资料等,主要面向临床医生、卫生政策制定者、广大公众及患者。

### (四)按获得渠道分类

按照获得渠道可分为公开发表的研究证据、灰色文献(gray literature)、在研的研究证据及网上信息。公开发表的研究证据主要有杂志、专著和手册等;灰色文献指已完成,还未公开发表的研究证据,主要有非公开出版的政府文献、会议文献、技术档案、企业产品资料及内部刊物等;在研的研究证据指正在进行未完成的原始研究和二次研究;网上信息包括不同医学组织和机构建设的各种数据库。

## 三、证据的分级及推荐

循证医学是通过使用证据指导临床实践,面对众多的临床研究,临床医生需要根据证据级别和推荐意见使用各种证据。

### (一)影响证据分级和推荐强度的因素

证据分级(level of evidence)是指按照论证强度将证据定性分成多个级别,以进一步定量评价证据质量的系列方法。在对证据进行分级时,主要考虑研究设计及研究完成的质量。在一个多项临床随机对照试验研究的系统综述中,若每个单项研究本身存在诸如研究对象同质性差、组间不均衡、信息偏倚大等缺陷,那么系统综述研究证据的可靠性、真实性也差。影响证据级别的主要因素包括:①研究设计因素,研究设计方案的科学性越高,研究证据的真实性越强,证据级别也就越高。②研究对象的性质,直接来自于人体的证据,可直接用于指导临床,其证据级别也高于来自非人体研究的证据;在非人体来源的证据中,体内实验证据级别高于体外实验;在体内实验中,与人类越接近的动物种属的实验证据,证据级别也越高。③结局指标因素,若研究结局是生存、死亡、痊愈、残疾和复发等,这些指标与健康改善关系密切,临床意义大,且测量真实性、可靠性高,证据级别也高;有些研究选择中间指标,如血脂、体重等生理、生化指标,研究结果的真实性、客观性就会受到影响,进而影响证据的级别。④研究的实施及质量控制,按照研究设计贯彻实施、并严格控制各项偏倚的研究结果真实性好,证据级别也高。

推荐强度(strength of recommendations)是指证据被介绍给证据使用者并可能被接受的程度。证据等级水平并不一定完全决定推荐级别,如某项治疗措施经大样本随机对照临床试验验证,但仍存在争议,虽然证据级别高,但不一定推荐强度高。影响推荐强度的三个要素分别为:①证据的利弊权衡;②证据质量高低;③价值观、意愿的差异以及资源利用。一般而言,证据利弊间差别越大,越适合做出强推荐。干预措施的有利方面包括发病率和病死率降低、生活质量提高、医疗负担降低和资源消耗减少等;反之即为其不利方面。证据质量越高,相应推荐强度也越高。而价值观和意愿差异越大,处理措施的成本越高则越不适合做出强推荐。

### (二)证据分级及其演进

20世纪60年代,美国两位社会学家Campbell和Stanley首次提出证据分级的概念,将随机对照试验研究的质量定为最高级别,并引入了内部真实性和外部真实性的概念,奠定了证据评价和分级的基础。1979年加拿大定期健康体检工作组为了评价常规体检和免疫接种的工作绩效,提高医疗资源的利用效率,首次根据研究设计将证据强度分为三级,规定设计良好的RCT证据强度最高,专家意见级别最低。随着循证医学的快速发展,多个国家的学术机构根据自己使用证据的需要,先后制定了不同的证据分级标准,包括1986年加拿大David Sackett推出的五级证据标准,1992年,美国卫生保健政策研究所(Agency for Health Care Policy and Research,AHCPR,现改名为Agency for Healthcare Research and Quality,AHRQ)(https://www.ahrq.gov/)制定的临床实践指南将证据分为4级。随后,英国(1996)、荷兰(1997年)、新西兰(1999年)和澳大利亚(2000年)等国家也在本国临床指南中引入和修订了各自的证据分级,证据分级系统日趋成熟,但证据分级仅局限于临床治疗领域。

2001年,英国牛津循证医学中心(Oxford Centre for Evidence Based Medicine,OCEBM)发表了涉及预防、病因、诊断、治疗、预后、危害及经济学分析等7个领域的证据分级标准。在2009年,由Jeremy Howick领导的国际小组对OCEBM证据分级体系进行修改,2011年正式完成并发布(表2-1)。该体系不仅像以前那样对证据有严格的评价,且能让临床医生和患者快速回答临床问题,其显著特征是证据级别涵盖了临床全部问题,且依照使用者遇到临床问题的流程排序。

#### 表2-1 英国OCEBM证据分级(2011)

| 问题 | 第一步<br>(1级) | 第二步<br>(2级) | 第三步<br>(3级) | 第四步<br>(4级) | 第五步<br>(5级) |
|---|---|---|---|---|---|
| 该问题普遍吗?<br>(患病率) | 当地目前的抽样调查或普查 | 与当地环境相近调查的SR | 当地非随机抽样研究 | 病例系列分析 | – |
| 诊断或鉴别诊断试验准确吗?<br>(诊断) | 应用统一标准和盲法的横断面研究的SR | 应用统一标准和盲法的单个横断面研究 | 非连续性,或无统一标准的研究 | 病例对照研究;差的或无独立参考标准研究 | 基于推理的结论 |

续表

| 问题 | 第一步<br>（1级） | 第二步<br>（2级） | 第三步<br>（3级） | 第四步<br>（4级） | 第五步<br>（5级） |
|---|---|---|---|---|---|
| 如果不采取治疗措施,会怎么样?（预后） | 起始队列研究[i]的 SR | 起始队列研究 | 队列研究;RCT 的对照组 | 病例系列研究;病例对照研究;质量差的预后队列研究 | – |
| 该干预措施会有什么帮助?（治疗收益） | RCT 的 SR 或以确定最优方案为目的的 RCT | RCT;效应显著的观察性研究 | 非随机对照队列研究或随访研究 | 病例系列分析;病例对照研究;历史性队列研究 | 基于推理的结论 |
| 常见危害[ii]是什么?（治疗危害） | RCT 和巢式病例对照研究的 SR;以确定最优方案为目的的 RCT;效应显著的观察性研究 | 单个的 RCT;效应显著的异常观察性研究 | 非随机对照队列研究或随访研究（上市后的监测）有足够数量的观察对象以排除常见的危害（对远期危害,随访时间必须足够长） | 病例系列研究;病例对照研究;历史性队列研究 | 基于推理的结论 |
| 罕见危害是什么?（治疗危害） | RCT 的 SR 或以确定最优方案为目的的 RCT | RCT;效应显著的异常观察性研究 | | | |
| 早期检测值得吗?（筛查） | RCT 的 SR | RCT | 非随机对照队列研究或随访研究 | 病例系列研究;病例对照研究;历史性队列研究 | 基于推理的结论 |

注:[i] 起始队列研究是指由一组相同的某病病情初期患者构成的队列研究。

[ii] 常见伤害为超过 20%受试者出现。

牛津循证医学中心根据证据质量、一致性、临床意义、普遍性和适用性等因素,将证据的推荐强度分为 A（优秀）、B（良好）、C（满意）和 D（差）4 级（表 2-2）。A 级推荐强度来自于一致性好的 1 级证据,即所有研究结论一致,临床意义大,证据研究样本人群与证据应用目标人群吻合,推荐意见可直接应用于临床;B、C 级推荐意见的证据在上述各方面存在一定的缺陷,其适用性受到不同限制;D 级推荐意见无法指导临床。

表 2-2　英国 OCEBM 证据推荐强度

| 推荐强度 | 具体描述 |
|---|---|
| A | 一致性的 1 级证据 |
| B | 一致性的 2、3 级证据,或基于 1 级证据的推断[i] |
| C | 4 级证据,或基于 2、3 级证据的推断 |
| D | 5 级证据,或不同证据间存在严重不一致,或尚无定论 |

注:[i] 基于证据的推断此处是指证据将被应用的环境与产生证据的环境有潜在的临床重要差异。

英国 OCEBM 证据体系分级详细,针对性强,且较客观,不同评价者对证据分级的一致性高,已成为循证医学教学和循证临床实践中公认的经典标准。但该分级体系过于复杂和深奥,初学者不易掌握,另外其直接把证据分级简单转化为推荐强度,没有权衡利弊及结果的临床重要性,也没有明确的方法根据"证据体"做出单一的推荐强度。

针对证据分级及推荐意见存在的不足,2000 年包括 WHO 在内的 19 个国家和国际组织的 67 名权威专家共同参与成立了推荐分级的评估、制定与评价(the Grading of Recommendations Assessment,Development and Evaluation,GRADE)工作组,于 2004 年正式发布了首个国际统一的证据质量分级(表 2-3)。GRADE 分级体系打破了过去主要从研究设计角度评价证据质量,综合考虑了研究设计、研究质量、研究结果的一致性和证据的直接性,依据未来研究对目前疗效评价结果可信度的影响大小,将证据分为高、中、低和极低 4 个等级。该体系强调证据对临床应用的影响,明确和提高了判断利弊的透明度,确保对净健康获益的判断过程透明,且简明易用、适用范围广,目前已被世界卫生组织和 Cochrane 协作网和国际组织所采纳。但由于其对证据级别界定不清,会出现对同一证据做出不同级别的判定结果。GRADE 系统适用于制作系统综述、卫生技术评估及临床实践指南。由于制定委员会规模不断扩大和观点的多元化,有时难以达成共识,针对该问题,又发明了 GRADE 网格。

表 2-3　GRADE 证据等级及其定义

| 证据级别 | 定义 |
|---|---|
| 高 | 未来研究几乎不可能改变现有疗效评价结果的可信度 |
| 中 | 未来研究可能对现有疗效评价有重要影响,可能改变评价结果的可信度 |
| 低 | 未来研究很有可能对现有疗效评价有重要影响,改变评价结果可信度的可能性较大 |
| 较低 | 任何疗效的评价都很不确定 |

在 GRADE 证据分级标准中,同一研究设计的质量并不一致。为方便应用,Cochrane 协作网开发了 GRADE 评估工具(GRADE profiler,简称 GRADEpro),适用于 RCT、非随机对照试验和其他类型观察性研究的证据评价。GRADEpro 评价证据是对每个测量指标分别评估,有 5 种因素降低 RCT 证据质量,有 3 种因素提高观察性研究证据等级(表 2-4,表 2-5)。

表 2-4　降低 RCT 证据质量的因素及 GRADE 工具选项

| 因素 | GRADE 工具选项 |
| --- | --- |
| 现有研究设计和实施有缺陷,提示存在偏倚的可能性高。包括选择偏倚、信息偏倚和选择性报告结果偏倚等 | 没有任何缺陷选"no"<br>有严重缺陷选"serious",证据质量降 1 级<br>有十分严重缺陷选"very serious",证据质量降 2 级 |
| 研究结果不一致,即有异质性,结果不一致可来自于人群差异、干预措施差异和结果差异等 | 没有任何结果的异质性,选"no"<br>有严重结果不一致,选"serious",证据质量降 1 级<br>有很严重的结果不一致,选"very serious",证据质量降 2 级 |
| 非直接证据,包括间接比较和非直接从人群、干预措施、对照或结果得到的证据 | 直接证据,选"no"<br>严重怀疑证据直接性,选"serious",证据质量降 1 级<br>很严重怀疑证据直接性,选"very serious",证据质量降 2 级 |
| 结果不精确,总样本含量小,而且结局事件发生率低 | 结果精确,选"no"<br>严重不精确,选"serious",证据质量降 1 级<br>很严重不精确,选"very serious",证据质量降 2 级 |
| 发表偏倚,由于选择性发表研究而系统性高估或低估获益和损害效应量 | 无发表偏倚,选"unlikely"<br>有高度可能存在发表偏倚,选"likely",证据质量降 1 级<br>有很高可能存在发表偏倚,选"very likely",证据质量降 2 级 |

表 2-5　提高观察性研究证据质量的因素及 GRADE 工具选项

| 因素 | GRADE 工具选项 |
| --- | --- |
| 效应量大、一致性好的研究 | 效应量不大($0.5<RR<2$),选"no"<br>效应量大,选 $RR>2$ 或 $RR<0.5$,证据质量提高 1 级<br>效应量很大,选择 $RR>5$ 或 $RR<0.2$,证据质量提高 2 级 |
| 所有明显混杂因素均减弱了干预组效应值时仍能观察到组间疗效的差别,将有可能提高证据的级别 | 无证据显示任何可能混杂偏倚减少效应量,选"no"<br>有证据显示可能混杂偏倚减少效应量,选"yes",证据质量提高 1 级 |
| 存在剂量—反应关系的研究证据可提高证据的级别 | 没有剂量—反应关系证据,选"no"<br>有剂量—反应关系证据,选"yes",证据质量提高 1 级 |

　　GRADE 工作组对证据的推荐强度仅分为强、弱两级(表 2-6)。当确信相关证据应用是利大于弊或弊大于利时为强推荐;而对证据使用是否利大于弊的把握不大时为弱推荐。该推荐建议简明易用、适用性广,可用于各医学专业临床推荐意见的制定,多个国际组织已广泛采用该推荐建议。

表 2-6　GRADE 推荐强度

| 推荐强度 | 具体描述 |
| --- | --- |
| 强 | 明确显示干预措施利大于弊或弊大于利 |
| 弱 | 利弊不确定或无论质量高低的证据均显示利弊相当 |

除证据质量外,还有一些因素可以影响推荐意见的强弱。如:

(1)证据的方法学质量是否足以支持评估疗效、风险、费用等。

(2)治疗可预防结局指标的重要性。

(3)疗效量度大小,疗效评价的精确度。

(4)治疗相关的风险。

(5)治疗负担。

(6)发生目标事件的风险大小。

(7)费用和不同的价值观。

从整个证据分级体系的发展来看,早期的体系仅依据研究的设计,相对简单,对单一研究的评价应用方便,但其机械地认为观察性研究证据等级低于 RCT 研究。目前的证据分级体系在评价证据时,考虑的因素包括研究设计和证据的直接性、一致性和准确性等,其对证据的评价较准确,但复杂、费时,且不易应用。早期的证据分级体系主要是帮助临床医生和其他的研究者评价治疗措施的证据质量,现阶段的证据分级体系正致力于为系统综述或指南制定人员在证据分级时提供帮助。

## 学习小结

### 学习内容

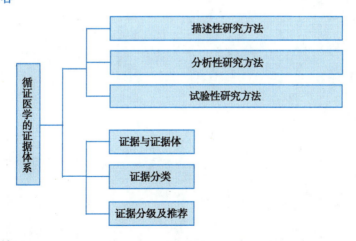

### 学习方法

(1)临床研究在选择设计方案时应根据研究目的、研究条件等因素合理选择,按照结果的论证强度主要包括临床随机对照试验、队列研究、病例对照研究、现况研究及病例系列分析等。

(2)临床证据主要指临床原始研究和二次研究的结果和结论,临床研究之间的级别及推荐强度直接影响循证医学实践的临床决策过程。

(3)证据级别的高低是影响证据推荐强弱的重要因素,但在应用之间时,还要权衡利弊、成本及患者的意愿等因素。

（王成岗 熊光轶）

## 复习思考题

1. 常用的临床科研方法有哪些？
2. 证据与证据体的概念是什么？
3. 影响证据推荐强度的因素有哪些？

# 第三章

# 循证临床实践

**学习目的**

通过学习本章,掌握循证临床实践的概念,熟悉循证临床实践的方法和步骤,为开展循证实践奠定基础。

**学习要点**

循证临床实践的目的、基础、类别、过程;循证临床实践的方法和步骤。

循证医学的精髓是基于研究证据的临床实践,即循证临床实践。循证医学要求人们在使用证据时多分析、多思考,评价其质量,不能把目前证据看成至高无上的教条,应随着新证据的出现不断更新自己的医疗行为。循证医学对于临床实践的意义在于促进传统的以经验为主要依据的临床实践向现代的基于科学证据的临床实践转变。

## 第一节 循证临床实践的概念

循证临床实践是指临床医生在处理具体患者时,在诊断、治疗及预后等方面有意识地、明确地、慎重地利用现有最佳的研究证据、临床经验,并充分考虑患者的意愿做出临床决策。2001 年 David Sackett 提出循证临床实践是"整合患者价值、临床医生的专业技能和最佳证据,将三者完美地结合以制定出患者的治疗措施"。循证临床实践就是狭义的循证医学,是临床医师在临床实践中针对患者提出和发现问题,并查找证据、应用证据的过程。

循证临床实践的基础主要包括四个方面。

1. 高素质的临床医生 临床医生是实践循证医学的主体,在临床实践中可扮演两种不同的角色,即循证医学证据的提供者(doer)和最佳证据的应用者(user)。由于对疾病的诊断和对患者的处理都是通过临床医生去实施的,医生的水平包括医学理论知识、临床技能以及临床经验尤为重要,而且必须进行不断更新和丰富。此外,临床医生还应具备崇高的医德和全心全意为患者服务的精神,这些都是进行循证实践的必备条件。

2. 最佳的研究证据 最佳的临床研究证据是指应用临床流行病学的原则和方法,按照有关质量评价的标准,对临床研究文献进行认真分析与评价,最终获得的最新、最真实、可靠的,有重要临床应用价值的研究成果。目前公认的最佳研究证据均是由专家严格筛选和评价,应用这些证据指导临床实践,有助于取得更好的临床疗效。

3. 临床流行病学的基本方法和知识 临床流行病学的基本理论和临床研究的方法学是实践循证医学的学术基础。因为筛选最佳的研究证据,必须要看其研究的设计是否合理;严格评价文献的质量,必须掌握临床流行病学对研究质量的评价标准;分析医学文献所报道研究结果的真实性和临床意义,还要正确应用统计学方法。此外,还会涉及研究证据的卫生经济学分析与评价以及被采用或推广的适用意义。

4. 患者的参与 以患者为中心的临床实践,必须高度关注患者的意愿,因为患者对自己所患疾病的康复愿望最为迫切。所以任何诊治决策的实施,都必须经患者的密切合作,才会取得相应的效果,于是医患间平等友好合作关系和医生诊治决策的正确与否,是成功实践循证医学的又一关键。循证医学实践要求医生充分地关心与爱护患者,尊重患者的正当权益,与患者友好合作,这样才能保证有效的诊治措施取得患者的高度依从性,从而产生最佳实践效果。

上述四大因素为循证临床实践的基础,缺一不可,它们是有机结合的循证实践的整体框架。

## 第二节 方法与步骤

循证临床实践的方法,是针对患者某一具体临床问题进行的个体化临床决策过程,医生、患者、证据和临床医疗环境构成循证医学实践的基础,完整的循证实践过程包括五个步骤。

第一步:提出可回答的临床问题,这是循证实践的开始。根据医生或患者所需要的信息,包括预防、诊断、预后、治疗、因果关系等,转化为一个可回答的临床问题。第二步:检索有关的临床证据。第三步:严格评价证据,包括三个方面,一是真实性,即研究结果与真实情况相符的程度;二是重要性,即临床效果和价值;三是适用性,即在临床实践中的使用情况。第四步:应用最佳证据指导临床决策,要求医生把严格评价的结果与临床经验和技能,患者的特征和价值观相结合。第五步:实践效果的评价(表3-1)。

表3-1 循证实践"五部曲"

| 1. 提出可回答的临床问题 | Ⅰ | • 疑难<br>• 重要 |
| --- | --- | --- |
| 2. 检索有关的临床证据 | Ⅱ | • 制定检索策略 |
| 3. 严格评价证据 | Ⅲ | • 真实性<br>• 重要性<br>• 适用性 |
| 4. 应用最佳证据指导临床决策 | Ⅳ | • 肯定有效的证据:临床应用<br>• 肯定无效或有害的证据:不采用或停用<br>• 不确定的证据:慎重使用 |
| 5. 实践效果的评价 | Ⅴ | • 结局评价<br>• 提高临床水平 |

笔记

## 一、提出可回答的临床问题

循证临床实践的第一步是提出临床问题,恰当的临床问题的提出是解决问题的开始,如何恰当地提出临床问题是进行循证临床实践非常重要的一步。因此,充分认识到提出问题的重要性,掌握提出临床问题的技巧,并有意识地进行这方面能力的训练,有助于提高循证临床实践技能。

临床问题的来源多种多样,多涉及以下几个方面:①病因问题:包括患病的原因、诱因、疾病危险因素、疾病的病理机制、是否有遗传因素等,此外还有医源性问题,常因药物不良反应而提出;②诊断问题:一是如何基于诊断试验的特异性、敏感性、可接受性、费用和安全性来选择诊断试验以便于早期和准确诊断疾病,二是如何解释诊断试验的结果;③治疗相关问题:如何为患者选择利大于弊的治疗方案,特别是如何对当前常规治疗方案提出合理的质疑;④预后问题:如何估计患者的生存期,患者的病情可能发生什么样地变化,可能有哪些并发症等;⑤患者体验等相关问题:如何评价患者自身的体验和价值取向,有针对性地选择最优的治疗方案,这对疾病的康复有着显著的影响。

临床医生必须准确地采集病史、查体及收集有关试验结果,占有可靠的一手资料,充分应用自身的理论知识、临床技能、实践经验、思维以及判断力,经过仔细分析论证后,准确地找出临床存在、需要解决的疑难或者重要的临床问题。应注意的是,在提出临床问题时,应结合患者的诉求,同一疾病的不同年龄段的患者所关心的问题也不尽相同,如一项1012名乳腺癌妇女的研究中发现,不同年龄段的妇女关心的治疗结局是不同的,70岁以上的妇女最关心的是癌症治愈和转移的可能性;小于50岁的妇女关心的是治疗对其性功能的影响;有家族史的妇女最关心的是该病是否有遗传性,因此应针对不同患者的不同情况提出临床需要解决的问题。

国际上构建临床治疗性问题时通常采用PICO策略,以寻找最佳证据做出循证临床决策。P(participant/population)即特定的研究对象,I(intervention)即干预措施或暴露因素,C(comparison/control)即对照,可以是两种干预措施的比较或两种诊断试验的比较等,O(outcome)即结局。

当临床实践中遇到难题,循证临床实践者要解决这些问题却存在知识能力不足时,应该找准问题并记录下来,然后通过自己的临床思维,进行整理,将其排序,先理清关键问题,并做出如何解决这个(些)问题的策略计划,有的放矢地去查阅资料,然后进行文献评价,选择最佳证据,解决问题。

在选择临床问题的方法上,应掌握的是:①涉及的问题一定要与患者的诊治处理和对患者康复最为相关;②涉及的问题一定是与实践循证医学提高医疗水平最为相关的;③涉及的问题一定是临床上最感兴趣的、最关注的;④涉及的问题往往也是循证医学实践中最为常见的。

## 二、检索有关的临床证据

在确定要解决的临床问题后,要对初始的临床问题进行构建和转化,以便快速获取到最相关的证据以回答临床问题。在检索有关医学文献时,首先要选择检索的数据库或数据资源,然后根据PICO策略确定有关检索"关键词",构建合理的检索策略,进行文献检索,还需要对检索的文献进行初步分析后,确定与临床问题关系最密切的研究证据,作为下一步分析评价证据使用。文献检索方法,详见本书第四章。

### 三、证据的严格评价

由于研究设计的差异、文献发表性偏倚等问题,获取的证据也可能存在质量问题。因此要对获得的证据进行严格评价(critical appraisal),其原则有以下三方面。

1. 证据的内部真实性 证据的内部真实性是指研究结果正确反映被研究对象真实状况的程度。研究证据的真实程度与其研究设计关系极大,评价主要是了解研究的方法是否合理、纳入的受试者有无偏倚、测量结果是否客观真实、统计分析是否正确、结论是否可靠、研究结果是否支持作者的结论、资料收集与整理是否合理等。

2. 证据的重要性 研究证据的重要性是指研究结果本身是否具有临床价值。循证医学强调的是采用客观、可量化的指标,评价结局指标的重要性及临床应用价值,不同的临床研究问题其评价标准及指标不同,不同疾病的现实状况还应该结合专业实际加以评定,对于诊断性实验的证据可采用敏感度、特异度及准确度、临床诊断预测价值等指标评价,对于治疗性研究证据应评价其治疗措施究竟提高多大疗效、安全性、利弊比值及成本效果究竟如何,采用相对危险度减少率等评价。

3. 证据的适用性 研究证据的适用性即外部真实性,是指研究结果与预期推论对象的真实情况相符合的程度,多指研究结果针对不同人群、不同地点和具体病例的推广应用价值。多受到研究人群与目标人群特征上的差异,研究对象的类型、社会环境、经济条件等的影响。如证据真实可靠且具有临床意义,应评价研究结果对具体患者是否适用,即患者的相关特征与研究中受试者特征是否一致? 该患者对疾病的价值观如何? 以及综合考虑患者的经济情况、医疗保险范围等。

评价研究证据的基本方法和步骤有以下三点。

1. 初筛临床研究证据的真实性和相关性。其内容包括以下方面。

(1)这篇文章是否来自经同行评审(peer-reviewed)的杂志? 有同行评审的杂志上发表的文章均经过了严格的评审过程,尽可能筛除有严重缺陷的文章,提高了发表文章的质量。

(2)这篇文章的研究场所是否与你的医院相似,以便结果真实时可应用于你的患者? 这个问题可以通过了解作者的单位或进行研究的场所确定。如果你在乡村医院工作,阅读的文章是在某个大学的专科病房所进行的研究,你就要考虑其结果应用到你的患者时可能存在环境条件以及患者本身的差异,当然这不是拒绝这篇文章的重要理由,但如果差异太大,应谨慎考虑。

(3)该研究是否由某个组织所倡议,导致其研究设计或结果可能受到影响? 这个问题主要考虑研究资金的来源可能导致的偏倚。大多数杂志要求研究人员说明研究资金的来源。如果一个研究由药厂或其他商业组织资助,应要求研究人员保证其研究的设计和结果并未因此而受到影响。

(4)如果研究证据提供的信息是真实的,是否为你的患者所关心的问题? 对患者的健康有无直接的影响? 例如,如果某篇文章的结论为通过某种治疗方法,脑卒中患者偏瘫肢体的肌电图有明显改善,并未涉及肌力和活动能力;但对于患者、医生来说,可能更关心的是经过治疗后偏瘫肢体的肌力是否改善、能否活动,因此该研究提供的信息并不是你的患者所关心的问题。

(5)是否为临床实践中常见问题,涉及的干预措施或试验方法在你的医院是否可行? 如果文章涉及的问题在临床实践中经常遇到,且研究的干预措施或试验方法在你的医院也有条件实行,这样的文章值得深入阅读。

(6)如果研究证据提供的信息是真实的,是否会改变现有的医疗实践? 如果文章涉及的干预措施或试验方法,你过去未在类似的患者中使用过,也许新的尝试可能获得意外的收获,因此,有必要继续阅读这篇文章。

2. 确定研究证据的类型　完成证据的初筛后,进一步对纳入证据的研究类型加以明确。不同的临床问题,其研究设计方案是不同的(表3-2),其产生证据级别是不同的。原始研究证据回答的主要临床问题有四类:病因、诊断、治疗和预后;二次研究证据也有系统综述、临床实践指南、决策分析或经济学分析等不同的研究形式。

表 3-2　不同研究目的适用的临床研究设计类型

| 研究目的 | 设计方案 |
| --- | --- |
| 病因和不良反应研究 | 队列研究、病例对照研究、试验性研究、横断面研究 |
| 临床疗效研究 | 试验性研究 |
| 诊断试验评价 | 横断面研究 |
| 预后研究 | 队列研究、随访研究 |
| 疾病在人群中的分布 | 横断面研究 |
| 特殊病便描述和介绍 | 个案报告和病例系列分析 |

3. 评价证据的注意事项　①研究设计直接决定证据的级别,方法学评价是基础;②证据的真实性是评价核心;③要选择恰当的评价指标;④针对研究的全过程进行全面系统的评价。⑤评价要实事求是,任何研究都会有缺陷和不足,应合理评估其作用和不足;⑥正确认识阴性结果。

## 四、应用最佳证据指导临床决策

临床决策分析是在充分分析临床问题、评价不同方案的风险和利益和(或)数值化的结果之后选取最佳方案以减少临床不确定性和利用有限的资源取得最大效益的一种系统方法,包括诊断决策、治疗(康复)决策、决策树分析等。

在循证临床实践中,临床决策受到证据综合质量、利弊综合分析、患者意愿及价值取向、卫生服务资源的可及性及其经济性等因素的影响。

1. 证据的综合质量　证据的质量是指效应量估计正确的可信程度大小,证据质量越高,可信程度越高。

2. 利弊综合分析　利弊分析结果一般有四种情况:利大于弊、弊大于利、利弊均衡、利弊均衡不明确。前两种情况,较易做出选择。后两种情况出现,较难形成最终推荐意见,应结合实际情况具体分析。

3. 患者意愿和价值取向　患者的参与和配合对实践循证医学有重要的影响,由于患者的主观意愿和价值取向存在差异,对一项利弊明确的干预措施的选择也不尽相同。例如肿瘤的放射治疗,年轻患者更在意放疗后生存期是否延长,不太在意放疗的副作用;而老年患者可能会由于放疗的副作用而选择放弃治疗。

随着科技的发展和社会的进步,医患关系由主动—被动型、指导合作型,向"共同决策"转变。"医患共同决策"是指医生跟患者共同参与,双方对治疗的各种结局进行充分讨论,最后得出相互都能够接受的、适合患者个体化治疗方案的过程。医患共同决策的核心是"共情"和"共策"。共情是共策的基石,只有真正达到医患共情,才能站在一个共同的立场上,对临床诊疗共同决策。

4. 卫生服务资源的可及性及经济性　在临床实践过程中,由于卫生资源的有限性及稀缺性,还应考虑成本问题,从有效性、安全性、经济性三个方面,为患者推荐容易获取的、有效的、价格低廉的临床决策。

在临床处理患者的病情时,由于疾病临床表现复杂多变,诊治方法多种,有些药物还可能产生一些不良反应,患者的心理变化等,促使医师在考虑上述情况后做出全面和合理的选择。

## 五、实践效果的评价

完成临床实践后,对实践的效果和效率还要进行后效评价,以积累经验教训,提高自身认识水平,促进学术进步,或为开展进一步的临床研究提供线索或证据。

后效评价是指针对临床具体问题,通过检索收集证据,并在严格评价的基础上,具体应用于患者后,以评价解决患者的具体临床问题后的结果,它是检验循证实践结果的关键步骤。

循证医学的"最佳证据"具有明显的时效性,随着新"最佳证据"的出现,而取代老的证据。在循证临床实践过程中,要不断针对临床问题,寻找新的"最佳证据",同时通过后效评价促进新证据的产生。

后效评价的方法主要有自我评价和同行评价。自我评价是指临床医生在针对单个患者应用临床证据后的效果评价。同行评价是指针对群体患者的后效评价,可通过NNT(number needed to treat,NNT)、NNH(number needed to harm,NNH)、复发率、病死率、质量调节寿命年(Quality-adjusted life years,QALY)等指标来评价。

总之,唯有将科学的客观证据、医生个人的专业技能和经验以及患者的意愿完整结合,才能实现最好的临床实践。

## 学习小结

### 学习内容

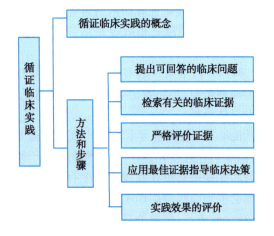

**学习方法**

在学习本章内容的基础上,尝试在临床中实践五步法,以加强理解。

（王永刚）

**复习思考题**

循证临床实践的基本步骤与方法是什么?

# 第四章

# 中医药临床研究证据的检索

中医药临床研究证据的检索是循证实践和科研的一项基本工作。本章简要介绍常用原始研究证据和基于临床问题证据检索的资料库,简要介绍常见资料库检索的主要策略和步骤;并通过实例分析,详细介绍如何根据一个临床情景提出需要研究的问题并对其进行检索。

## 第一节　证据的来源

根据临床医学研究的方法,临床研究证据分为原始研究证据和二次研究证据。原始研究证据是直接在受试者中进行单个有关病因、诊断、预防、治疗和预后等试验研究所获得的第一手数据进行统计学处理、分析、总结后得出的结论。二次研究证据是指全面地收集某一临床问题的全部原始证据,进行评价、整合、分析后所得出的最终结论,是对多个原始研究证据再加工后得到的更高层次的证据。二次研究证据主要包括:系统综述(systematic review,SR)、临床实践指南(clinical practice guidelines,CPG)、临床决策分析(clinical decision analysis)、临床证据手册(handbook of clinical evidence)、卫生技术评估(health technology assessment,HTA)和实践参数(practice parameter)等。

### 一、原始研究的证据检索资料库

#### (一) 常用中文资料库介绍

目前常用的中文资料库有中国知网(China National Knowledge Infrastructure,CNKI)的中国学术期刊网络出版总库(China Academic Journal Network Publishing Database,CAJD)、维普资讯的中文期刊服务平台(VIP)、万方数据知识服务平台(Wanfang Data)的中国学术期刊数据库(China Science Periodical Database,CSPD)、中国生物医

学文献服务系统(SinoMed)的中国生物医学文献数据库(China Biology Medicine disc, CBM)、中文生物医学期刊文献数据库(Chinese Medical Current Contents,CMCC)和中国中医药数据库等。以下主要介绍 CAJD、VIP、Wanfang Data、SinoMed 四个中文资料库。

1. 中国知网——中国学术期刊网络出版总库(CAJD)　以下对 CAJD 进行简单的介绍。

(1)概况:CAJD(http://www.cnki.net)是目前世界上最大的连续动态更新的中国学术期刊全文资料库,是中国"知识资源数据库"出版工程的重要组成部分;其内容覆盖基础科学、工程科技、农业科技、医药卫生科技、哲学与人文科学、社会科学、信息科技、经济与管理科学八个领域;收录国内学术期刊 8 千种,全文文献总量 4800 万篇;收录 1915 年至今出版的学术期刊,部分期刊回溯至创刊,如 1915 年创刊的《清华大学学报(自然科学版)》;其产品形式有 WEB 版(网上包库)、镜面站版、光盘版、流量计费。

(2)CAJD 的主要检索功能:为满足不同的学术文献检索需求,提供了六种检索功能设置,包括高级检索、专业检索、作者发文检索、句子检索、一框式检索。

(3)CAJD 的检索结果显示及保存:检索结果显示有列表及摘要两种方式,参考文献可以导出为"word"、"xls"等文本格式,或者是 Refworks、EndNote、NoteExpress、NoteFirst 等文献管理软件格式。

2. 维普资讯——中文期刊服务平台(VIP)　以下为对 VIP 的主要介绍。

(1)概况:重庆维普资讯有限公司推出的《中文期刊服务平台》(http://www.cqvip.com)是一个功能强大的中文科技期刊检索系统;其内容涵盖社会科学、自然科学、工程技术、农业科学、医药卫生、经济管理、教育科学和图书情报等领域;收录期刊总数 12000 余种,3000 余万条文献;收录 1989 年至今的文献,部分期刊文献最早回溯到 1955 年。

(2)VIP 主要检索功能:简单检索入口(即检索字段)包括任意字段、题名或关键词、题名、关键词、文摘、作者、第一作者、机构、刊名、分类号、作者简介、基金资助及栏目信息。期刊文献检索模式提供以下 5 种检索方式,包括基本检索、传统检索、高级检索、期刊导航和检索历史。

(3)VIP 的检索结果显示及保存:检索结果页面支持全记录显示(包括题名、作者、出处、基金、摘要),可选中检索结果列表前的复选框,点击"导出",选中的文献题录可以文本、参考文献、xml、NoteExpress、Refworks、EndNote、Note First 的格式导出。

3. 万方数据知识服务平台——中国学术期刊数据库(CSPD)　以下为对 CSPD 的主要介绍。

(1)概况:Wanfang Data(http://www.wanfangdata.com.cn)是由中国科技信息研究所万方数据股份有限公司于 1992 年推出的数据资源系统,主要收录学位论文全文、会议论文全文、数字化期刊群、科技信息、专利技术、标准法规和商务信息;其中 CSPD 数据库涵盖哲学法学、社会科学、经济财政、教科文艺、基础科学、医药卫生、农业科学、工业技术学科,收录始于 1998 年,包含 7600 余种期刊;2008 年,与中华医学会签订中华医学会系列期刊资料库独家合作协议,独家代理中华医学会旗下自创刊以来的 115 种医学核心期刊的独家数字出版权,并于 2010 年、2013 年续签协议。

(2)Wanfang Data 的主要检索功能:简单检索入口(即检索字段)包括任意字段、

题名或关键词、题名、关键词、文摘、作者、第一作者、机构、刊名、分类号、作者简介、基金资助及栏目信息。期刊文献检索模式提供以下2种检索方式,包括高级检索和专业检索。

(3)Wanfang Data 的检索结果显示及保存:检索结果页面分为结果显示区和二次检索区。结果显示区显示本次检索结果的信息(包括总的检索结果记录数、数据库以及单个数据库命中记录数)和按页显示的结果列表(可更改每页显示记录的条数);在二次检索区可以进行二次检索。检索后导出有参考文献格式、查新格式或者是 NoteExpress、Refworks、EndNote、NoteFirst 等文献管理软件应用格式。

4. 中国生物医学文献服务系统——中国生物医学文献数据库(CBM) 以下为对 CBM 的主要介绍。

(1)概况:CBM(http://www.sinomed.ac.cn/zh/)是中国医学科学院医学信息研究所于1994年研制开发的综合性中文医学文献数据库,涉及基础医学、临床医学、预防医学、药学、口腔医学、中医学及中药学等生物医学的各个领域;收录1978年至今1800余种中国生物医学期刊以及汇编、会议论文的文献题录820余万篇,全部题录均进行主题标引、分类标引,同时对作者机构、发表期刊、所涉基金等进行规范化加工处理,支持在线引文检索,辅助用户开展引证分析、机构分析等学术分析。

(2)CBM 的主要检索功能:系统支持快速检索、高级检索、主题检索、分类检索、期刊检索、作者检索、机构检索、基金检索和引文检索等方式。

(3)CBM 的检索结果显示及保存:检索结果显示有列表及摘要两种方式,显示记录数每页最多100条;可以导出为"txt"等文本格式,或者是发送电子邮件格式。

### (二) 常用英文资料库介绍

目前常用的英文资料库有 PubMed、EMBASE、Scopus、BIOSIS 等。以下主要介绍 PubMed、EMBASE 两个资料库。

1. PubMed 以下为对 PubMed 的主要介绍。

(1)概况:PubMed(https://www.ncbi.nlm.nih.gov/pubmed)是由美国国家医学图书(National Library of Medicine,NLM)所属的国家生物技术信息中心(National Center for Biotechnology Information,NCBI)及国家卫生研究院(National Institutes of Health,NIH)开发的免费网络生物医学信息检索系统,收录自1950年至今生物医学各个领域的文献,截止到2017年7月涵盖8337种生物医学期刊,2700万条记录,不仅收录范围广、内容全,而且检索途径多、检索体系完备。

(2)PubMed 主要检索功能:有基本检索、高级检索、限定检索、主题词检索和临床咨询检索等。结果记录数过多、不符合要求时,可选择页面左侧点击限定内容,使用限定检索功能,以缩小检索范围。限定检索范围为文献类型、出版时间、语种、年龄、物种等方面。这些限定功能也可以通过点击页面右侧"Filter"功能来定制,"Filter"功能除了以上固定的过滤外还可以自己添加过滤条件。

(3)PubMed 的检索结果显示及保存:检索结果默认状态下,显示格式为 Summary;可以 RSS 订阅。检索结果能以 File、Clipboard、Collections、Email 等方式保存;以"Citation manager"方式保存可用于文献管理软件的导入管理。

2. EMBASE 以下是对 EMBASE 的主要介绍。

(1)概况:EMBASE(http://www.EMBASE.com)是由 Elsevier Science 出版公司

推出的权威性的生物医学与药理学文献资料库;收录 1947 年至今 8500 多种期刊,3200 万条文献,涵盖了 Medline 期刊,尤其涵盖了大量欧洲和亚洲医学期刊;资料库使用独有的 Emtree 生命科学主题词表,涵盖了所有 MeSH 术语,保证了检索的准确性。

(2)EMBASE 主要检索功能:包括 PICO 检索、PV Wizard 检索、快速检索(quick Search)、高级检索(Advanced Search)、药物检索(Drug Search)、疾病检索(Disease Search)、设备检索(Device Search)和文章检索(Article Search)。EMBASE 具有特色的是 PICO 检索和 PV Wizard 检索,其他检索基本同 PubMed 检索。PICO 检索在遇到临床问题时,临床医师需要根据"PICO"原则将问题翻译成可检索、可回答的问题,分解后的 PICO 常作为检索时的关键词(见第二节证据检索步骤)。EMBASE 资料库直接提供"PICO"表单式检索组合的对话框,方便进行检索策略的制定。2017 年 5 月资料库引入 PV Wizard 检索表单,PV 向导搜索表单包括 5 个关键元素:药物名称、替代药品名称、药物不良反应、特殊情况和人类限制。药品名称的搜索使用自动完成功能和 Emtree 主题词输入,药物的同义词可以很快地添加到查询中,从而使用户更容易构建全面的搜索策略;更重要的是,药品不良反应的搜索策略、特殊条件和人类限制在搜索表单中预先编码,这是由行业代表在最佳实践的基础上共同开发和验证的。

(3)EMBASE 的检索结果显示及保存:检索结果可以引文、摘要等格式显示,并且可以 RSS 订阅;检索结果可以导出为 RIS、Refworks Direct Export、CSV 等格式保存,并可以应用常用的文献管理软件管理。

## 二、基于临床问题的证据检索资料库

基于临床问题的证据资料库有 Clinical Evidence、DynaMed、Cochrane Library、UpToDate、MD Consult 等,以下主要介绍 Clinical Evidence、DynaMed 和 Cochrane Library 三个资料库。

### (一)Clinical Evidence 资料库

1. 概况 Clinical Evidence(http://clinicalevidence.com)是由英国医学杂志(British Medical Journal,BMJ)出版集团推出的循证医学资料库,涵盖临床治疗和护理领域中超过 80% 的常见病症,共收录 500 多个临床问题以及超过几千种的治疗方法,尤其是对治疗措施的利弊总结是该资料库的独特之处,为临床医生解决临床问题提供了一个最佳的咨询途径。

2. Clinical Evidence 的主要检索功能及结果显示 Clinical Evidence 中,点击"Show Conditions",可浏览到每一种疾病的干预措施(interventions table)、疾病要点(key points)、GRADE 推荐等级列表(GRADE table)、疾病的基础信息(background)、不同国家的诊疗指南(guidelines)、来源信息(contributors)的参考文献(references)和引文(citations)等;在 interventions table 结果中,分为"beneficial""likely to be beneficial"和"trade off between benefits and harms"三种情况,分别以向上的绿色箭头和向下的红色箭头表示;也可通过在搜索框内输入关键词查询疾病。查询疾病结果显示会自动分类为系统综述(systematic overviews)、GRADE 推荐级(GRADE)、循证医学(EBM)、引用(citations)和指南(guidelines)等。主页界面见图 4-1。

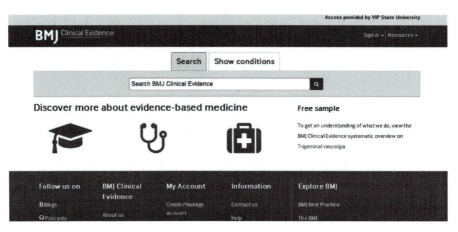

图 4-1 Clinical Evidence 主页

### （二）DynaMed 资料库

1. 概况 DynaMed（http://dynamed. ebscohost. com）是 EBSCO 出版集团下的床旁循证决策的重要资源,主要针对 Primary care,可以监测 500 种医学期刊和系统综述资料库,内容涵盖 3000 个临床主题;其循证医学方法严谨,对证据进行系统鉴定和分类,选择最佳证据案例进行严格评价和准确总结,且可清楚指示证据等级,适于协助临床医生对疾病的诊断、治疗。主页界面见图 4-2。

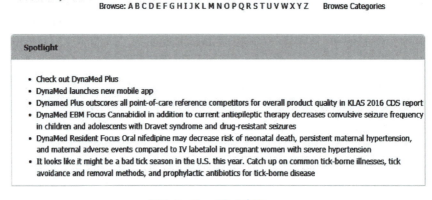

图 4-2 DynaMed 主页

2. DynaMed 的主要检索功能及结果显示 DynaMed 提供简单易操作的检索方式,也可以按照疾病分类或者字母索引进行检索浏览,并以条列框架的方式呈现检索结果。DynaMed 在每一个主题下提供:相关总结（related summaries）、一般信息（general information）、流行病学（epidemiology）、病因与发病机制（etiology and pathogenesis）、病史和体格检查（history and physical）、诊断（diagnosis）、治疗（treatment）、并发症及预后（complications and prognosis）、预防和筛查（prevention and screening）、质量改进（quality improvement）、指南和资源（guidelines and resources）、患者决定的作用（patient decision Aids）、患者信息（patient information）、ICD-9 和 ICD-10 编码（ICD-9/

ICD-10 Codes）、文献类（references）等；可通过分类浏览查看点击相应主题后的 Dx、Tx、Rx，可快速链接至该主题的诊断（diagnosis）、治疗（treatment）、处方（dosage and administration）。检索界面见图 4-3。

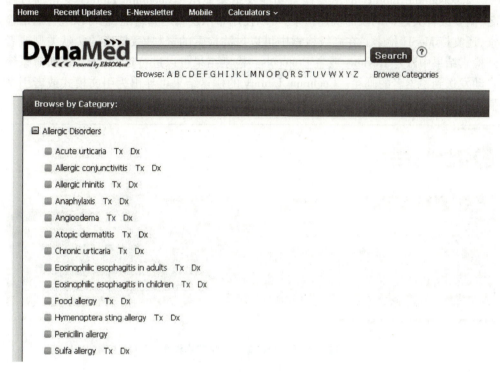

图 4-3　DynaMed 检索界面

### （三）Cochrane Library 资料库

1. 概况　Cochrane Library（http://www.cochranelibrary.com/）由 Cochrane 协作网创建，由 John Wiley 公司负责出版和发行，是获取循证医学证据的主要来源。Cochrane Library 共有 7 个资料库：系统综述资料库（Cochrane Database of Systematic Reviews，CDSR）、临床对照试验注册中心（Cochrane Central Register of Controlled Trials，CENTRAL）、方法学注册库（Cochrane Methodology Register，CMR）、效果评价文摘库（Database of Abstracts of Reviews of Effects，DARE）、卫生技术评估资料库（Health Technology Assessment Database，HTA）、NHS 卫生经济评价资料库（NHS Economic Evaluation Database，EED）和 Cochrane 协作组信息（About The Cochrane Collaboration）。前六个资料库包含不同类型的高质量的、独立的卫生保健和医疗决策证据信息。

Cochrane 系统综述资料库收录由 Cochrane 协作网系统综述组在该系统统一工作手册指导下完成的系统综述，包括系统综述（Review）和研究方案（Protocol），并随着读者的建议和评论以及新的临床试验的出现不断补充和更新。这些系统综述针对特定的疾病或其他健康卫生方面的问题给予系统评论定义，并判定这项治疗方法是否有效。截止 2017 年 7 月 Cochrane reviews 包含 9,890 篇 Reviews 及 Protocols。Cochrane 临床对照试验注册中心资料来源于协作网各系统综述小组和其他组织的专业临床试验资料库以及在 MEDLINE 上被检索出的随机对照试验（RCT）和临床对照试验

（CCT）。还包括了全世界 Cochrane 协作网成员从有关医学杂志会议论文集和其他来源中收集到的 CCT 报告。截止 2017 年 7 月 CENTRAL 包含 1,065,345 项临床试验注册内容。

2. Cochrane Library 的主要检索功能及结果显示　Cochrane Library 支持通过题名、摘要或者关键词词段的快速检索,可以使用布尔逻辑运算组配,也可以进行短语检索,还支持 MeSH 检索。在高级检索中可以过滤检索的资料库、检索的文献类型或者到检索结果中限定 Reviews 或者 Protocols。检索结果可以进行订阅,当有更新时系统自动发送到检索者的邮箱。Cochrane Library 的检索结果可导出为引文模式或者引文摘要模式。检索界面见图 4-4。

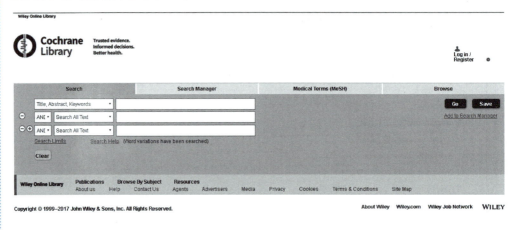

图 4-4　Cochrane Library 检索界面

# 第二节　证据检索步骤

## 一、基于临床问题确定检索关键词

在遇到临床问题时,临床医师需要根据“PICO”(观察性研究为“PECO”)原则将问题翻译成可检索、可回答的问题。分解后的 PICO 常作为检索时的关键词。P(patient/population):患者或者人群的临床特征;I 或者 E(intervention or exposure):关注的处理措施或暴露因素;C(comparison):对照措施,如果是诊断性研究,通常为“金标准”;O(outcome):关注的结局指标。在进行实际检索时如同时运用 PICO 或者 PECO 四个要素,检索到的文献数量非常有限,甚至为零。这是因为太多的检索词导致对临床问题特征限定得太多,所提出的临床问题的特异性在该资料库中不能体现。因此,实际检索时可使用其中三个或者两个要素的检索词进行检索。

例如:针对“参麦注射液治疗小儿病毒性心肌炎的疗效和安全性如何”的问题,根据 PICO 四要素分解法,P:患病毒性心肌炎的儿童;I:参麦注射液;由于该问题未对对照措施、结局指标进行限制,检索时只选择代表 P 和 I 的检索词构建检索式。

## 二、选择检索资料库

根据临床问题的类型及检索目的,结合各资料库的特点,选择最相关的数据进行检索。如果以查找使用证据为目的,在明确检索问题和需求之后,应按照证据的分级,优先从高级别证据开始检索,逐渐到低级别证据。常用的数据库有 Clinical Evidence、DynaMed、Cochrane Library、UpToDate、MD Consult 等。为了尽可能查全,在每个证据层级对应的多个资料库中可同时进行检索,一旦在某一层级证据资源中获得理想证据,就不再需要继续检索下一层级资料库。

如果以制作系统综述为目的,检索时应尽可能收集所有相关的临床研究。使用计算机检索时,可在检索英文 PubMed、EMBASE,中文 CNKI、Wanfang Data、SinoMed 等以原始研究为主的主要生物医学资料库基础上,扩展检索 Cochrane 对照试验中心注册资料库(The Cochrane Central Register of Controlled Trials,CENTRAL)、WHO 国际临床试验注册平台的检索入口(International Clinical Trials Registry Platform Search Portal,即 ICTRP 检索入口),或根据中国临床试验注册中心(ChiCTR)等 WHO 平台的一级注册机构检索及美国临床试验注册中心(Clinical Trial. gov)等正在进行的以及已完成但未发表的临床试验。

## 三、制定检索策略

1. 主题词与自由词相结合　进行中医药证据检索时,可根据美国国立医学图书馆的《医学主题词表》(MeSH)、《中文医学主题词表》(CMeSH)、《中国中医药学主题词表》选择合适的主题词。但是,由于一些中医药领域相关概念、名词术语未被以上主题词表收录,仅使用主题词检索会导致漏检。因此,应采取主题词与自由词检索相结合的方法。检索中药单味药时,可借助中草药三种文字对照表,同时检索该药的中文、英文及拉丁文。

2. 运用逻辑运算符连接检索词　逻辑运算符的意义及作用见表 4-1。

表 4-1　逻辑运算符的意义及作用

| 逻辑运算符 | 意义 | 作用 |
|---|---|---|
| A AND B | 检索同时含有 A 和 B 的文献 | 缩小检索范围,提高查准率 |
| A OR B | 检索至少含有 A 或 B 其一的文献 | 扩大检索范围,提高查全率 |
| A NOT B | 排除文献中含有检索词 B 的文献 | 缩小检索范围,提高查准率 |

3. 基于 PICO 四要素法确定各检索式之间的关系　基于 PICO 四要素法,确定关于患病人群(P)的多个检索词(包括主题词和自由词),将各检索词编号以"OR"连接;然后,确定表示干预措施(I)的检索词,如为药物要考虑其商品名、别名等,将各检索词编号以"OR"连接;最后,将 P 与 I 两组检索词用"AND"连接。

## 四、评价检索结果,优化检索策略

经过以上三个步骤后,可以查询并获得一定的检索结果,可根据结果的内容是否相关,判断检索结果是否在预期范围内、并能满足最初的检索目的。

如分析检索记录,发现检索结果中有太多和研究目的不相关的记录或(和)研究目的相关的记录太少甚至没有,则已定的检索式不合格,需修改完善;或者进一步分析检索记录是否与研究主题相关、文献的权威性如何等。如果不能满足,则需重新考虑检索策略,可通过浏览检索结果选择更专指的主题词或关键词,扩大自由词范围,采用截词检索,采用通配符检索,采用索引词表检索等,调整位置运算符等方式优化检索策略。

如果检索出的文献太多,则需要缩小检索范围,提高查准率。常用的方法采用主题词表进行检索,采用主题词/副主题词组配检索,采用限定字段的方式进行检索。比如只在题目和摘要中检索,调整位置运算符等方式优化检索策略。

由于不同资料库收录范围、检索功能不尽相同,因此需要在检索实践中不断调整检索策略,兼顾检索的查全率和查准率,减少漏检,避免误检,保证检索效果。

### 五、获取文献

临床证据检索结束或者在检索过程不能通过题目和摘要进行分析与评价时,需要进一步获取全文文献。目前大部分资料库中提供的免费文献相对较少,绝大多数是有偿服务。常见的文献获取途径有以下几种方式。

1. 网上免费医学资源　网上免费资源又称开放访问(Open Access,OA)资源。常见的 OA 网站有 PubMed Central、HighWire Press、Free Medical Journals 和 Directory of Open Access Journals 等。免费资源能提供的文献相对数量较少,尚不能满足临床证据获取的要求。

2. 利用图书馆馆藏资源　图书馆馆藏资源主要包括两部分。一是传统纸质图书、期刊与特种文献(学位论文、会议录、标准、年鉴等工具书);二是电子数字资源,包括各种全文资料库、网络型电子期刊。一般电子资料库检索系统中都会有全文链接,通过点击链接可以下载电子格式的全文文献。这是最便捷成本最低的获取方式,但是受到各机构购买资源数量的影响。

3. 利用图书馆的馆际互借和文献传递服务　馆际互借主要指馆与馆之间图书的互相借阅。文献传递指图书馆之间、图书馆与其他信息机构之间,以及高校图书馆与用户之间的信息资源提供服务。主要提供读者自己查找不到或难以获得的全文资料。文献传递员可以帮助获取,通过电子邮件等方式提供所需要而本馆缺藏的文献全文。馆际互借和文献传递服务通常需要支付一定的费用。

4. 直接向作者索取　极少数的外文期刊,尤其是一些非英语语言期刊国内没有引进,也没有发行相应的电子刊,国内无法获取全文。再就是一些会议文章等经常仅收录题目和摘要。此时,可查获作者的联系方式,直接向作者索取。同时还可以和作者进行一些学术交流。此方式的缺点是不一定得到作者的回复,或者即使作者回复也要等待较长的时间。

5. 专业网站的付费订购　一般电子资料库中收费文献都提供了收费的链接,可根据提示进行付费操作以获得相关文献。此方式的缺点为经济成本较高。

## 第三节 中医药证据检索的特点

### 一、概述

中医学历经两千多年的发展,在不同的历史时期、不同的地域出现新的流派、新的理论、新的方法和方药。这些不同的理论和方法对中医病证的认知和干预有不同的理解和文字表述。术语古今有别、方言不尽相同。这些内容的出现丰富了中医药的内涵,但同时也造成了中医药证据检索的复杂性。

1. 中医药临床问题构建的复杂性 中医药的特点是辨证论治,强调"证"在病机分析以及遣方用药中的主导作用。近百年来西学东渐。中医学受到西方医学的影响,在临床诊治模式中也发生了一些变化,比如说病证结合辨治等。中医药在临床问题的构建上的特点为:一是患者或者人群的临床特征是以"证"为单元,或者西医的"病"和中医的"证"相结合,所以在诊断标准、纳入标准和排除标准等方面不够统一和规范,难以量化。二是干预措施方面主要为某方剂的加减、自拟方剂或者中药配合西医常规治疗等,干预措施的质(方剂的药物或者针灸取穴)和量(包括剂量、频率、时间)等不统一。三是对照措施选择上,很多中医临床研究没有设置阳性对照,仅仅做了自身干预前后对照;再就是中医药在临床上的阳性对照措施难以找到主流对照药物或者治疗方法;所以大部分研究选择了西药作为对照,这样的可比性较差。四是在观察指标方面,中医的观察指标主观性比较强,难以量化,能够真正体现中医疗效特色的指标缺少,如改善生活质量、精神状态的一些症状指标,能够体现中医药长期疗效的一些指标等。

2. 中医药检索词的繁琐性 中医词汇中一个概念会对应多条术语,一个术语也会有几个含义;语文理解上会有分歧。不同时代、不同地域的医家对于同一事物往往会采用不同的术语。比如中药处方中的"辛夷"和"木笔花"指相同的含义,比如说"气滞痰凝""气滞痰郁""气郁痰阻""痰气交阻""痰气凝结"几个证在临床上基本含义也是一样的,临床辨证论治具有相似性。但是对计算机语言来说这却不同的,所以就需要把相同意义的词都提取出来进行检索,以保障证据的查全。同时也要注意中医药术语在被翻译成外文时有多种表达方式的情况,检索时同样需要查全。

3. 中医药证据来源的多样性 载录中医药证据的文献除现代文献,还有丰富的古代文献。这些文献中知识相互记载,检索利用不方便。所以在中医药证据检索时除了检索现代文献,还要检索古代文献。中医药古籍的检索可以使用翰林典藏或者本地电子软件库及手工检索等。

中医药证据中文文献来源较多,而英文文献相对较少。因此在进行中医药证据检索时候应首选中文生物医学资料库如 CNKI、CBM、VIP,Wanfang Data 等进行检索。选择英文资料库应更具针对性,如 PubMed 偏重于医学,EMBASE 则偏于药学。由于近来日本学者对中医药研究的深入,条件允许的情况下也应当对日文的资料库进行检索,如医学中央杂志、科学技术速报(生命科学)等日文检索工具。

此外,还要根据检索目的,适当选择中医药专业资料库进行检索,如中医药科技信息库、中医药关联数据库(Herb BioMap)及补充医学文献数据库(Allied and

Alternative Medicine，AMED）等。

4. 中医药证据质量评价的问题　随机对照试验产生的临床证据在循证医学中占有主要的地位。由于中医药研究人员所掌握知识体系及中医药治疗的自身特征，如设盲不方便等原因，导致中医药临床研究设计中规范的随机对照试验比较少。同时中医药的临床研究中以观察性研究较多。中医药是一门传统的经验医学；经典医籍、医案和名家经验由于仅是文献的记载和个人经验，没有严格的临床研究支持和评价，因此其质量级别也比较低。但是这些低质量的证据也是中医药临床决策的重要参考，是中医药临床诊疗证据中不可分割的部分。为了适应中医药证据的特点，刘建平提出了《传统医学证据体的构成及证据分级的建议》供参考。

## 二、检索实例

以发表在《中成药》杂志上的一篇系统综述中提出的问题为例。

第一步，构建临床问题，确定检索词。作者提出的临床问题是"喜炎平注射液与利巴韦林治疗小儿急性上呼吸道感染疗效和安全性"。基于 PICO 四要素法将该问题分解：P：小儿急性上呼吸道感染患者；I：喜炎平注射液合用利巴韦林；C：利巴韦林注射液；O：①总有效率；②发热消失时间；③咳嗽停止时间；④咽部充血消失时间。根据临床问题确定中文检索词为：小儿、儿童、急性上呼吸道感染、喜炎平、利巴韦林、三氮唑核苷。英文检索词为：Child＊，Minors，Preschool，Upper Respiratory Tract Infections，Xiyanping，sodium 9-dehydro-17-hydroandrographolide-19-yl sulfate，9-dehydro-17-hydro-andrographolide-19-yl sulfuric acid，Virazole，Vilona，Ribasphere，Viramide，Virazide，ICN1229，Ribamid＊。

第二步，选择资料库。计算机检索中文资料库选择 CBM、CNKI、VIP 和 Wanfang Data；英文资料库选择 Cochrane Library、PubMed、EMBASE，并检索世界卫生组织国际临床试验注册平台。检索时限均为 1980 年 1 月至 2017 年 5 月 31 日，并追索纳入研究的参考文献。

第三步，检索词组合及资料库检索。中文资料库以 CAJD 为例，根据 PICO 构建的临床问题，中文检索词：

#1 小儿

#2 儿童

#3 急性上呼吸道感染

#4 喜炎平

#5 利巴韦林

#6 三氮唑核苷

#7 （#1 OR #2）

#8 （#5 OR #6）

#9 （#7 AND #3 AND #4 AND #8）

进入高级检索界面，检索时限均为 1980 年 1 月至 2017 年 5 月 31 日，选择检索字段"主题"在检索框内输入检索词，并选择布尔逻辑运算符见图 4-5 所示，点击检索后31 条检索记录按相关度进行排序，显示如图 4-6 所示。

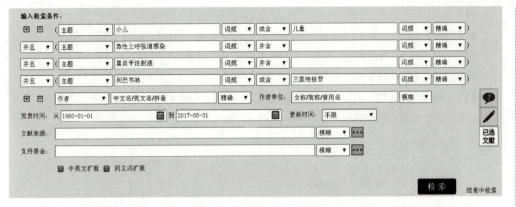

图 4-5　CAJD 检索界面

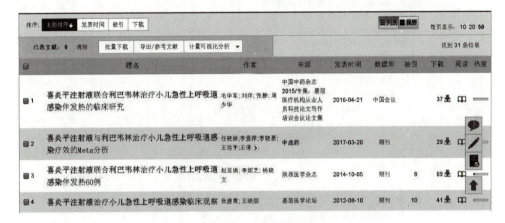

图 4-6　CAJD 检索结果

　　第四步,英文检索词组合确定及资料库检索。外文资料库以 PubMed 为例,根据 PICO 构建的临床问题,初步确定检索词为 Children、Acute Upper Respiratory Tract Infections、Xiyanping、Ribavirin。为了查全查准,先到 MeSH 主题词表对以上主题词进行扩展见图 4-7。如果用以上词汇进行自由词检索,PubMed 系统会提示"Best match search information",再去选择 MeSH 主题词也可以。

#1 Child *

#2 Minors

#3 Preschool

#4 Upper Respiratory Tract Infections

#5 Xiyanping

#6 sodium 9-dehydro-17-hydroandrographolide-19-yl sulfate

#7 9-dehydro-17-hydro-andrographolide-19-yl sulfuric acid

#8 Virazole

#9 Vilona

#10 Ribasphere

#11 Viramide

#12 Virazide

#13 ICN1229

#14 Ribamid *

#15 （#1 OR #2 OR #3）

#16 （#5 OR #6 OR #7）

#17 （#8 OR #9 OR #10 OR #11 OR #12 OR #13 OR #14）

#18 （#15 AND #4 AND #16 AND #17）

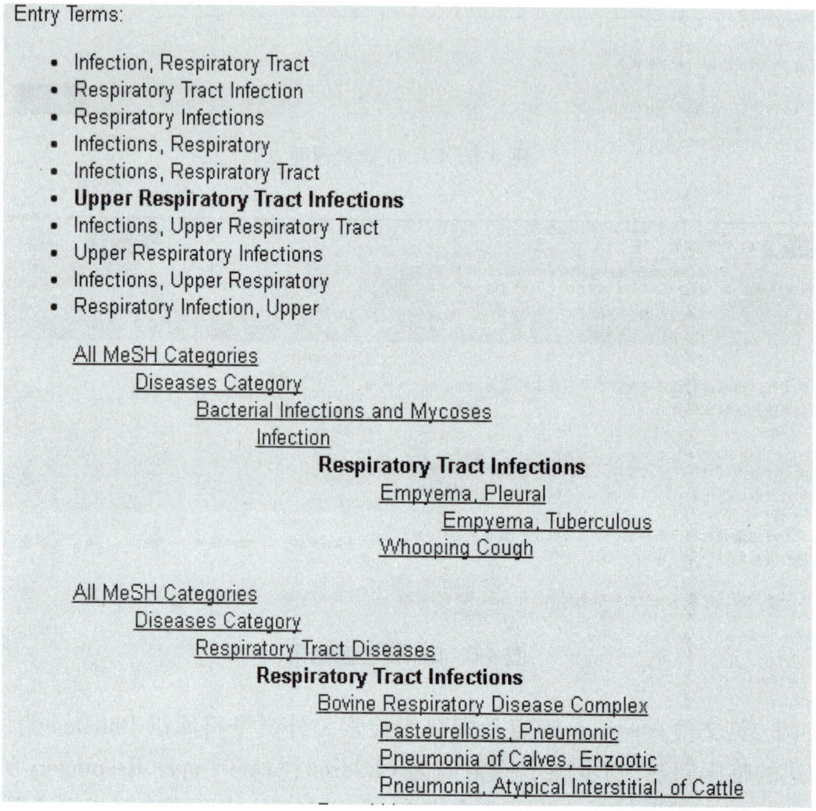

Entry Terms:
- Infection, Respiratory Tract
- Respiratory Tract Infection
- Respiratory Infections
- Infections, Respiratory
- Infections, Respiratory Tract
- **Upper Respiratory Tract Infections**
- Infections, Upper Respiratory Tract
- Upper Respiratory Infections
- Infections, Upper Respiratory
- Respiratory Infection, Upper

All MeSH Categories
  Diseases Category
    Bacterial Infections and Mycoses
      Infection
        **Respiratory Tract Infections**
          Empyema, Pleural
            Empyema, Tuberculous
          Whooping Cough

All MeSH Categories
  Diseases Category
    Respiratory Tract Diseases
  **Respiratory Tract Infections**
      Bovine Respiratory Disease Complex
      Pasteurellosis, Pneumonic
      Pneumonia of Calves, Enzootic
      Pneumonia, Atypical Interstitial, of Cattle

图 4-7　"上呼吸道感染"的主题词树状结构（局部）

　　点击"Advanced"进入高级检索界面，输入检索式，分别进行#15、#16、#17 检索，然后在检索历史记录中点击组合（#15 AND #16 AND #17）。PubMed 生成的检索式为【Search（（（Child *）AND Upper Respiratory Tract Infections）AND（（（Xiyanping）OR sodium 9-dehydro-17-hydroandrographolide-19-yl sulfate）OR 9-dehydro-17-hydro-andrographolide-19-yl sulfuric acid））AND（（（（（（（Virazole）OR Vilona）OR Ribasphere）OR Viramide）OR Virazide）OR ICN1229）OR Ribamid *）Schema：all Sort by：Relevance】。检索结果有 0 条记录。为了慎重起见，缩小限定词汇，重新组合 PICO 问题，仅以 PI 作为检索词即（#4 AND #16）重新检索。有 1 条记录。再进一步以 I 作为检索词即（#16）进行检索有 17 条记录。精确阅读文献，均与本研究内容不相关。

　　最后，将中英文各资料库检索结果汇总，对检索结果进行初步筛选后，通过资料库中的全文链接等方式获取全文。

## 学习小结

### 学习内容

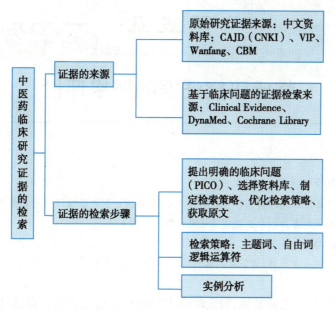

### 学习方法

首先熟悉常用的中英文资料库及其特点;其次学习资料库的检索方法,每一个资料库都有不同的检索方法,但是基本方法与原则是通用的。中文资料库中的 CAJD(CNKI)、VIP 和万方资料库检索方法比较相似,英文资料库中,掌握 PubMed 的检索方法之后,其他的就可以触类旁通。

（郑景辉）

## 复习思考题

如何根据研究问题选择合适的资料库并制定合适的检索策略?

# 临床研究证据的严格评价

通过学习临床研究证据的评价原则和方法,掌握循证医学证据评价的基本原则,随机对照试验证据的评价方法以及其他常见研究证据评价的方法。

学习要点

证据评价的基本原则,随机对照试验证据真实性评价的标准。

随着医学科学的飞速发展,每天均有大量的医学论文发表。据估计,全球每年有200多万篇生物医学文献发表在2万余种医学期刊上,但是其中针对某一专题的医学文献中真正有用的不足15%。如何寻找最佳的临床证据,是临床医学面临的新的挑战。如何判断最佳临床证据? 采用什么样的标准来衡量临床最佳证据,这是实践循证医学的重要内容之一——临床证据的严格评价(critical appraisal)。

严格评价证据是将收集到的相关证据,应用临床流行病学及循证医学质量评价的标准,从证据的真实性、重要性以及实用性做出具体的评价,并得出确切的结论。这里将有三种处理方式:①质量不高的证据,或质量可靠但属无益或有害的干预结论,当弃之勿用;②研究的证据尚难定论,当作参考或待进一步研究和探讨;③属最佳证据,则可根据临床的具体情况,解决患者的问题,用以指导临床决策。如果收集的文献有多篇的话,则可以制作系统综述和 Meta 分析。这样的综合评价结论更为可靠。

## 第一节 证据评价的基本原则

证据的严格评价是指对一个研究证据的质量做科学的鉴别,首先要分析证据的真实性程度,即是否真实可靠。如果这是可靠的话,再进一步评价证据是否有临床重要价值。如果既真实又有重要的临床价值,最后再看证据是否能适用于具体的临床实践,即临床证据的评价要从文献的真实性、临床重要性和适用性三方面综合考虑。

### 一、研究证据的内部真实性

研究证据的内部真实性(internal validity)是指研究结果正确反映被研究对象真实状况的程度。影响内部真实性的因素主要包括研究方法设计是否合理、统计分析是否正确、结论是否可靠、研究结果是否支持研究结论等。如评价治疗性研究证据时,应考虑纳入病例是否随机分配,随机化方法是否恰当,随机分配方案是否隐藏,组间基线是否可比,统计分析时是否包括了所有纳入研究的对象,是否采用盲法等。

## 二、研究证据的临床重要性

研究证据的临床重要性(clinical importance)是指其是否具有临床应用价值。对于不同临床研究问题,其评价及指标不同。如对于诊断性试验的证据,可用敏感度、特异度及准确度,临床诊断预测价值及似然比等指标进行评价;而对于治疗性研究的证据,则应评价其治疗措施究竟提高多大疗效、安全性、利弊比值及成本效果究竟如何,可采用相对危险度减少率(relative risk reduction,RRR)、绝对危险度减少率(absolute risk reduction,ARR)和需要治疗的病例数(number needed to treat,NNT)等指标来进行评价;对于预后研究证据则应评价影响疾病预后的有害和有利因素有哪些,各有多大的贡献。

## 三、研究证据的适用性

研究证据的适用性即其外部真实性(external validity),是指研究结果与推论对象的真实情况相符合的程度,多指研究结果和结论在不同人群、不同地点和针对具体病例的推广应用价值。其影响因素主要包括研究人群与其他人群在特征上的差异、研究对象的类型以及社会环境和经济条件等。评价证据的外部真实性时主要考虑拟应用该证据的患者与文献中研究对象的人口学特征和临床特征上的差异、所处的医疗环境是否具备相应的人力、技术和设备条件、患者的接受程度以及社会经济状况的承受能力等。

# 第二节　常用研究证据真实性的评价方法

在对文献质量进行评价时,为了避免评价者的主观性,通常由两个人或多个人同时对一篇文献进行独立评价。出现意见分歧时,可通过共同讨论,或请第三人的方法进行解决。对不同设计类型的研究,应采用不同的标准进行评价。

### (一) 随机对照试验研究证据的评价方法

随机对照试验(randomized controlled trial,RCT)是将研究对象随机分组,对不同组实施不同的干预措施,以比较效果的不同。RCT 是目前公认的质量最高的证据。但是,并非每一个随机对照试验都具备高质量,尤其是该随机对照试验是否具备随机化、对照、盲法的基本特征。因此,在各循证医学中心对随机对照试验类研究论文的评价原则中,通常均包含对随机化、盲法、各组间基线是否具有可比性等方面进行评价。

1. 研究对象是否进行了随机化分组　临床研究中的随机化包括随机抽样和随机分配,前者是为了保证研究样本能代表总体特征,后者是保证研究对象进入试验组或对照组的机会相等,从而保证研究开始阶段的组间可比性,以平衡研究以外的其他因素如:年龄、性别、病情轻重、病程长短、是否有并发症以及一些未知因素对研究结局的影响。

判断一项 RCT 研究是否真正采用了"随机分配"方法应详细阅读文章的方法学部分,严格的随机应采用随机数字表或计算机产生的随机序列进行分组,如研究者按入院顺序交替分组、按身份证号码或出生日期、病历的单双数分组等方法都不是真正的随机而是半随机分配。

2. 随机分配方案是否进行了隐藏 在随机分配之后还应考虑随机分配方案是否被隐藏,即研究人员在分配研究对象时不知道下一位入选的患者将进入哪一组,接受何种治疗,这样就避免了分配入组的医生有意或者无意地破坏随机分配的方法,造成组间的可比性降低,导致治疗效果被人为夸大或削弱,破坏了研究结果的真实性。

隐藏随机分配方案常用以下几种方法:①使用编号的容器;②研究中心控制的电话或传真;③序列编号置于密封且不透光的信封等。

3. 是否随访了纳入研究的所有患者,随访期是否足够长 纳入研究的对象理想状态下应全部完成试验并获得相关数据,但实际上在研究过程中由于研究对象的迁徙、死亡或拒绝继续试验等因素可使部分研究对象不能完成试验而导致"失访",失访者所占比例越大,研究结果的真实性受到的影响越大。通常认为失访率不能超过20%。

4. 是否对随机分配入组的所有患者都进行了分析 对于失访的研究对象如果不纳入结果分析,必然会破坏随机化原则和基线可比性,影响研究结果的真实性。因此,对于所有的随机分组的研究对象应进行"意向性分析",即对所有患者按最初分组的情况进行分析,无论他们是否接受了被分配的方案。

5. 是否对研究对象、医生和研究人员采用了盲法 在临床试验过程中,为了避免来自研究对象和研究人员双方面主观因素的影响,应尽可能采用盲法以减少测量性偏倚。

6. 除试验措施,组间的其他治疗措施是否一致 研究对象除接受规定的试验措施外,如果有意或无意采用了其他具有类似作用的干预措施必然会影响研究结果的真实性。因此,需评价试验组和对照组接受的其他治疗措施是否一致。

在实际应用中,评价 RCT 证据质量尚无金标准方法,可采用单个条目、清单或一览表和量表评分。1995 年,由临床流行病学家、临床专业人员、统计学家和医学杂志编辑组成的报告试验的标准小组和 Asilomar 工作组提出了报告临床试验的强化标准(consolidated standards of reporting trials,CONSORT),发布了 CONSORT 声明,并先后在 2001 年和 2010 年进行了两次修改,目前国内外很多主流医学期刊均采用这一声明以规范 RCT 的报告。由于 CONSORT 声明内容较多,在此不作详细介绍,可参考相关文献。

除 CONSORT 声明,Cochrane 协作网在 2011 年更新的"对干预性研究进行系统评价的 Cochrane 手册 5.1.0 版(Cochrane Handbook for Systematic Reviews of Interventions-version 5.1.0)"中,提出对随机对照试验可从 7 个方面进行质量评价(表 5-1)。评价者需对每个项目做出偏倚风险低(low risk of bias)、偏倚风险高(high risk of bias)、不清楚(unclear risk of bias)的判断。其中,决定一个随机对照试验是否纳入的主要标准通常是随机化和盲法。

(二)分析性研究证据的评价方法

分析性研究主要包括病例对照研究和队列研究,目前对于分析性研究真实性评价的原则如下。

表 5-1　Cochrane 协作网的偏倚风险评价工具

| 偏倚风险 | 评价条目 | 评价内容描述 | 作者判断 |
|---|---|---|---|
| 选择风险 | 1. 随机分配方法 | 详细描述产生随机分配序列的方法，以利于评估组间是否可比 | 随机分配顺序的产生是否正确 |
| | 2. 分配方案隐藏 | 详细描述隐藏随机分配序列的方法，以利于判断干预措施分配情况是否可预知 | 分配方案隐藏是否完善 |
| 实施风险 | 3. 参与者设盲 | 描述对受试者或试验人员实施盲法的方法，以防止他们知道受试者的干预措施，提供判断盲法是否成功的相关信息 | 盲法是否完善 |
| 测量风险 | 4. 分析者设盲 | 描述对受试者接受干预后的结果分析实施的盲法。提供判断盲法是否成功的相关信息 | 盲法是否完善 |
| 随访偏倚 | 5. 结果数据的完整性 | 报告每个主要结局指标的数据完整性，包括失访和退出的数据。明确是否报告失访/退出、每组人数（与随机入组的总人数相比）、失访/退出的原因，是否采用意向性分析(ITT) | 结果数据是否完整 |
| 报告风险 | 6. 选择性报告研究结果 | 描述选择性报告结果的可能性（由系统综述者判断）及情况 | 研究报告是否提示无选择性报告结果 |
| 其他风险 | 7. 其他偏倚来源 | 除以上 5 个方面，是否存在其他引起偏倚的因素？若事先在计划中提到某个问题或因素，应在全文中作答 | 研究是否存在引起高度偏倚风险的其他因素 |

1. 是否采用了论证强度高的研究设计方法　在病因和危险因素研究方法中，描述性研究的论证强度最弱，病例对照研究次之，队列研究论证强度较强，而随机对照研究最强，因为其结果来源于真正的人群试验。

2. 因果效应的先后顺序是否合理　在评价某一病因或危险因素与疾病的关系时，如果能明确危险因素的暴露在前、疾病发生在后，则研究结果的真实性高。以"吸烟是否增加患肺癌的危险"为例，吸烟暴露应早于肺癌的发生。又如高血压患者往往同时有较高的血清胆固醇水平，糖尿病患者往往有心血管疾病，对孰先孰后不能草率下结论。

因果效应时序的确定主要有赖于研究设计类型和正确的研究设计。前瞻性研究如随机对照试验和队列研究能够明确因果的时序，论证强度高；而回顾性、横断面调查在因果效应时序难以确定，论证强度低。

3. 随访时间是否足够长，是否随访了所有纳入的研究对象　研究某些疾病特别是慢性非传染性疾病危险因素的致病效应时，由于疾病的潜伏期长，往往需要足够长的时间才能观察到结果的发生，观察期过短易导致假阴性结果。因此，要根据疾病自然史来判断随访期是否足够。以"吸烟是否增加患肺癌的危险"为例，如果受试者仅被随访了几周或几个月，就无法判断阴性结果的真实性，是吸烟确实没有增加肺癌的危险,还是随访期过短、肺癌还没有表现出来?另外,失访率不应超过 10%,一旦失访率超过 20%,失访者可能在某些重要特征上比较集中,结果将变得不可靠。

4. 样本是否具有代表性 分析性研究的样本量一定要足够,同时还要满足样本代表性。

5. 危险因素和疾病之间有无剂量效应关系 若致病效应与危险因素的暴露剂量或暴露时间具有显著的相关性,即随着危险因素暴露程度的变化,疾病在人群的发病率也随之发生改变,将这种关系绘成曲线,称剂量效应曲线。例如:Doll 和 Hill 按每日吸烟支数将人群分组,进行队列研究,将肺癌死亡率与吸烟量的关系绘成图,发现随着吸烟量的增加,肺癌的死亡率在增高。在医疗实践中,治疗措施的疗效和不良反应在一定范围内往往也存在剂量效应关系。当病因和危险因素研究呈现剂量效应关系时则其因果关系结论的真实性较高。

6. 病因致病的因果关系是否在不同的研究中反映出一致性 对某危险因素与某种疾病关系的研究,如果在不同地区和时间、不同研究者和不同设计方案的研究中都获得一致结论,则这种病因学的因果效应真实性高。例如吸烟与肺癌的病因学研究,世界上至少有 7 次以上的队列研究、30 次以上的病例对照研究得出相似的结论,说明吸烟与肺癌的因果关系较为真实。倘若能全面收集性质相同的、高质量的研究结果,进行系统综述,则得出的结论真实性更高。

7. 病因致病效应的生物学依据是否充分 如果病因和危险因素研究揭示的因果关系可以用现代生物学和医学知识加以解释,则可增加因果联系的证据,结果的真实性高。但要注意,由于受医学发展水平的限制,有时生物学上的合理解释可能要等待若干年,因此,要否定因果关系时也要慎重。例如 1747 年 Lind 发现海员的坏血病与食用水果蔬菜有关,百年后才分离出维生素 C,最终确定是维生素 C 缺乏所致。

8. 偏倚及其影响如何 分析性研究中选择偏倚、信息偏倚和混杂偏倚均可发生。有关选择偏倚,分析性研究与描述性研究类似。需要强调的是,病例对照研究中还应注意病为新发病例还是现患病例,如果是现患病例,尤其是患病时间长的病例,所得到的很多信息与发病时相比发生了改变,可能只与存活有关未必与发病有关,这种情况称为现患病例—新发病例偏倚。另外病例对照研究中回忆偏倚更为严重。失访偏倚是队列研究应注意的问题,如果暴露组和对照组的失访人数相等,而且各组中失访者和未失访者结局发生率相同,失访对研究结果没有影响,否则暴露与结局之间的关系可能因为失访而被歪曲。研究者或文献使用者应根据论文的描述,如失访率等对偏倚及其对结果的影响进行估计。混杂因素是观察性研究所共有的,在证据评价时,首先看研究或文献是否考虑到所涉及的混杂因素,设计阶段有无严格的纳入和排除标准、是否对重要的混杂因素进行配比或限制,分析时是否对已知的混杂因素进行分层分析、多因素分析等来评价是否存在混杂偏倚以及混杂因素影响的程度,从而正确认识研究结果。

在非随机对照试验文献的质量评估中,纽卡斯尔—渥太华量表(the Newcastle-Ottawa Scale, NOS)被广泛应用,量表满分为 9 分,5~9 分为相对高质量的文章。现 NOS 量表主要被应用于评价病例对照研究。此评分是从对象选择、可比性、结局和暴露 3 个方面对文献进行评分,每个方面有下设的若干评价条目,当下设的条目符合要求时加分,其中可比性一项最高可获得 2 分。见表 5-2、表 5-3。

表 5-2　病例对照研究的 NOS 评价标准

| 栏目 | 条目 | 评价标准 |
|---|---|---|
| 研究对象选择 | 1. 病例确定是否恰当 | ①恰当,有独立的确定方法或人员＊;②恰当,如基于档案记录(如 ICD 码)或自己报告;③未描述 |
| | 2. 病例的代表性 | ①连续或有代表性的系列病例＊;②有潜在选择偏倚或未描述 |
| | 3. 对照的选择 | ①与病例同一人群的对照＊;②与病例同一人群的住院人员为对照;③未描述 |
| | 4. 对照的确定 | ①无目标疾病史＊;②未描述 |
| 组间可比性 | 设计和统计分析时考虑病例和对照的可比性 | ①研究控制了最重要的混杂因素＊;②研究控制了任何其他的混杂因素＊ |
| 暴露因素测量 | 1. 暴露因素的确定 | ①固定的档案记录(如外科手术记录)＊;②采用结构式访谈且不知访谈者的情况(是病例或对照)＊;③采用访谈但未实施盲法(即知道病例或对照情况);④未描述 |
| | 2. 采用相同方法确定病例和对照组暴露因素 | ①是＊;②否 |
| | 3. 无应答率 | ①病例和对照组无应答率相同＊;②描述了无应答者情况;③病例和对照组无应答率不同且未描述 |

＊达到此标准,则该条目给 1 分

表 5-3　队列研究的 NOS 评价标准

| 栏目 | 条目 | 评价标准 |
|---|---|---|
| 研究对象选择 | 1. 暴露组的代表性 | ①真正代表人群中暴露组的特征＊;②一定程度上代表了人群中暴露组的特征＊;③选择某类人群如护士,自愿者;④未描述暴露组的来源情况 |
| | 2. 非暴露组的代表性 | ①与暴露组来自同一人群＊;②来自不同的人群;③未描述非暴露组的来源情况 |
| | 3. 暴露因素确定 | ①固定的档案记录(如外科手术记录)＊;②采用结构式访谈＊;③研究对象自己写的报告＊;④未描述 |
| | 4. 肯定研究起始时尚无观察的结局指标 | ①肯定＊;②不肯定 |
| 组间可比性 | 设计和统计分析时考虑暴露组和未暴露组的可比性 | ①研究控制了最重要的混杂因素＊;②研究控制了任何其他的混杂因素＊ |
| 结局测量 | 1. 结局指标的评价 | ①盲法独立评价＊;②有档案记录＊;③自己报告;④未描述 |
| | 2. 随访时间足够长 | ①是(评价前规定恰当的随访时间)＊;②否 |
| | 3. 暴露组和未暴露组随访的完整性 | ①随访完整＊;②有少量研究对象失访但不至于引入偏倚(规定失访率或描述)＊;③有失访(规定失访率),未描述;④未描述 |

＊达到此标准,则该条目给 1 分

另外,Cochrane 协作网在 2014 年发布了 ROBIBS-I 全称为 risk of bias in non-randomised studies of interventions,也可用于非随机对照试验的真实性评价,本书不做详细介绍,请参见参考文献。

### (三) 诊断性试验证据的评价方法

循证医学对诊断性试验的要求,首先在于它的真实性,能够对患者做出正确的诊断。在众多的诊断试验中,筛选具有真实性的试验,必须要有严格的规定,目前国际上通用的评价标准如下:

1. 是否用盲法将诊断性试验与参考标准(金标准)进行独立的对比研究?　诊断性试验的研究过程中,对每个患者需进行两项试验,然后将新的诊断性试验结果与金标准诊断结果比较,才能判断该试验是否可靠、是否具有真实性。进行这项新试验的技师(或医生),事先不应知晓金标准对患者检测的结果,应在盲法下进行检测,这样可避免人为的偏倚,使该试验更具有科学性。目前使用的自动化分析检测仪,基本符合盲法要求,如果操作得当其结果应也具有真实性。最后通过分析该论著,列出四格表计算各项指标,根据敏感度、特异度及阳性似然比来确定该项诊断性试验有无临床应用价值。

2. 该诊断性试验是否包括了适当的病谱?　诊断性试验的受试患者是否包括各型病例(轻、重、治疗、未治疗)以及个别易于混淆的病例? 例如,测定血中 $T_3$、$T_4$ 诊断甲亢,测定血糖诊断糖尿病,测定肝功能、肾功能判断肝脏和肾脏受损情况,这些都是较好的诊断性试验,当各型病例都包括在内时,这些指标可诊断疾病,又可判断病情,还可以进行鉴别诊断。

3. 诊断性试验的检测结果,是否会影响参考标准的应用?　如果标准诊断(或参考标准)是确切可靠的金标准,那就不会顾及新开展的诊断性试验结果如何,这对诊断都不会有所改变。如果本来使用的诊断标准就不可靠,一旦发现新的诊断性试验结果与原来的诊断有所不同,有时就会难以取舍。必须继续观察以明确患者的诊断,然后进一步判断原来的标准诊断是否存有缺陷,以及新的诊断性试验是否真正可靠,特别是原有标准诊断的基础薄弱,多以临床症状体征为主,缺乏可信的试验指标,在这种情况下,有了新的诊断性试验,对改进原有诊断标准,提高临床诊断水平是有益的。因此,在评价过程中,一方面要考虑原有金标准是否恰当,另一方面要考虑新的诊断性试验,是否真有新的发现。

4. 如将该试验应用于另一组病例,是否也具有真实性?　一项可靠的诊断性试验,在判断其真实性时,应考虑到该试验的重复性,如多次测定同一标本的结果接近,说明测定数值稳定、结果可靠。因此只要疾病相同,不论在何处采用该项试验其结果都应是一致的,即用于另一组病例,对特定的目标疾病诊断应具有同样的真实性。在新开展的病例组检测中,应该注意该组的患病率是否与以往的病例组不同。因为患病率不同的病例组,就不能使用阳性预测值和准确度作为评价的指标。

目前国际上对于诊断性研究证据评价工具应用较多的是自 2003 年正式推出的QUADAS(Quality Assessment of Diagnostic Accuracy Studies)。研发小组于 2011 年推出了 QUADAS-2 以进一步完善该工具。QUADAS-2 工具主要由 4 个部分组成:病例的选择、待评价试验、金标准、病例流程和进展情况。所有组成部分在偏倚风险方面都会被评估,前 3 部分也会在临床适用性方面被评估。在偏倚风险判断上纳入了标志性的问题,这些研究设计方面的标识性问题与偏倚潜在性有关,旨在帮助评价者判断偏倚风险;但临床适用性的判断未纳入标志性问题。完整版的 QUADAS-2 工具资源在 QUADAS 官方网站(http://www.bristol.ac.uk/)中可以获得。QUADAS-2 中文版条目见表 5-4。

表 5-4　QUADAS-2 中文版条目

| 研究 | | 是否纳入了连续或随机的病例 | 是否避免了病例对照类研究设计 | 研究是否避免了不恰当的排除 | 待评价试验的结果判读是否在不知晓金标准试验的结果下进行 | 若使用了阈值,那么它是否是事先确定的 | 金标准是否可以正确地区分目标疾病状态 | 金标准判读是否使用了盲法 | 待评价试验和金标准之间是否有恰当的时间间隔 | 是否所有的患者接受了金标准 | 所有的患者是否只接受了一个相同的金标准 | 是否所有病例都纳入了分析 |
|---|---|---|---|---|---|---|---|---|---|---|---|---|
| 作者 | 年份 | U | Y | U | U | U | Y | U | U | N | Y | N |
| 作者 | 年份 | Y | Y | U | U | U | Y | U | U | U | Y | N |
| 作者 | 年份 | Y | U | U | Y | U | Y | U | Y | Y | Y | Y |
| 作者 | 年份 | U | Y | U | U | U | Y | U | U | N | Y | Y |
| 作者 | 年份 | Y | Y | U | U | U | Y | U | U | U | Y | Y |
| 作者 | 年份 | U | Y | U | U | U | Y | U | U | N | Y | Y |
| 作者 | 年份 | U | Y | U | U | U | Y | U | U | N | Y | Y |
| 作者 | 年份 | U | Y | U | U | U | Y | U | U | N | Y | Y |
| 作者 | 年份 | U | Y | U | U | U | Y | U | U | N | Y | Y |
| 作者 | 年份 | U | U | U | U | U | Y | U | U | U | Y | Y |
| 作者 | 年份 | U | U | U | U | U | U | U | U | U | U | U |
| 作者 | 年份 | U | U | U | U | U | U | U | U | U | U | U |

注:Y,Yes;N,No;U,Unclear

# 第三节　常用研究证据重要性的评价方法

一项研究证据一旦满足真实性评价的标准之后,还应评价其临床重要性,即临床重要价值的评价,一般从以下两个方面进行:

## (一)效应强度的大小

1. 事件发生率　如有效率、治愈率、病死率、病残率、发病率、患病率等。这些事件在不同的组别可分别表示为:试验组事件发生率(experimental event rate,EER)和对照组事件发生率(control event rate,CER)。

2. 绝对危险降低率(ARR)　即试验组事件发生率与对照组事件发生率的绝对

53

差值。

$$ARR = |CER - EER| \qquad (式5-1)$$

3. 相对危险降低率（RRR）　即 ARR 被 CER 去除所得的商值的百分数。

$$RRR = \frac{CER - EER}{CER} \qquad (式5-2)$$

4. 需要治疗的病例数（NNT）　即 ARR 的倒数。

$$NNT = \frac{1}{ARR} \qquad (式5-3)$$

5. 绝对危险增加率（absolute risk increase，ARI）　即试验组和对照组不良事件发生率的绝对差值。

$$ARI = |EER - CER| \qquad (式5-4)$$

6. 相对危险增加率（relative risk increase，RRI）　即 ARI 被 EER 去除所得的商值的百分数。

$$RRI = \frac{EER - CER}{EER} \qquad (式5-5)$$

7. 需治疗多少病例才发生一例不良反应（number needed to harm，NNH）　即 ARI 的倒数。

$$NNH = \frac{1}{ARI} \qquad (式5-6)$$

**（二）效应的精确度评价**

有关效应强度的精确度估计通常用95%可信区间（95%CI）表示。

# 第四节　常用研究证据适用性的评价方法

进行真实性和重要性评价之后，研究证据能否应用于临床实践还需结合医生的经验和技能，并充分考虑患者的意愿和期望，再做出临床决策。

**（一）临床实践中的患者与研究中的患者是否相似**

应用 RCT 研究证据时，要充分考虑拟应用证据的患者与研究中患者的人口学特征以及疾病特征等是否相似。如果某些重要特征存在显著差异，不宜将该研究结果应用于自己的患者。

**（二）治疗措施是否可行**

治疗措施的可行性包括技术的可行性（如是否有条件开展该项技术？有无相关设备仪器等）和经济的可行性（患者的经济承受能力、医疗保健系统的覆盖支持能力等）。

**（三）治疗措施的利弊如何**

需要分别估计应用该措施所带来的好处和危险。可以通过 CER、NNT、NNH 等指标进行判断。

**（四）患者对于治疗措施的价值取向和期望**

应考虑患者对将要预防的结果和将进行的治疗的期望是什么，将临床研究结果转变成一种可使患者决定他们自己的治疗决策的方式，可以通过决策分析的方法实现。

## 第五节 实例分析

本节将以一篇多中心随机对照试验"消栓肠溶胶囊治疗缺血性中风恢复期(气虚血瘀证)多中心、随机、双盲双模拟、平行对照临床试验"为例进行分析,主要介绍证据真实性的评价。采用随机、双盲双模拟、阳性药平行对照及多中心临床试验的研究方法,治疗组 324 例给予消栓肠溶胶囊和复方地龙胶囊模拟剂,对照组 107 例给予消栓肠溶胶囊模拟剂和复方地龙胶囊,连续使用(28±1)天,并分别于用药前、用药(28±1)天、发病(90±2)天对患者的神经功能缺损程度和证候及安全性指标进行采集分析。

1. 研究对象是否进行了随机化分组 纳入患者 443 例,采用分层区组(按不同研究中心)随机方法进行分组。

2. 随机分配方案是否进行了隐藏 本文未详细介绍随机分配方案是否进行了隐藏。

3. 是否随访了纳入研究的所有患者,随访期是否足够长 研究起止时间为 2013 年 4 月至 2014 年 1 月。纳入患者 443 例,采用分层区组(按不同研究中心)随机方法进行分组。本研究治疗组 333 例,对照组 110 例。因失访脱落 12 例,所以共 431 例纳入全分析集(FAS)分析。根据治疗措施特点可认为随访期足够长。

4. 是否随机分配入组的所有患者都进行了分析 本研究治疗组 333 例,对照组 110 例。因失访脱落 12 例,所以共 431 例纳入全分析集(FAS)分析。

5. 是否对研究对象、医生和研究人员采用了盲法 采用双盲双模拟的方法,予治疗组消栓肠溶胶囊每次 2 粒、复方地龙胶囊模拟剂每次 2 粒口服,每日 3 次;予对照组复方地龙胶囊每次 2 粒、消栓肠溶胶囊模拟剂每次 2 粒口服,每日 3 次。连续使用(28±1)天,用药结束后随访至发病(90±2)天。

6. 除试验措施外,是否组间的其他治疗措施一致 试验期间停止使用任何其他影响中风病疗效评价的药物和任何如针灸、按摩等能够改善神经功能缺损的非药物疗法,可使用抗血小板和抗凝药物,但试验期间不调整剂量。

### 学习小结

**学习内容**

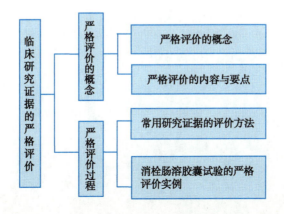

**学习方法**

通过对严格评价要点的了解,掌握严格评价的基本概念和应用,理解中医随机对照试验严格评价的过程。

(李晓枫)

## 复习思考题

1. 严格评价的要点是什么?
2. 随机对照试验严格评价的条目有哪些?

# 第六章

# 系统综述与 Meta 分析

📖 **学习目的**

通过学习掌握系统综述与 Meta 分析的基本概念和方法,能够理解系统综述的结果,了解系统综述的报告和质量,对系统综述报告能够进行严格评价。

**学习要点**

循证医学强调临床医疗干预措施的效果需要提供可靠的证据,用以指导医疗决策。而对大量发表的临床研究资料进行综合的系统综述,由它所产生的评价结果将成为医疗卫生决策的最佳证据。

20 世纪 80 年代后期兴起的临床流行病学促进了临床科研的发展,产生了大量的临床科研成果,其中不乏对医疗干预措施疗效和安全性的评价研究。中医药干预措施包括各种预防、治疗、康复措施,在临床上广泛使用,循证医学的兴起强调对临床使用的各种中医药疗法提供循证医学的证据。这就要求对已经完成发表的大量临床疗效评价研究的证据进行综合。而开展这项工作的主要方法之一即是系统综述(systematic review),它与传统综述不同,目前正广泛应用于临床防治性干预措施的评价。

系统综述所产生的结果已经成为临床诊治决策和医疗卫生政策的可靠证据,其中,随机对照试验的系统综述又是循证医学倡导的最高级别的证据,也是评价干预措施效果的金标准。

## 第一节 基本概念

### 一、系统综述的定义

20 世纪 80 年代初期国际上有专家提出对临床研究证据进行综合的理念。90 年代开始人们将综合评价的方法应用于医疗干预措施效果的评价研究,所采用的方法称为系统综述。系统综述是指使用系统、明确的方法针对某一特定的临床问题,尤其是医疗干预措施的有效性和安全性,对相关的临床研究进行鉴定、选择和严格评价,从符合纳入标准的研究中提取并分析资料,得出综合性结论的研究。在系统综述中如采用统计学方法对资料进行定量的综合即称之为 Meta 分析(meta-analysis,又称为荟萃分析)。当然,在不具备定量分析的情况下也可对资料进行定性的描述性综合,可称之为定性的系统综述。系统综述的同义词有"系统评价""系统综合"等。

第一章曾经提到"Cochrane 系统综述",它是由国际 Cochrane 协作组织开展的对医疗保健干预措施的获益(利)和风险(弊)的可靠证据进行系统地、不断更新的综合评价。Cochrane 系统综述采用 Cochrane 协作网提供的专用软件 Review Manager(RevMan)进行,该软件有一套固定格式可供系统综述研究人员使用。

## 二、系统综述与传统综述的异同

系统综述与传统的文献综述虽然都称之为"综述",但传统的文献综述往往带有专家观点的倾向性,缺乏科学的严谨性,不同的综述者可能得出不同的结论;由于结果不能随时更新,所得结论将很快过时。而系统综述针对某一具体临床问题进行全面、系统的文献收集(包括已发表的和未发表的文献),对符合纳入标准的研究进行严格的质量评价,即所谓的"严格评价"(critical appraisal),然后采用汇总的方法对来自各个单个研究的效应进行合并,得出综合的结论。由于其使用明确的方法并通过合并研究增大了样本含量,从而减少了传统综述的偏倚问题,获得的结论比较客观,结果具有可重复性。系统综述的特征体现在:汇集的资料最全面、最完整;分析合格的研究结果,可以对资料进行定量综合;可进行敏感性分析(sensitivity analyses)或亚组分析(subgroup analyses);制作一份结构式的评价报告,陈述其目的、资料来源与方法、结果和结论;定期更新。在期刊中系统综述是以论著的形式发表的,而传统的文献综述是作为综述形式发表的。

## 三、系统综述的适用范围

系统综述适用于:①当某种疗法的多个临床试验显示的疗效在程度和方向上不一致或相反时;②当单个试验的样本量偏小,不能显示出统计学差异而不足以得出可靠的结论时;③当大规模的临床试验花费太大,消耗时间太长,不可能开展时;④当临床研究者计划新的临床试验时,首先进行系统综述将有助于课题的选定。系统综述的使用者包括医疗卫生决策者、政策制定者、临床医生、患者、研究人员、医学生、健康保险公司、药商等。系统综述尤其适用于干预措施效果或安全性的评价,或干预措施在实际应用中存在很大变异性的评价。通过收集和综合来自原始研究的证据,对某一具体临床问题提供可靠答案,例如为保健、筛查、诊断、预防、治疗、康复措施的推广运用提供可靠的依据。由于系统综述在医疗卫生诸多领域的重要性,目前发达国家已越来越多地使用系统综述结果作为制定指南和决策的依据。世界卫生组织利用 Cochrane 系统综述更新已经发布实施的基本药物目录。

## 四、系统综述的意义

### (一)对临床实践的意义

系统综述的作者需要将系统评价的结果对指导临床实践的意义进行总结,仅仅做出谨慎的结论是不够的。Cochrane 的协作评价小组将干预效果的证据分为 6 类(见下),前 3 类干预是指那些有足够证据得出相对肯定结论,可用于指导临床实践的证据;后 3 类为不能得出肯定结论,可能需要进一步研究的证据。

有足够证据为实践提供明确的医疗指南的措施：①能改善结局的医疗措施：如干扰素治疗慢性乙型肝炎的效果。②根据现有证据应当被禁止使用的医疗措施：如白蛋白制剂治疗危重病患增加死亡的风险而被建议谨慎使用。③在已知的效果和副作用之间有重要分界线的医疗措施：如溶栓治疗与出血的副作用。

所得证据不足以为临床实践提供明确的指南或医疗措施，但对进一步研究的优先性可能具有影响：①结果表明有希望，但需要深入评价的医疗措施：如中草药治疗湿疹。②尚未表明有人们期望的效果，但可能是值得关注的医疗措施：如中草药治疗慢性病毒性乙型和丙型肝炎。③有合理证据表明对其适用情况无效的医疗措施：如甘露醇治疗中风无效的证据。

### （二）对未来科研的意义

系统综述的作者需要针对该结果对未来的科学研究具有什么样的价值进行概括。通过系统综述可为开发研究提供线索和依据，如英国政府规定，所有新药开发需要提供该领域的系统综述报告。按疾病病种或干预进行的系统综述有助于了解某一领域疗效研究的现状。当证据不足时，提示需要进行相关的临床试验以产出证据。

## 第二节　步骤与方法

系统综述属于二次文献研究，与传统综述不同，有相应的研究方案，研究结果以论著形式发表。

### 一、系统综述的研究方案

系统综述同其他任何的科学研究一样，需要事先进行课题研究方案（Protocol）的设计，以便随后的研究工作严格按照设计方案进行。开展系统综述的研究人员首先应具备一些相关知识和技能，比如临床流行病学、医学统计学、文献检索、计算机操作和英语能力，其次应具有临床相关的专业知识，方能提出正确的临床问题。开始撰写研究方案之前应该进行选题和初步的文献检索，以了解有关背景知识，将临床上碰到的问题转化成通过研究可以解决的问题。

系统综述研究方案的撰写是系统综述执行的方法学指南，没有明确研究方案的系统综述，其质量难以保证。一个完整的研究方案应当包括题目、立论依据（前言）、目的、文献纳入与排除标准、检索策略、文献选择方法、纳入文献的质量评价方法、资料提取与分析、致谢、利益冲突、参考文献等。以下通过详细的步骤与方法来解释系统综述的过程。

### 二、系统综述的步骤与方法

Cochrane 协作网对随机临床试验进行的系统评价被国际公认为高质量的系统综述。进行 Cochrane 系统综述有七个步骤：①提出并形成问题；②检索并选择研究；③对纳入研究的质量进行评价；④提取资料；⑤分析并形成结果；⑥对结果的解释；⑦系统综述的改进与更新。

1. 确立研究问题　在背景中应提出要解决的临床问题的合理性和依据，提出问题的重要性、意义及需要解决的途径。这些问题可以涉及疾病病因、危险因素、筛查、诊断、预后、预防、治疗、康复等的评价研究。

2. 研究的定位与选择　根据检索策略进行全面无偏倚的检索是系统综述与传统综述的关键区别。检索策略包括根据研究问题确定检索词、检索的资料库、语种和发表年代。常用的数据库包括 MEDLINE、EMBASE、Cochrane 图书馆、中国生物医学文献服务系统(SinoMed)等获取研究的工具，还应包括手工检索发表与未发表的资料，文献来源不应当有语言限制。此阶段需要制定文献的选择标准(纳入标准包括纳入文献的研究类型、对象、干预与对照、结局)。如药物治疗能否降低轻、中度老年高血压患者长期的并发症和死亡事件——随机对照试验的系统综述，这个临床问题包括了上述四个要素:所研究文献的设计类型为随机对照试验，试验对象为轻、中度老年高血压患者，干预措施为药物治疗，结局为长期随访的并发症与死亡事件。

3. 研究的选择　评估所有可能合格的文献是否满足系统综述的纳入标准。一般要求两人独立选择纳入的研究，出现不一致的情况时由第三方或双方讨论协商解决。

4. 对纳入研究的文献质量进行评估　包括真实性和可能存在的各种偏倚(选择偏倚、实施偏倚、退出偏倚和测量偏倚)。Cochrane 系统综述常用的质量评价工具为偏倚风险(risk of bias)评估。此外，应当对纳入文献是否存在发表偏倚进行评价。

5. 资料收集　主要包括研究的合格性、研究特征，如方法、对象、干预措施、结局。方法部分通常包括设计类型、方法学质量，如随机分配方案的产生、随机方案隐藏、盲法、病例退出情况、潜在的混杂因素等。研究对象包括种族、性别、年龄、诊断标准、病例来源、纳入排除标准等。干预措施包括试验和对照干预的名称、使用剂量与途径、时间、疗程以及有无随访及随访时间等。结局测量指标可有多种，如病死率、发病率、生存质量、副作用等，对同一结局采用的测量方法和测量时点可能不同。

6. 资料分析与结果描述　系统综述的目的是对收集的研究资料进行综合分析，确保结果的真实可靠。根据评价资料的性质有定量和定性两种分析方法。通常含定量分析的系统综述具有更丰富的内容，其证据质量也优于只含定性分析的系统综述。但是，并不是所有研究都能满足定量合并的要求。

(1)定量的统计学分析(Meta 分析):统计学分析是单个研究获取结果必不可少的过程，同样在一定条件下，系统综述汇集多个研究的汇总资料或原始资料，也可以进行合并分析，得出整合结果和结论，这里用到的定量统计学方法就是 Meta 分析。Meta-analysis，这个术语最早由心理学家 Glass 提出，并将 Meta 定义为"more comprehensive"。Meta 分析过程包括确定数据的获取类型、效应指标的类别、异质性检验、选择合适的效应模型、敏感性分析和亚组分析、偏倚的测量。值得注意的是，当存在异质性时，应当慎重合并，并需要深入探讨所纳入研究间产生异质性的原因，如临床特征不同所带来的本质差异。

Meta 分析按照数据获取类型不同可分为两种:一是集合病例数据(aggregate patient data, APD)Meta 分析，APD Meta 分析是传统的 Meta 分析类型，它是将多个研究的集合数据进行二次定量分析，得出整合结果;另一种则是单个病例数据(individual patient data, IPD)Meta 分析，它是将纳入的每个研究中每一个病例的原始数据信息进行 Meta 分析的方法。后者的数据往往较难获取，但一旦获取，数据质量较高，分析结果也更为细致和可靠。

系统综述效应指标的选择依赖于数据类型,通常有三种类型的效应指标,分别对应于三种类型的数据。一种是计数资料(dichotomous data)或称二分资料(binary data),此类资料中,每一个体必须处于两种状态之一,如生与死,阳性与阴性,有效或无效等。这类资料可用比值比(odds ratios, OR)或相对危险度(relative risk, RR)来表示干预措施效应大小。第二种资料称为连续变量(continuous data),如身高、体重、血压、血清转氨酶水平等均属于连续变量资料,可用均值加减标准差($\bar{x}\pm SD$)来表示,在系统综述中采用均值的差值(means differences)或标准化的均数差值(standardised mean difference, SMD)来合并效应量。第三种资料为生存率资料或时间—事件资料,常见于癌症的治疗研究,主要的结局指标是观察某一时间段之后所发生的结局事件如死亡或残疾。这类资料通常用危险比(hazard ratios, HR)表示。除此以外的资料类型可向统计学专家咨询。

异质性的识别或检验是进行 Meta 分析之前必须要考虑的问题,依据统计学原理,同质的资料才能合并,如果研究间存在异质性,要仔细考虑异质性大小,构建多水平模型最大限度地解释异质性的来源。异质性检验(heterogeneity test)一般采用 Q 统计量(Q statistic),如果异质性检验不拒绝 H0,则表示研究间具有同质性,可不考虑研究间的异质,Meta 分析即采用固定效应模型(fixed effect model),其假设是各研究的总体效应相同,效应统计量差别仅仅是由于抽样误差不同导致;如果异质性检验拒绝 H0,表明研究间存在异质。Higgins 等提出用 $I^2$ 统计量表示异质性的大小,即 $[(Q-df)/Q]\times 100\%$,$I^2$ 统计量 25%、50% 和 75% 分别表示异质性的低、中、高程度。关于异质性的处理,有很多策略,首先要分析产生异质性的原因,然后再考虑不同研究间能不能进行合并,具体措施有选择随机效应模型、亚组分析、Meta 回归和多水平模型等,若异质性过大,特别在效应方向上极其不一致,有研究者主张不宜做 Meta 分析,只作一般的统计描述。

Lau 等研究者在 1992 年发表了链激酶对预防心肌梗死影响的系统综述,该系统综述合成了 33 个原始研究的数据,研究时间跨度达 29 年之久。标准的 Meta 分析结果显示每一行代表某个原始研究的结果,直至第 31 行。图 6-1 显示了链激酶预防心肌梗死导致死亡的 22 个研究的标准 Meta 分析结果,本研究采用固定效应模型。合并风险比 OR 为 0.774(95%CI 0.725~0.826),$P<0.0001$,支持链激酶预防心肌梗死,表明死亡的风险能够降低 23%。

敏感性分析是根据各个研究的特征(如设计类型,随访情况等)重新考虑纳入 Meta 分析的研究个数,并比较前后两次 Meta 分析的结果变化情况,目的是考察 Meta 分析结果的稳定性和可靠性。如果敏感性分析对 Meta 分析或系统评价的结果没有本质性的改变,表明其分析结果的可靠性和稳定性较好;如果结论出现了逆转性变化,则其结论解释要慎重。亚组分析是根据各个研究的特征(如研究对象的特征、研究类型等),将研究分为不同的类,然后针对不同类的研究分别进行 Meta 分析,这时往往同一亚组内具有较好的同质性,因此亚组分析也是探讨异质性来源的方法之一,但根据 Cochrane 系统评价的要求,在系统评价的计划书中尽可能地对一些重要的亚组间差异进行叙述,并要求尽可能少地使用亚组分析,亚组分析不当也可导致偏倚。

Meta 分析属于基于文献的二次研究,在设计、资料收集、统计分析过程中可能

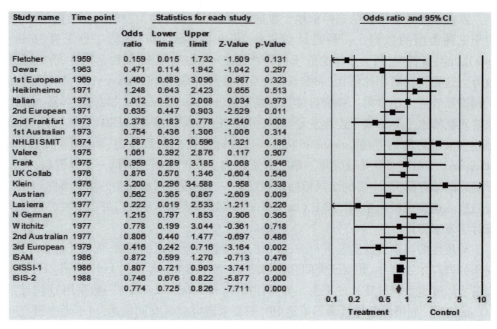

图 6-1　链激酶预防心肌梗死的 22 个研究的 Meta 分析结果森林图

存在偏倚,同样资料质量评价、文献的纳入与排除也会产生偏倚,较为重要的偏倚是发表偏倚,控制发表偏倚的方法是尽可能全面收集研究资料,统一纳入或排除研究文献的标准,由多人采用盲法对研究进行评价,然后对最终纳入的所有研究文献进行合并分析。发表偏倚可以通过漏斗图来探查,一个不对称的倒漏斗图提示可能存在发表偏倚。

（2）定性分析方法:定性分析方法是对资料的描述性综合,通常适用于不适合定量分析的情况,如存在严重的异质性时,不适合做定量的合成分析。还有一种情形是没有足够的同类型数据时,也只能采用定性分析方法报告研究结果。

7. 结果解释（讨论）　主要涉及证据的强度、结果的可应用性、其他与决策有关的信息和临床实践的现状,以及干预措施的利、弊、费用的权衡。

8. 系统综述的改进与更新　当有新的临床研究证据出现,就应当对已经完成的系统综述进行更新。

### 三、系统综述结果的报告

撰写系统综述报告是系统评价的最后阶段。一项完整的报告应使读者能够判断该评价结果的真实性和推广应用的意义。系统综述报告的撰写应严格按照预先制定的研究方案,加上对研究的检索、获取过程（通常可附流程图说明）、研究方法学质量的描述,结果的统计分析报告。目前,国际上已经发表了关于系统综述与 Meta 分析报告的规范,称为 PRISMA,该报告规范包括 27 个条目清单和一个流程图,已有中文翻译版本发表。

一篇系统综述报告的构成如下。

（1）标题

（2）概括性结构式摘要

1）背景

2）目的

3）方法（资料来源、研究选择、质量评价、资料提取）

4）结果（资料综合）

5）结论

（3）主体文本

1）背景

2）评价所要回答的问题（研究假设），即目的

3）评价方法（即该评价研究是如何进行的，包括资料来源与检索策略、选择研究的纳入排除标准、研究质量的评估、资料提取和资料综合）

4）纳入和排除文献的特征

5）评价的结果（分析的结果、结果的论证强度及敏感性分析）

6）讨论（对结果的解释）

7）结论（对医疗实践的价值、对进一步研究的意义）

（4）致谢

（5）利益冲突

（6）参考文献

（7）附录

## 第三节　系统综述证据的严格评价

系统综述是一种通过收集、评价和合成原始研究结果，得出综合结论的研究方法。目前系统综述在国际、国内受到越来越多研究者的重视，基于随机对照试验基础的系统综述被认为是最高级别的证据。但是，由于系统综述往往是对原始研究进行回顾性分析，所以也存在一定的问题和局限性，其结论也非绝对真实可靠。因此，在应用系统综述证据指导临床实践之前，同样需要对其真实性、重要性和适用性进行评价。

### 一、系统综述证据真实性的评价

系统综述是运用减少偏倚的策略，严格评价和综合针对某一具体问题的所有相关研究。因此，减少研究偏倚，确保研究结果的真实性是非常重要的。目前，有关系统评价/Meta 分析质量评价的工具主要包括两类，一类为方法学质量评估工具，包括 OQAQ（Oxman-Guyatt overview quality assessment questionnaire）和 SQAC（Sack's quality assessment checklist）等，另一类为报告质量评估工具，包括 QUOROM（the quality of reporting of meta-analyses）声明等。但这些量表或清单在使用过程中遇到了一些亟待解决的问题，特别是评价方法学质量的测量工具能否全面有效涵盖偏倚来源引起了研究者的争论。2007 年，系统综述的评价标准：AMSTAR——a measurement tool to assess systematic reviews 正式形成。AMSTAR 是用于衡量系统评价/Meta 分析的避免或减少偏倚的程度，即方法学质量的一种量表。共 11 个条目，每个条目的评语选项有"是""否""不清楚"以及"未采用"。详见表 6-1。

表 6-1　AMSTAR 评价清单及说明

| 条目 | 描述及说明 |
|---|---|
| 1 | 是否提供了前期设计方案？ |
| | • 在系统评价开展以前，应该确定研究问题及纳入排除标准 |
| 2 | 纳入研究的选择和数据提取是否具有可重复性？ |
| | • 至少要有两名独立的数据提取员，而且采用合理的不同意见达成一致的方法过程 |
| 3 | 是否实施广泛全面的文献检索？ |
| | • 至少检索 2 种电子数据库。检索报告必须包括年份以及数据库，如 Central、EMBASE 和 MEDLINE。必须说明采用的关键词/主题词，如果可能应提供检索策略 |
| | • 应咨询新信息的目录、综述、教科书、专业注册库，或特定领域的专家，进行额外检索，同时还可检索文献后的参考文献 |
| 4 | 发表情况是否已考虑在纳入标准中，如灰色文献？ |
| | • 应该说明评价者的检索是不受发表类型的限制 |
| | • 应该说明评价者是否根据文献的发表情况排除文献，如语言 |
| 5 | 是否提供了纳入和排除的研究文献清单？ |
| | • 应该提供纳入和排除的研究文献清单 |
| 6 | 是否描述了纳入研究的特征？ |
| | • 原始研究提取的数据应包括受试者、干预措施和结局指标等信息，并以诸如表格的形成进行总结 |
| | • 应该报告纳入研究的一系列特征，如年龄、种族、性别、相关社会经济学数据、疾病情况、病程、严重程度等 |
| 7 | 是否评价和报道了纳入研究的科学性？ |
| | • 应提供预先设计的评价方法，如治疗性研究，评价者是否把随机、双盲、安慰剂对照、分配隐藏作为评价标准，其他类型研究的相关标准条目一样要交代 |
| 8 | 纳入研究的科学性是否恰当地运用在结论的推导上？ |
| | • 在分析结果和推导结论中，应考虑方法学的严格性和科学性，在形成推荐意见时，同样需要明确说明 |
| 9 | 合成纳入研究结果的方法是否恰当？ |
| | • 对于合成结果，应采用一定的统计检验方法确定纳入研究是可合并的，以及评估它们的异质性（如 Chi-squared test）。如果存在异质性，应采用随机效应模型，和（或）考虑合成结果的临床适宜程度，如合并结果是否敏感？ |
| 10 | 是否评估了发表偏倚的可能性？ |
| | • 发表偏倚评估应含有某一种图表的辅助，如漏斗图，以及其他可行的检测方法和（或）统计学检验方法，如 Egger 回归 |
| 11 | 是否说明相关利益冲突？ |
| | • 应清楚交代系统评价及纳入研究中潜在的资助来源 |

笔记

## 二、系统综述证据重要性的评价

系统综述证据重要性的评价取决于以下 3 个方面：

1. 治疗效果的大小　应采用明确的效应指标，如比值比（OR）、相对危险度（RR）、均数差、NNT 等表达合并结果。

2. 疗效的精确性　是否报告了 95% 可信区间以评价系统综述效果的精确性。

3. 临床相关性　系统综述是循证医学重要的研究方法和最佳证据的重要来源，被公认为是评价临床疗效、制订临床指南和规范的基础。系统综述往往作为高等级证据指导临床实践，但是高等级证据不代表有重要的临床价值。在应用系统综述证据的结果指导决策时，应结合临床具体情况，分析干预措施的利弊，再结合患者的价值观和意愿以及在现有的临床环境下能否合理利用资源等因素，合理推荐使用系统综述证据。

## 三、系统综述证据适用性的评价

系统综述适用性的评价与单项 RCT 证据适用性的评价相同。需考虑患者是否和系统综述所纳入文献中的研究对象存在明显差异而不宜采用？系统综述所评价的干预措施在本地医院是否可行？干预措施对患者的利弊如何？患者自己的愿望和价值观如何？

## 四、系统综述严格评价的实例分析

本节将以一篇发表在《中国妇幼保健杂志》的系统综述《针灸治疗子宫内膜异位症的系统评价》为例进行分析。

### （一）系统综述证据真实性的评价

1. 是否清楚描述了所提出的问题？　作者首先介绍了子宫内膜异位症的危害，指明针灸在治疗子宫内膜异位症中的价值，并指出目前的临床研究设计方案种类繁多，目前国内外虽有不少有关针灸治疗子宫内膜异位症的临床试验，但尚缺乏相关的系统评价。为此，本研究系统评价针灸与中药治疗子宫内膜异位症的有效性和安全性。

2. 是否纳入正确的研究类型？　本文纳入研究类型：随机对照试验（RCT），无论是否发表，是否采用分配隐藏及盲法；患者的年龄、病例来源不限；研究文献为全文文献，语言限于中英文。

3. 是否纳入相关的重要研究？　本文的检索词为针灸、针刺、腹针、火针、穴位埋线、耳针、耳穴、刺络拔罐、电针、温针灸、灸法、子宫内膜异位症、内异症。作者通过检索中国期刊全文数据库（CNKI）、中国生物医学文献数据库（CBM）、万方数据库（WANFANG）及维普数据库（VIP），检索时间为 2000 年 1 月至 2015 年 12 月。根据不同数据库的特征进行主题词联合自由词、题名、关键词和全文综合检索，并对所有文献进行引文追踪检索，扩大检索范围，降低漏检率。必要时与文献的作者联系。

4. 是否严格评估了所有纳入研究的质量？　最终纳入本研究的文献按照"Cochrane Handbook"质量评价标准进行，对纳入研究的文献进行偏倚分析。

5. 对各研究结果合并是否合理？　作者首先描述了各原始研究的结果，然后使用 RevMan 5.3 软件进行了异质性检验和 Meta 分析。

## （二）系统综述证据重要性的评价

1. 是否得出合并结果？　在该系统综述的结果部分,作者首先描述了总的检出文献的数量,选择文献的步骤,并给出相应的纳入文献的基本特征表格。如果作者能给出文献筛选的流程图则更理想。文献选择是由 2 人以上同步、独立的盲法进行,表明所纳入文献质量很高。

采用了 Meta 分析合并研究结果,对主要研究结局包括不良反应都做了描述。但文中未给出漏斗图等偏倚来源分析的结果,也未做敏感性分析。

2. 结果的精确度如何？　本文给出了合并结果的 95% 可信区间。

## （三）系统综述证据适用性的评价

在应用该系统综述指导临床决策时,应结合患者的具体情况、医生所在医疗机构的具体条件、患者的期望等因素,具体情况具体分析。

## 第四节　系统综述在中医药疗效评价中的应用

目前,系统综述的方法已广泛应用于评价中医药疗法的疗效,国内外均有系统综述发表。这对于促进中医药的临床实践和产出高水平的科研工作具有十分重要的意义。以下以一篇发表的系统综述介绍中医药系统综述的情况。

摘要:

目的　系统地评价中药外治法治疗糖尿病周围神经病变(DPN)的疗效及安全性。

方法　系统、全面检索国内外相关数据库,检索日期截止到 2011 年 3 月 1 日。鉴定并纳入中药外用方与安慰剂、西药等对比治疗 DPN 的随机对照试验(RCT),采用国际公认的评价标准对纳入试验的质量包括随机化、分配隐藏、盲法、退出与失访进行评价,进而对疗效进行系统综合分析。

结果　共计纳入 29 项 RCT(2677 名患者,28 种中药)。纳入的 RCT 普遍方法学质量较差,且未发现中药外用与安慰剂对照的研究。有 20 项 RCT 结果表明中药在总体症状改善方面优于西医对症治疗,9 项研究表明中药在改善神经传导速度方面有优势,4 项研究表明中药在改善麻木方面具有优势,6 项研究表明中药在改善疼痛方面具有优势。纳入的 RCT 中绝大多数未对不良反应进行报告,因此尚不能对外用中药的安全性做出肯定的结论。

结论　与西药相比,中药外治法在治疗 DPN 疗效方面存在优势,但需要进一步大样本严格设计的临床试验给予证实。

关键词:糖尿病周围神经病变;中医药;随机对照试验;系统评价

糖尿病周围神经病变(diabetic peripheral neuropathy,DPN)是糖尿病常见的慢性并发症之一。有研究表明 66% 的 1 型糖尿病患者和 59% 的 2 型糖尿病患者都患有不同程度的周围神经损害。DPN 是一种慢性进展性疾病,临床表现主要为肢端麻木、发凉、疼痛和感觉障碍,晚期严重者还可出现神经源性关节炎和足部坏疽,是糖尿病致残的主要原因。DPN 的病因和发病机制迄今尚未完全阐明,西医对本病目前尚缺乏显著的治疗手段,仍以积极控制血糖为主,并采用 B 族维生素、血管扩张剂、镇痛药及抗氧化、补充神经营养因子等对症治疗,但临床实验结果表明:单纯依靠降血糖或对症治疗来预防或延缓包括 DPN 在内的并发症有一定的局限性。中医对于 DPN 的治疗自古已有记载,中医古籍中虽无 DPN 相应的病名,但对其临床表现早在《丹溪心法》中就有记载,提出消渴病可出现"腿膝枯细、骨节酸疼"。另《王旭高医案》中描述道:消渴日久,但见"手足麻木""肢凉如冰"。中医对 DPN 的病因病机、辨证分型、治疗方法及并发症防治等方面有诸多研究,形成了治疗 DPN 不同的学派和治法。中医外治法是中医学的重要组成部分,中药外治法指用药物制成不同的剂型,直接或间接地施用于患者患处,通过药物的作用,使其直达病所,从而达到治疗的目的。前期的临床研究表明中药外治法在缓解疼痛,改善症状方面具有疗效,本研究中采用了循证医学的系统评价方法,对中医外治法治疗 DPN 的随机对照试验(RCT)进行严格评价和资料综合,以获得中医外治法治疗 DPN 疗效和安全性的证据。

(一) 资料与方法

1. 检索策略　电子检索的中文数据库包括:中国期刊全文数据库(CJFD)、中国生物医学文献数据库(CBM)、中文科技期刊全文数据库(VIP)、中国重要会议论文全文数据库(CPCD)、中国优秀硕士学位论文全文数据库(CMFD)、中国博士学位论文全文数据库(CDFD)。外文数据库包括:美国国立医学图书馆(PubMed)、Cochrane 图书馆、EMBASE 数据库、AMED 数据库。检索的起止日期为各数据库的最早起始日期直至 2011 年 3 月 1 日为止。文献的发表类型及语种不限。

2. 纳入标准　①试验类型:随机对照试验,排除半随机对照试验。②研究对象:明确诊断为 DPN 的患者,年龄、糖尿病类型和性别不限。③干预措施:试验组干预措施为各种外用的中药制剂或中药制剂联合西药治疗;对照组干预措施为空白、安慰剂或西药治疗。④结局指标:结局指标为症状改善率、神经传导速度,或作者报告的其他 DPN 的临床结局指标。

3. 方法学质量评价标准　RCT 的方法学质量评价采用 Cochrane 协作网推荐的评价标准"偏倚风险"。评价内容包括:随机分组方法、分配隐藏、盲法和退出失访例数及原因。对前 3 个要素的评价分为恰当、不恰当或不清楚。纳入的 RCT 根据方法学质量评价分为"高偏倚风险""偏倚风险不确定"和"低偏倚风险"。此外,还根据对象的纳入标准、排除标准、诊断标准、样本含量估计、组间可比性和结局指标的选择等进行评估。

4. 资料提取与分析　由 1 名评价人员根据纳入标准筛选合格的试验,并按照自行设计的资料提取表格进行资料提取,另 1 名评价人员对研究选择和提取的资料进行核对,并对在研究选择和资料提取过程中的不确定因素进行讨论。提取的资料主要包括方法学要素、随机分组的病例数、人口学特征、干预和对照方案、有无随访及随访时间、结局和不良事件等。

采用 Cochrane 协作网提供的 Revman5.0.17 分析软件,对试验和对照干预相同或相似的试验进行 Meta 分析。计量资料采用权重的均数差表示;计数资料用相对危险度表示,并标明两者的 95% 可信区间。当试验间存在显著异质性(定义为 $P<0.1$)时采用随机效应模型,反之则用固定效应模型进行资料的合并。对于不能合并的资料,进行定性的描述。

(二) 结果

1. 纳入文献流程　最终纳入 29 篇文献(29 项 RCT 研究),文献的检索流程见图 6-2。

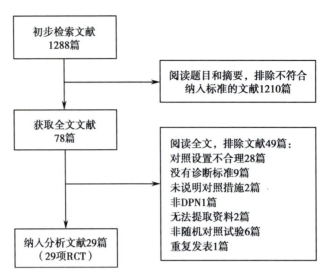

图 6-2　中药外治法治疗 DPN 系统综述研究的检索流程

2. 纳入研究特征　共纳入 29 篇文献,涉及 29 项 RCT 研究、2677 名 DPN 患者。14 项研究报告了 DPN 患者的糖尿病类型。25 项研究采用了世界卫生组织(WHO)的诊断标准,2 项研究采用了美国糖尿病协会(ADA)的诊断标准,2 项研究采用了国际糖尿病联盟(IDF)的诊断标准。纳入研究的平均样本量为 92 例(60~274 例)。没有一项研究报告了进行样本含量的估算。纳入 29 项研究的特征予以列表(此处略)。

共有 28 种不同的中药被纳入研究,包括自拟中药方、复方中成药以及单味中药。中药的组成成分及给药途径各不相同,包括煎水外用熏洗、足浴、外搽、外敷、外喷、外洗、穴位贴敷及药熨。纳入 29 项研究的各中药组成成分及给药途径予以列表(此处略)。12 项研究比较了中药外治法与对照措施的效果差异,17 项研究比较了中药外治法联合对照措施与对照措施的效果差异。纳入研究中的对照措施包括西药治疗以及对症物理治疗,如热疗和磁疗,用于对照的西药主要有甲钴胺、维生素 B、盐酸丁咯地尔、呋喃西林,和前列地尔。未发现中药与安慰剂对照的研究。治疗时间为 2~8 周不等。除了试验和对照措施,所有研究中的试验组和对照组患者在试验期间都接受了降糖治疗以保证血糖的稳定,包括口服降糖药、胰岛素、饮食控制以及身体锻炼等。

绝大多数研究采用了总体症状改善率如"临床控制(或治愈)、显效、有效和无效"作为疗效评价结局,其余评价结局包括神经传导速度、麻木改善率和疼痛改善率。有 8 项研究报告了其疗效判定标准的出处。只有 5 项研究报告了不良反应,但报告不够规范。

3. 纳入研究的方法学质量　3 项研究提及采用了随机数字表作为随机数字分配方法,其余研究仅在文中提及"随机分组"字样,未交代具体做法,所有研究均未提及随机分配方案隐藏或盲法。2 项研究报告了退出或失访的人数,但未进行意向性治疗(ITT)分析。根据国际质量评价标准,29 项研究均属于"高偏倚风险",方法学质量较差。纳入 29 项研究的方法学质量见前面的表格(此处略)。

4. 中药外用治疗 DPN 的疗效评价　纳入的研究大多采用"显效、有效和无效"表示总体症状改善率这样的综合疗效评定标准。由于各个研究采用的中药和对照都不同,存在明显异质性,因此只能对单个研究结果进行定性的描述,只有 2 项研究中的结果可以采用 Meta 分析来判断综合疗效。单个研究分析结果中,有 20 项 RCT 结果表明中药在总体症状改善方面优于西医对症治疗,9 项研究表明中药在改善神经传导速度有优势,由于研究数量不足以进行 Meta 分析,该计量资料采用均数差表示,4 项研究表明中药在改善麻木方面具有优势,6 项研究表明中药在改善疼痛方面具有优势。

5. 不良反应　仅有 5 项研究对不良反应进行了报告,其中中药组的不良反应包括皮肤发红、发热、烧灼感、皮疹等。

(三)讨论

本系统评价提示中药外治法在改善 DPN 患者的症状及神经传导速度方面可能存在优势,但是由于纳入研究的 RCT 的方法学质量较差,尚不能得出肯定的结论,还缺乏强有力的证据对任何一种外用的中药进行推荐。

首先,干预措施效果评价需要建立在严格的试验设计和高质量的方法学基础之上,方法学质量低下的试验会夸大试验结果。随机分配方案产生、随机隐藏、盲法、随访、样本含量估计等是方法学质量评价的重要内容。本研究纳入的 RCT 对以上几方面的描述十分有限,绝大多数 RCT 仅在文中提及“采用随机分组”字样,虽然有 3 项研究提及采用随机数字表进行分组,但是并没有对具体的做法做出描述,而且没有一项研究提及随机隐藏,因此无法对随机分组的充分性做出评价。此外,所有的研究都没有提及盲法。虽然由于外用中药自身的特点,对研究者和患者施行盲法是比较困难的,但是可以对结局评价者施行盲法,尤其是当主要评价结局是“总体症状改善率”这样主观性很强的指标时,结局评价者施盲就显得更加重要,遗憾的是没有一项研究采用了结局评价者盲法。因此所有纳入的 RCT 都难以排除在患者分组时的选择性偏倚和结局评估时的测量偏倚。

其次,众所周知,由于临床试验本身的特点,在试验过程中,会不可避免地出现患者的退出或失访,为了确保研究的质量,报告退出和失访的例数并进行意向治疗分析是十分重要的。这是因为随机分组结束后,改变组间的病例(增加或删减)会破坏研究开始时由随机分组带来的组间基线平衡,进而影响研究结果的真实性。但是本研究纳入的 RCT 中,却只有 2 项研究提到了退出、失访的病例,而且退出和失访的患者并没有纳入到最后的统计分析中。此外,所有研究均未涉及样本量估算,各试验间样本量差异显著,提示研究的结论缺乏统计学把握度的支持。

另外,在对照措施的选择上,临床试验选择作为对照的应该是那些肯定无效如安慰剂、空白或肯定有效的疗法。本研究纳入的所有研究没有一项采取了安慰剂对照,大多数研究采用了西药作为对照,如甲钴胺、维生素 B、盐酸丁咯地尔、呋喃西林和前列地尔等。但是由于这些作为对照的西药并不是目前国际公认的对 DPN 肯定有效的治疗药物,所以,即使研究表明与这些西药相比,某中药有更好的疗效,也不能得出“某中药治疗 DPN 有效”的结论。

最后,本研究发现纳入的研究在疗效评定上缺乏统一的标准,多数研究采用了诸如有效、显效和无效的综合疗效评价指标,不能具体体现中医治疗的特点,从而影响了对症状疗效指标的提取和对疗效的推断。建议今后的临床试验参考按国际标准制定的疗效评价标准。而且,本系统评价的 29 项研究中绝大多数研究未对中药外用的不良反应进行报告,目前的证据尚不能对某个中药的安全性做出肯定的结论。中药的安全性是目前国际关注的热点,建议以后的中医药研究重视对中药不良反应的标准化监测和客观报告。

总之,目前尚缺乏有力证据对某一种外用的中药进行推荐,本文评价的疗效需要进一步在样本合理的、严格设计的临床试验中进行验证,本研究结果对未来此方面的研究提出以下几个建议。①提高研究方法学质量。详细报告随机分配序列的产生和随机方案的隐藏,尽可能采用盲法和安慰剂对照,并需详细报告失访例数及原因。②按照国际临床试验报告标准,详细描述诊断标准、纳入标准、排除标准、中医证候分型,确保组间基线的可比性。③结局评价指标不宜采用综合的疗效判定指标,如总有效率。④进行试验前的样本量估算,使研究结果在下结论时有足够的把握度。⑤对中药不良反应进行监测及客观报告。

参考文献

(此处略)

## 学习小结

### 学习内容

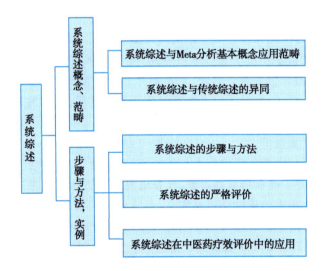

### 学习方法

通过归纳的法则理解对多项单个临床研究加以系统性的综合所带来的优越性,促进对证据的理解和应用。通过以临床问题为导向的循环,结合实例,掌握提出研究问题、查询、评价和综合证据的步骤与方法。

(刘建平 李晓枫 李国春)

## 复习思考题

1. 何为系统综述? 与 Meta 分析的关系是什么?

2. 如何进行系统综述?

3. 系统综述证据真实性评价的标准有哪些?

# 第七章

# 临床实践指南

📖 **学习目的**

掌握临床实践指南的概念、内容,熟悉指南的制定步骤和方法,了解临床实践指南在医学实践过程中的意义和重要性,能够对指南本身的科学性和严谨性做出评价。

**学习要点**

临床实践指南的制定步骤和方法,指南的评价。通过实例,熟悉在临床实践指南的制定过程中,如何对证据进行严格评价及如何制定以证据为基础的推荐意见级别。

临床实践指南作为重要的医学文件在医学发展过程中被一直使用,已经有上千年的历史。临床实践指南的质量由制定步骤及所采用方法的科学、严谨程度所决定。

## 第一节 概 述

### 一、概念

临床实践指南(Clinical Practice Guidelines,CPGs)又称医学指南、临床指南,是以系统综述为依据,用于指导决策和提供卫生保健的某特定领域中诊断、管理及治疗相关原则的文件。1990年美国科学院医学研究所(Institute of Medicine,IOM)将临床实践指南定义为:系统制定的多组指导意见,帮助医生和患者针对具体的临床问题做出恰当处理,从而选择合适的卫生保健服务并做出决策。

高质量的临床实践指南是医疗决策不可缺少的组成部分,其重要性逐渐开始得到广泛认可。用于指导临床决策的临床实践指南必须遵循严格的制定方法。临床实践指南的意义在于通过严谨准确的文字描述使医务人员可以及时地获取、阅读到临床科研结果并将这些循证医学的证据迅速地运用到临床实践中去。它能够指导、帮助基层医生从事预防、诊断、治疗、康复、保健和管理工作,提高临床诊疗的安全性、质量以及提高效率和(或)效益,已逐渐成为一些国家规范医疗服务,加强服务质量管理和控制医疗费用的重要方法。

### 二、内容

临床实践指南的内容一般包含:指南标题、书目来源,正文部分及指南的状态,即

笔记

给出该指南当前的版本情况。正文部分包括如下内容。

1. 领域包含指南种类、指南的目标、临床专业、疾病类别、目标人群、临床情景、涉及的干预和方案以及主要成果。

2. 方法学包含有检索和选择证据的方法、评估证据质量的方法、分析证据的方法、推荐强度分级体系等。

3. 推荐与否的结论,此处包含以下几个内容。

(1)主要推荐:这部分是指南的核心,主要推荐旨在给出针对具体临床情景的处理、监护方法的建议。同时会在建议的末尾附加该指南依据的医学证据分级标准,这样就可以对每一条具体建议给出一个对应于该分级标准的级别。循证医学临床研究证据级别请参见本书第二章内容。

(2)临床决策图:一个图式化的临床解决方案。目前绝大多数指南仍然无法提供对应于指南内容的全部或者部分处理方案的临床决策图。在个别能够提供算法的指南中,大多数是以树型结构分支的流程图来表述。

(3)用于支持推荐的证据。

(4)实施推荐所带来的益处与效果。

4. 指南发布机构的说明。

5. 指南执行说明。

6. 指南的实用性。

7. 免除责任的声明。

## 三、资源介绍

1. 美国国家指南交换中心(National Guideline Clearinghouse,NGC)　提供临床实践指南和相关证据的功能完善的数据库,是由美国负责卫生保健研究质量的政府机构(Agency for Healthcare Research and Quality,AHRQ)与美国医学会(American Medical Association)和美国卫生规划协会(American Association of Health Plans)合作建立的。

2. 加拿大临床实践指南　由加拿大医学会(Canadian Medical Association,CMA)维护,指南包括来自加拿大各地和各机构团体提供的临床实践指南。

3. 苏格兰院际指南网络(The Scottish Intercollegiate Guidelines Network,SIGN)建于1993年,SIGN指南重点关注的领域有癌症、心血管疾病和心理卫生等。网站有指南全文。

4. 循证医学指南(EBM Guidelines)　是芬兰赫尔辛基的Duodecim医学出版有限公司的循证医学指南网站,该公司收集和发行"EBM Guidelines",包括涉及上千个临床问题的1700份以上指南。

5. 国家卫生与保健卓越研究所(National Institute for Health and Care Excellence,NICE)　是英国立法授权成立并独立于政府运营的卫生医疗服务标准制定的法定机构,是权威的药物和医疗技术评估机构之一。主要负责新药物和医疗技术的评估,设立药物目录内用药和医疗技术的临床使用标准,为英国国民健康服务体系提供药物目录的决策参考,为医务工作人员提供行医准则,拥有决定药物和医疗技术是否进入国家药物报销目录的法定权力。

笔记

6. 中国临床指南文库(China Guideline Clearinghouse，CGC)　由中国医师协会循证医学专业委员会和中华医学杂志社共同发起建设,旨在收录中国医学期刊近 5 年内发表的临床实践指南(表 7-1),为临床工作者、管理机构和社会大众提供查询临床指南的平台。

表 7-1　临床实践指南资源

| 名称 | 链接地址 |
| --- | --- |
| NGC(National Guideline Clearinghouse) | http://www. guideline. gov/ |
| CMA(Canadian Medical Association) | http://www. cma. ca/clinicalresources/practiceguidelines |
| SIGN(Scottish Intercollegiate Guidelines Network) | http://www. sign. ac. uk/ |
| NICE(National Institute for Health and Clinical Excellence) | http://www. nice. org. uk/ |
| Guidelines Advisory Committee | http://www. gacguidelines. ca/ |
| EBM Guidelines | http://www. ebm-guidelines. com |
| Appraisal of Guidelines Research and Evaluation | http://www. agreetrust. org/ |
| China Guideline Clearinghouse | http://cgc. bjmu. edu. cn:820/ |

## 第二节　制定方法

循证的临床实践指南是以由经过严格评价的证据构成指南推荐为依据的,所有的推荐意见都应该有证据可循。所以,制定良好的临床实践指南,最重要的方法学挑战即为证据的严格评价方法及以证据为基础的推荐意见级别的制定。

### 一、步骤和方法

1. 界定范畴。调研现有的临床实践指南,从相关临床问题中选择关键问题纳入指南制定的范围,通过征求专家及专业机构的意见和建议,对新指南的范畴做出界定。并对其制定的可行性,包括时间安排、人力、财力等进行合理地计划。

2. 建立多学科指南制定小组并确定参与专家名单指南制定小组的人员组成。除包括相关专科、学科的专家外,还应有方法学专家(包括评价证据、制定指南的临床流行病学家、卫生经济学家以及统计学家等)、卫生管理部门、其他可能使用该指南的专家和目标用户(通常是患者)的代表等。拟定名单时需要考虑专家的代表性以及适合的主席人选,还应避免参与的人员在该领域中有利益冲突存在。

3. 根据指南研制目标形成关键问题,将关键问题转化为可研究的问题,优选这些问题,并决定哪些需要进行证据的系统综述。

4. 选择评价指标。选择影响临床决策和推荐的关键指标,对指标进行分类和分级。

5. 证据的收集、评价和分析。优选需要收集的证据,证据的评估可采用 GRADE

系统。相关评估因素包括：设计类型、证据间的一致性程度、直接还是间接证据、证据的精确度及效应值大小，此外，还需考虑价值和偏好等。结合其他可获取的证据类型及应用资料，形成推荐意见，包括为未来的研究做出推荐。

6. 同行评议（专家咨询）及更新计划。

7. 指南的发布。

指南制定的详细的步骤和要求，请参考《指南 2.0：为成功制定指南而系统研发的全面清单》。

## 二、实例

为便于理解循证临床实践指南制定过程中证据级别的分类方法及推荐意见形成体系，现以美国 2015 年版过敏性鼻炎临床实践指南中对针刺疗法的推荐意见为例说明如下。

《美国过敏性鼻炎临床实践指南》2015 年版指南推荐意见分级结合原始证据的质量、各领域专家（指南制定小组）的意见，以及决策支持软件分析的结果予以制定。分级的标准见表 7-2。

表 7-2 美国过敏性鼻炎临床实践指南 2015 年版推荐分级标准

| 推荐等级 | 说明 | 要求 |
| --- | --- | --- |
| 强推荐/不推荐 | 强烈推荐方案的好处明显超过危害（或者在强烈不推荐的情况下说明损害明显超过收益），支持证据质量很好（A 或 B 级）。有时，支持强推荐的证据质量并非很好，是由于无法获得更高级别的证据，且获得的预期收益远远大于危害性 | 医生应遵循使用此推荐方案，除非有合理证据证明的更好的方案 |
| 推荐/不推荐 | 推荐的方案是指收益大于损害（或者在负推荐时指损害超过收益），但证据的质量是没有那么好（B 级或 C 级）。有时，证据质量不佳也可以得出推荐的意见，此时由于无法获得高质量的证据，且预期收益大于危害 | 医生应常规遵循此意见，但仍需时刻关注最新的证据进展同时参考患者的意愿和偏好 |
| 可选择 | 方案可选意味着存在的证据的质量是可疑的（D 级），或者做得很好的研究（A、B、C 级）显示此方案与对照措施没有明显的优势 | 医生应根据实际情况灵活制订治疗方案，患者的意愿在决策中占有一定的比重 |
| 无推荐意见 | 无法推荐意味着缺乏相关证据（D 级），且方案利益和危害之间的比重不明确 | 临床医生可灵活制定决策，关注新公布的证据，阐明利益与危害之间的平衡；患者的偏好应该有实质性的影响作用 |

经过系列电话会议，工作组确定了拟议方案的范围和目标。在之后的 12 个月致力于指南条目的制定。截至 2014 年 3 月，工作组举行了两次会议，并使用电子决策支持软件以便创建可操作的建议和证据资料。对每个指南草案进行内部电子审查和反馈，以确保内容的准确性和报告临床指导方针标准化标准的一致性。因为指南中的大部分都是关于诊断测试的证据，关于推荐意见中提及的证据质量分级（A、B、C、D）是

参考了牛津循证医学中心（Oxford Centre for Evidence-based Medicine，OCEBM）的现行标准修订后提出的。本指南采用的证据分级标准见表7-3。

表7-3　牛津循证医学中心临床研究证据分级

| 分级 | 诊断证据质量评价 | 疗效及安全性证据质量评价 |
|---|---|---|
| A | 应用一致参考标准且施盲的横断面研究的系统综述 | 针对人群与指南相符，设计严谨的随机对照试验 |
| B | 有统一标准且施盲的单个横断面研究 | 随机对照试验或可信度高的观察性研究 |
| C | 非连续抽样研究，病例对照研究或其他采用质量较差、非统一独立标准的研究 | 观察性研究（病例对照研究或队列研究） |
| D | 机制研究或病例报告 | |
| — | 特殊情况下，高质量的验证性研究无法实施，但明显利大于弊 | |

基于上述标准和方法，指南中对针刺疗法相关研究证据的评价为：基于方法学质量有局限性的随机对照试验或结论一致的观察性研究，证据质量评级为B级。同时，指南中分析针刺疗法的疗效（减少症状、改善生活质量等）与危害（治疗费用、针具的消耗、多次的治疗、罕见的感染等）持平，且证据的可靠程度较低，故而给出的推荐意见为"可选择"使用。

目前国际上更常用GRADE工具来为证据评级（高、中、低、极低质量等级），并且进一步应用GRADE来为指南制定推荐意见（强推荐、弱推荐）。因此，GRADE在指南的制定过程中，在两处关键环节中发挥了决定性的作用。GRADE的基本介绍在本书前面章节中已经涉及（详见第二章第二节），本章仅仅对其在指南制定中的作用加以介绍。

指南的制定往往是针对明确的一系列密切相关的临床问题（如针灸治疗急性脑缺血）来给出诊断、治疗的推荐意见。推荐意见是临床医生、患者或其他相关人员使用指南时的主要阅读内容。指南的推荐意见是参考现有相关指南，依靠当前可获得的临床研究证据，及其方法学质量评价和疗效/安全性系统综述定量综合结果（通常为Meta分析结果），并结合当地医疗条件、医生技术、患者价值观、费用等各个方面而形成的。

用来评定疗效/安全性系统综述定量综合结果（通常为Meta分析结果）的质量等级时，GRADE工具考虑所纳入的原始研究的偏倚风险（risk of bias）、不一致性（inconsistency）、不精确性（imprecision）、间接性（indirectness）、发表偏倚（publication bias）、经费来源偏倚（funding bias）。其评价标准为严重受限、无严重受限、强烈怀疑、未探测到等，因项目不同而异。

偏倚风险考察的是原始研究本身设计、执行、数据管理、统计分析、报告撰写等方面出现的系统性偏差，这些偏倚的存在，会导致研究所呈现的结果系统性偏离真实值。严重受限，则代表原始研究方法学质量可能较低，其结果更可能高估干预措施的疗效。不一致性考察的是纳入同一个Meta分析的多个研究各自结果的相似性，原则上，结果的点估计值分布越集中，且都分布在有效或无效一侧的情况下，不一致性较低。严重受限，则代表纳入的原始研究结果差异较大，结果不稳定，其汇总结果的置信区间会较宽,且可信度下降。不精确性考察的是 Meta 分析结果估计值的不精确性,通常是95% CI 的上限和下限的临床意义是否相同,即当出现最极端的两种情况时,医生的临床决策是否会改变。间接性是从两个方面来考量,其一是纳入 Meta 分析的原始研究的人群特征是否与系统综述的研究问题所针对的人群相似;其二是该 Meta 分析结果是来自于直接比较还是间接比较。发表偏倚考察的是纳入 Meta 分析的原始研究的结果是否存在具备某种特征的数据的系统性缺失,比如,阴性结果的研究都没有被纳入分析,而这种缺失是由于发表的过程中,阴性结果的研究可能更难被杂志接受发表。经费来源偏倚考察的是纳入 Meta 分析的原始研究的经费来源有多少来自于利益相关机构,如生产该药品的企业等。越是重要的研究,对是否存在这种偏倚的敏感性越高。

　　综合上述诸项的评价结果,可以判断一个具体的 Meta 分析结果的证据质量。随机对照试验结果的评价等级,是从高质量证据开始;观察性研究是从中等质量证据开始评级。当上述诸项中,但凡有一项被怀疑有风险,则根据情节严重程度降1级或2级,如从高质量降为中等质量证据等。当出现很大的效应差异,或混杂因素会导致低估疗效,或出现剂量效应关系的时候,可以考虑升级,但满足这种条件的时候比较少见。

　　把 Meta 分析结果从 RevMan 等软件中导入 GRADEpro/GDT(https://gradepro.org/)后,可以在此在线软件中实现上述步骤,并生成 Summary of Findings 表或 Evidence Profile 表,将数据和判断结果综合表达。

　　此后,需要继续使用 GDT 功能,利用其内在的 EtD(Evidence to Decision)表来帮助指南制定专家组(Panel Group)来做出推荐意见。

　　在形成推荐意见时,需要考虑以下 11 个方面的问题。

　　1)问题(problem):指南所关注的临床问题的重要性如何?

　　2)疗效:疗效的实际效果有多大?

　　3)伤害:伤害(副作用)的实际影响有多大?

　　4)疗效/伤害证据质量:上述证据的质量如何?

　　5)价值权衡:疗效与伤害之间权衡的结果是倾向于哪一边?

　　6)资源要求:对各种资源的需求如何?

　　7)资源证据强度:资源需求评估的证据强度如何?

　　8)成本效果:成本效果分析的结果倾向于干预/对照的哪一方?

　　9)医疗公平性:对医疗公平性(health equity)的影响?(劣势群体)

　　10)可接受性:干预措施是否可以被主要的利益相关方(key stakeholders)所接受?

　　11)可行性:干预措施是否具有临床可行性?

　　在每个方面下面,都有 1~4 个细节问题需要逐一回答。具体内容请注册 GRADEpro/GDT 后在指南制定界面查询。

　　根据 GRADE 制定的指南,"推荐强度"反映了一项干预措施是否利大于弊/弊大于利的确定程度。"利"包括降低发病率和病死率、提高生活质量、降低医疗负担(如减少服药和不便的血常规检测)和减少资源消耗等;"弊"包括增加发病率和病死率、降低生活质量或增加资源消耗等。GRADE 用"强推荐"表示确信相关的干预措施利大于弊或弊大于利;用"弱推荐"表示认为干预措施有可能利大于弊或弊大于利,但把握不大。

### 三、中医临床实践指南的制定

我国中医临床实践指南的制定正处于发展阶段。目前,中医临床实践指南制定过程中参考最多的证据包括:①专家意见;②无对照组的病例观察报告;③设有对照组但管理和控制不好的试验结果;④单个、小样本随机对照试验结果。

传统方式的临床实践指南采取的主要制定方式是专家共识。然而以专家共识为基础编写的中医临床实践指南主观性较强,尤其是中医流派较多,不同专家学者都有自己的学术观点和习惯治疗方法。因此,基于共识的中医临床实践指南更难以被认可和广泛使用。

2007 年,世界卫生组织(WHO)西太平洋区域与中国中医科学院合作,制定了 27 种疾病的传统医学临床实践指南。该指南采用了基于循证的制定方法,但在制定过程中遇到了最大的问题,即证据不足。

综上,中医临床实践指南制定中存在以下几个问题。

第一,缺少高级别循证医学证据,证据级别评价与推荐强度的依据不足。证据的搜集与评价是循证指南实践制定过程的关键。影响证据级别评价与推荐强度的因素主要有以下几个方面:证据的方法学质量、结局指标的重要性、疗效、疗效评价的精确度、治疗风险、负担、发生目标事件的风险、费用、价值观等。然而,中医学以及中医临床研究的特点使得中医临床实践指南制定时在证据级别的评价方法与推荐意见的形成方面存在很大的争议。而且由于没有经过临床研究的验证,许多存在于古典医籍中及临床医生长期积累的"行之有效"的经验不能成为高级别的证据,限制了中医临床实践指南的发展。

第二,缺少专门的指南制定组织及机构,指南制定成员组成不完善。许多国家有负责临床实践指南制定的专门组织或机构,包括多学科、多领域成员。而目前我国中医临床实践指南的制定者是以临床专家为主,很少有其他人员参与。由于组织机构的不固定以及组成人员结构不合理,临床实践指南制定过程的起草、修改、评审试行、定稿、更新等程序无法得到延续,很难确保指南制定方法的科学性、客观性、稳定延续性。

第三,中医学特有的理论体系及临床实践方法增加了循证临床实践指南的编写难度。中医学具有独特的理论体系、诊疗方法。辨证论治是中医学的理论精华之一,是中医诊疗过程中不可缺少的思辨过程。辨证理论所包含的八纲辨证、脏腑辨证、卫气营血辨证,可在不同层次和角度对疾病进行辨别与分析,是高度思辨性和实用性的统一。但是,不同辨证体系所带来的多样性使得临床实践指南的编写非常困难。太繁琐,会严重影响临床实践指南的实用性;太笼统,会抹煞八纲辨证的核心内容,失去中医学的特点与优势。此外,如三因制宜、治未病等理念反映了中医诊疗过程的灵活性与广泛联系性的理论精髓,但对于临床实践指南这一相对固定、概括的模式来说,如何保留中医学特点,又不影响临床实践指南的实用性是值得进一步思考的。

## 第三节　临床实践指南的评价

2003 年发布的指南研究和评价的评估的常用工具是 AGREE(appraisal of guidelines research and evaluation)。AGREE 由 AGREE 国际协作组织制订,已被翻译成多种语言发表了上百篇文献,被多个卫生保健服务机构认可。2009 年由 AGREE 协作网的部分成员组建的 AGREE Next Steps 协会对 AGREE 工具进行了修订,即 2009 年发布的 AGREEⅡ标准。登录 AGREE 协作组织网站(网址:http://www. agreetrust. org)可下载标准全文。现参考《指南研究与评价的评审工具》一文中对 AGREE 的翻译内容简单介绍 AGREEⅡ的具体条目。

与 AGREE 标准相同,AGREE Ⅱ也由 23 项关键条目构成,分布于六个版块之中,同时还包含两个总体评估条目。每一版块都单独针对指南各个部分的质量做出评估。

1. 六个版块内容

(1)范围和目的(条目 1~3):涉及指南的主要目的、涵盖的临床问题和适用的患者。

(2)利益相关者的参与(条目 4~6):包括指南的制定者、目标人群和适用者,重点反映指南代表的目标人群的观点和选择。

(3)制定的严谨性(条目 7~14):关于收集、筛选、评价综合证据的过程,制定和更新推荐建议的步骤方法。

(4)明晰与表述(条目 15~l7):关于推荐意见描述的清晰程度。

(5)适用性(条目 18~21):关于指南应用时可能涉及的单位、操作和费用问题。

(6)编辑工作的独立性(条目 22~23):关于编辑的独立性和对指南制定小组中各成员利益冲突的说明。

2. 具体 23 项关键条目

(1)对指南总目标的详细描述:涉及指南对社会和目标患者潜在的健康影响。对指南预期带来的健康获益也应具体到特定的临床问题。例如:预防糖尿病患者的(长期)并发症;按照成本—效果的原则合理应用抗抑郁药。

(2)对指南所涉及的临床问题的详细描述:对指南所涉及的临床问题应作详细说明,尤其是主要的推荐建议。仍以条目(1)的问题为例:糖尿病患者 1 年当中需要测定多少次糖化血红蛋白(HbAlc)? 治疗抑郁症患者采用选择性血清素再摄取抑制剂(SSRIs)治疗是否比三环类抗抑郁药(TCAs)治疗成本—效果比更佳?

(3)对指南所适用的目标人群(含患者和公众人群等)作明确介绍:包括适用人群的年龄范围、性别、病史、同期并发症。例如:此治疗糖尿病的指南只适用于胰岛素非依赖型糖尿病患者,不包括伴有心血管并发症的糖尿病患者。

(4)指南制定小组成员由相关的专业组织成员构成:要详细介绍参与指南制定过程的专业人员,包括制定指南指导小组的成员,对研究证据进行选择和评价/分级的研究小组成员,以及形成最后推荐方案的人员。不包括参与外审的人员及目标人群。

(5)结合目标人群的观点和意见:指南制定小组应了解患者的治疗过程和对治疗的期望。通过各种方法可以确保指南制定小组获悉目标人群的观点。比如可以邀请他们中的代表参加指南制定或草案外审的过程,可以从通过调查、访谈或文献综述等方法获取这些信息。应对收集信息的过程做相应的记录,并记录相关信息的结构如何影响指南的制定和推荐意见的形成。

(6)明确规定了指南的目标使用者:使用者可以清晰地知道指南的内容是否与其相关。例如,有关腰背痛的指南,其目标使用者可能包括全科医师、神经科医师、骨外科医师、风湿科医师和理疗师。

（7）系统地检索相关证据,应给出完整的检索策略,对检索策略的描述要详尽、具有可重复性。

（8）对证据的选择标准做了明确说明:对检索获得证据的纳入和排除标准应作详细说明,这些标准明确给出了纳入和排除证据的理由。例如,指南制定者可能决定只纳入随机临床试验的证据,并排除那些非英文语种的论文。

（9）应清楚描述证据体的优势和不足,详细说明制定过程中所使用的方法学质量评价工具是否正规。例如,指南运用 GRADE 评价证据体的质量,给出了证据概要表,清楚解释了纳入证据的具体情况。

（10）对制定推荐建议的方法做了明确说明:应该对制定推荐建议的方法和如何获得最终推荐建议进行描述。例如,方法可以有投票制,正式全体达成一致性的技术(德尔菲、格拉泽技术等)。此外,对不一致的方面和其解决方法也应加以详细说明。

（11）在制定推荐建议中综合考虑了对健康的获益、副作用和风险。

（12）推荐意见和支持推荐的证据之间关系明确:推荐建议和支持推荐的证据之间有明确的相关性,而且每个建议都应列出它所参考的证据目录。例如,运用指南的证据概要表针对每项结局标明了证据等级,考虑利弊平衡得出了推荐意见。

（13）指南在发表之前经过外部专家的审查:每一指南在发表之前都应经过专家的外部评审。评审专家不应包括指南制定小组的成员,而应该由一些临床专家和方法学专家组成。也可以邀请患者代表参加评审。对于外部审查方法的细节内容应该加以说明,包括审查者的名单和其单位名称。

（14）提供指南更新的步骤:指南应反映当前最新的研究结果,因此,对指南更新的步骤应作明确说明。例如:制定出更新的时间表,或者由一个常设的小组定期接收最新的文献检索,并对指南做出相应的更新。

（15）做出的推荐建议应明确:推荐建议对于何种方案适用于何种病情以及什么样的患者,应该有明确和具体的说明,并得到相应证据的支持。一个具体的推荐例子为:对于≥2 岁的急性中耳炎患儿,如果主诉为疼痛持续 3 天以上,或就诊后接受合理的止痛药治疗但病情仍继续加重者,此时应给予抗生素治疗,服用阿莫西林 7 天(并提供给药剂量)。而模糊的推荐例子为:抗生素可以在异常的或有并发症的情况下使用。然而有时证据本身是不明确的,最佳的治疗方案也可能存在不确定性。在这种情况下指南需要对不确定性加以陈述。

（16）对临床情况中的不同选择作清楚说明:指南应该考虑到对于筛查、预防、诊断或治疗临床情况中可能存在的不同选择,这些备选方法应在指南中加以明确说明。例如,对于治疗抑郁症的推荐可能包括以下几个选择:①TCA 治疗方案;②SSRI 治疗方案;③心理治疗;④药物和心理综合治疗。

（17）比较容易检索到推荐建议:使用者应能够很方便地找到最相关的推荐建议,这些推荐回答了指南所涉及的主要临床问题,而且可以用不同的方法找到,如表格、流程图、加粗显示和下划线等。

（18）对指南应用中可能存在的障碍和促进因素进行讨论:例如,国内发表的指南发表语种为中文,可能限制了其在非汉语国家和地区的应用;而随着循证医学的思想在中国医生中的普及和深入,临床医生对高质量的循证指南的需求意愿更强烈了,这将促进指南的推行和使用。

（19）为指南的应用提供相关工具：为了使指南得到推广，需要提供附加的材料使其得到传播和实施。例如，辅助的工具包括摘要文件、患者传单、计算机支持等，都应与指南一起提供。

（20）考虑到了指南应用过程中可能涉及的费用问题：应用指南推荐可能需要额外的资源。例如：需要更多的专科人员，新的设备和昂贵的药物治疗费。这些可能涉及医疗预算中的成本。在指南中应该对可能会影响到的资源费用问题进行讨论。

（21）指南提供了监测或审计的关键评价标准：测量指南使用的情况能提高它的使用效率，这需要在指南的推荐中明确评估的标准，并对此加以说明。例如涉及喉痛和扁桃体切除指征的指南，监测的内容包括喉痛患者入院标准，根据有关标准施行手术的比例及住院患者中并发症的情况等。

（22）指南的制定应不受基金资助机构的影响：一些指南的制作获得了外部资金赞助（如政府基金、慈善机构、药厂）。资助的形式可能是提供资金用于支持整个指南的制定，或只是其中部分环节。另外，对于赞助商的利益和观点没有影响到指南最终的推荐应加以说明。

（23）指南制定小组成员利益冲突的说明：有些情况下指南制定小组成员间可能存在利益冲突。例如，制定小组的某一成员所研究的课题由药厂提供赞助，而该课题在指南中有所涉及。因此，指南小组所有成员应对他们自己是否有利益冲突做出明确的声明。

### 学习小结

**学习内容**

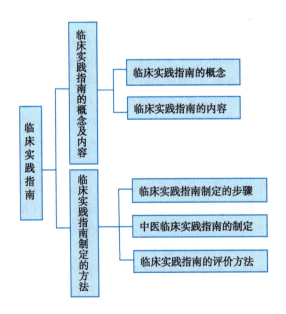

**学习方法**

临床实践指南从制定到应用是一个循证实践的过程，本章的学习如能与之前的第三至第六章联系起来考虑，了解其中的区别与联系，明确如何将证据的严格评价方法应用于指南的制定，如何在掌握临床医学证据体系的前提下进行证据的收集和分析，

笔记

如何在指南制定过程中合理应用证据检索和系统综述等方法,则将达到事半功倍的效果。

(费宇彤　曹卉娟)

## 复习思考题

1. 临床实践指南的定义是什么?
2. 临床实践指南制定的步骤和方法有哪些?
3. 评价临床实践指南的标准是什么?

# 第八章

# 临床路径

**学习目的**

通过学习临床路径的基本概念及其构建方法,了解临床路径的特点和应用,与相关概念的区别,为临床路径应用于中医药临床实践奠定基础。

**学习要点**

临床路径产生的背景,基本概念;以中西医结合治疗慢性心力衰竭为例,加深对临床路径的理解;应用范围及其与中医临床实践的关系。

临床路径,也称关键路径,是将研究证据、专业技能与实践经验加以结合的一种行之有效的临床实践模式,是循证医学原则在临床实践中的具体体现。它代表了从"以疾病为中心"向"以病人为中心"的医疗模式转化的趋势,倡导多学科合作及持续质量改进。基于循证实践证据的临床路径实施已经被证实可以减少临床实践的随意性并改善临床效果,也同时提升了医疗卫生机构运作的系统性和效率。

## 第一节 临床路径的概念

### 一、概念

维基百科把"临床路径"定义为基于循证的多学科临床实践模式,其针对某特定疾病人群的可预见医疗过程中医务人员采用的不同干预措施均被以小时、天或访视的方式加以界定、优化或序化。1996年美国国立图书馆引用《莫斯比医学、护理及相关健康问题辞典》对临床路径的定义"设计好的医疗和护理计划,包括诊断、用药和会诊等,使治疗成为一种有效的、多学科合作的过程"。

尽管临床路径的解释性定义有多种,各有侧重,但通常都包含以下四个方面的要素:①对象:针对某特定诊断或操作,多以诊断相关分组(DRGs)分类,当然也可以是某个ICD码(international classification of diseases,ICD)对应的病种或某种手术,或诊疗过程中的某个阶段等;②多学科合作:临床路径是一个综合多学科医学知识的过程,包括临床、护理、药剂、检验、麻醉、营养、康复、心理以及医院管理,有时甚至包括法律或伦理等方面;③时序化设计:依据进入医疗机构后的时间流程,结合医疗、护理及其他医务活动,对发生顺序或访视方式等给予界定、优化或序化;④结果评价:对实施结果,从效果、效率及人本等角度进行评价,验证其在提升医疗质量、降低医疗成本、规范医疗行为和提高满意度等方面的作用。

## 二、不同概念的区别与联系

1. 临床实践指南　临床实践指南,也被称为医学指南、临床方案,是系统制定出的用于指导决策和提供卫生保健的某特定领域诊断、管理及治疗相关原则的文件,以帮助医务人员及患者在特定临床情况下对卫生保健做出合理决策。这类文件在医学发展过程中一直被使用,已有上千年的历史。

国际上,针对特定疾病或某些状态的临床实践指南从20世纪80年代后期以来逐渐受到重视,并被认为是医疗卫生未来发展的重点领域之一。通常,临床实践指南都由国内、国际知名专家共同撰写,是对特定临床情况做出正确诊断、治疗决策的系统性指导意见。

指南的制定过程一般包括:①组建指南制作小组;②文献检索;③评价证据;④谨慎判断并提出建议;⑤咨询和同行评价;⑥评估;⑦患者参与;⑧文件存档操作;⑨指南的执行;⑩资料来源和其他因素。有代表性的 AGREE(the appraisal of guidelines research and evaluation collaboration)指南评估系统由来自13个国家的研究者共同制定,共包括6个部分:范围和目的、使用事宜、制定的严谨性、清晰性与可读性、应用性和编辑独立。

临床实践指南与临床路径均属于临床规范化管理的指导性文件,用于指导临床决策。而临床实践指南是指导临床实践的原则,可协助临床提高医疗实践水平,但不能用于取代临床医生的判断,可以为医生、患者或照顾者等提供有价值的信息。临床路径则是指南或其他相关证据的"本土化"过程,是对临床诊疗、护理及其他医务过程的时序性指引,更加细化医疗过程,关注过程中的重点环节,注重对过程中无效行为的控制,具有高度的时效性,多仅限于医务工作者使用。同一临床问题,不同的医疗机构可以采用不同的临床路径,但却应当遵循同一个临床指南。

2. 绿色通道　绿色通道(green path)在医学领域一般指急诊绿色通道。急诊绿色通道是指医院内为急危重症患者提供快速高效服务的系统,尤其对突发公共事件造成重大人员伤亡时,能够及时提供医学救援,各级医院的急诊绿色通道是此类救援的中坚力量。还有专科急救绿色通道,即快速、有效地抢救专科急危重症患者。绿色通道的构成要素为人员、仪器设备及基本设施的保障。

临床路径与绿色通道均需要多学科合作,也都关注诊疗的时序性和时效性。然而在适用范围上,绿色通道具有时间第一、生命至上、需要打破常规等特点,无论是急诊还是专科急救绿色通道都应适用于任何一个需要急救的人,故没有选择性;临床路径则是制订好的时序性医疗照顾计划,通常只适用于一定范围的人群,可以有选择地纳入适用对象。此外,绿色通道更多体现在"保障"上,保证急救所需一切软、硬件条件到位,临床路径除此之外,还有完整的技术部分、可预见性等。不过,由于专科急救绿色通道的适用范围、执行内容和管理时限相对比较固定,和临床路径之间没有本质的区别,故也可以看成是临床路径的一个部分或临床路径的一种表现形式。

3. 单元化管理　单元化(Unit)管理是针对某类疾病进行的特定医疗管理体系,以提高临床疗效,属于特殊医疗管理模式之一。卒中单元是其中典型的代表,指为卒中患者提供药物治疗、肢体康复、语言训练、心理康复和健康教育等系统化的医疗管理。以多元医疗(即多学科合作)、整合医疗模式为特点。

单元化管理与临床路径同属医疗机构中规范化管理的内容。两者有一个包含和被包含的关系,从病种的角度考虑,如属于适用于单元化管理的病种,则其单元化管理针对的是该病种的患者,单元的建立需要依照医院的医疗环境、选择合适的模式、改建病房结构、建立工作小组、制订标准文件、标准工作时间表等原则,临床路径属于其中需制订的标准文件之一。单元化管理可运用临床路径的方法,而临床路径也有利于体现单元化管理的特点和优势。另一方面,临床路径较单元化管理有更广泛的适用病种范围。也就是说,即使是不适用于单元化管理的病种也可能适用于临床路径的研发和实施。

以上内容的总结见表8-1。

表8-1 临床路径与相关概念的区别与联系

| 区别/联系 | | 临床路径 | 临床实践指南 | 绿色通道 | 单元化管理 |
|---|---|---|---|---|---|
| 区别 | 概念 | 基于循证的多学科临床实践模式 | 系统制定的用于指导决策的原则性文件 | 为急诊/急救提供高效服务的医疗模式 | 特殊疾病的多元、整合化医疗管理模式 |
| | 对象 | 病种、特定诊断或诊疗过程中的某个阶段 | 某特定领域的诊断、管理及治疗 | 急危重症的急诊/急救 | 某些特殊疾病 |
| | 目的 | 建立时序化医疗服务计划,保障医疗质量,提高医疗效率 | 帮助医务人员及患者在特定临床情况下对卫生保健做出合理决策 | 实施快捷有保障的急诊/急救服务 | 制订多元、整合的疾病针对性管理计划,提高临床医疗效果 |
| 联系 | | 1. 范畴 均属于医疗机构的临床规范化管理<br>2. 过程 均形成指导性文件 | | | |

## 第二节 临床路径的构建过程和方法

临床路径的制订,是一个将临床路径研发计划付诸实施和管理的过程。由于不同单位和机构之间存在差异,其过程也可能会有不同。而中医/中西医结合临床路径的制订,更要充分地反映中医辨证论治规律,多层次发挥中医诊疗优势,这既是中西医之间在干预模式上的差异,也是中医/中西医结合临床路径和现代医学临床路径的关键区别。但临床路径作为一种医疗管理的模式,同样存在一些共性技术,其制订过程可以概括为以下几个阶段。

### 一、组织架构和准备

1. 组织架构 临床路径的制订,需要多学科、多部门人员参与,为提高管理和指导的效率及效果,一般应构建三级组织架构,即医院临床路径技术管理委员会、临床路径指导评价小组及临床路径共性技术小组、科室临床路径研发小组、医技科室协调小组(图8-1)。

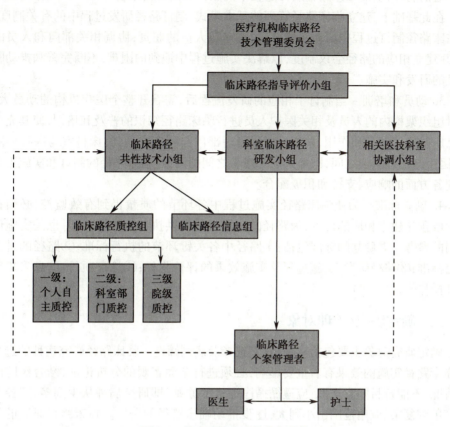

图8-1 临床路径构建的组织结构

临床路径不仅仅是医疗技术工作或质量控制活动,还是有利于保障医疗质量和提高医疗效率的系统工程,因而,医疗机构领导的重视程度是决定临床路径能否成功研发和实施的关键。通常,临床路径的组织管理都是由医疗机构的领导负责的,如医院院长和分管医疗工作的副院长分别担任临床路径技术管理委员会的主任和副主任,委员会内的其他成员则由临床医学、护理学、药学、临床流行病学、职能部门及其他相关专家担任。这样的模式被认为是最有利于推动临床路径在医疗机构内实施和开展的模式之一。此外,临床路径指导评价小组负责对整个医疗机构内各相关专业组临床路径的研发、实施进行技术层面的指导,实施过程的质量监控,制订评价指标和评价程序并根据结果提出改进措施等。其职能主要是通过路径共性技术小组、科室临床路径开发小组及相关医技科室协调小组实现的。路径的个案管理者与其他各组间均有直接或间接的双向沟通与联系,也是与患者关系最密切、可以直接和其他医护人员进行沟通的路径管理人员,通常由有一定资质的医生或护理人员担任,他们熟悉整个路径方案,并能依照方案处理执行过程中遇到的各类属于或不属于变异的问题,定期提出改进建议。良好的组织架构是临床路径制订和实施过程的重要保障。

2. 计划与准备 首先需要深入了解临床路径的背景知识,如临床路径的意义、制订和实施等的关键点等。随后,组织多层次、多学科人员反复讨论临床路径在本医疗机构实施的可行性,制订临床路径的研发计划和流程,确定路径研究的目标和内容,选择合适的病种,明确临床路径制订过程中的软件和硬件需求。

在此基础上,建立临床路径管理的基本模式,制订路径研发过程中的有关制度;规定临床路径制订过程中所涉及的部门、科室及人员的职责;协调相关部门和人员的工作;并建立相应的路径会议制度,以解决实施过程中遇到的困难,不断完善和推动临床路径的研发和实施。

3. 动员和培训　当制订了相应的研发流程后,需召开整个医疗机构的动员大会,并对组织架构内的人员及相关医护人员进行临床路径知识的普及和培训,使其充分理解临床路径的意义和作用,并通过增强管理部门与科室之间,临床科室与医技科室之间,医生与护理人员之间,医务人员与患者之间的沟通,临床路径的制订和实施工作能得到各方面的响应、支持和积极配合。

4. 确立标准　为使临床路径实施过程中各环节的质量得到有效监控,必须在准备阶段预先建立相应的标准,为路径的实施人员提供执行的依据,同时也是实施质量控制的参考。需确立的标准包括:①路径中各关键环节的执行标准;②路径的进入和退出标准;③路径研发、实施过程及实施效果的评价指标;④诊疗项目、信息采集等的标准操作规程(SOP)。

## 二、确定研究/管理对象

确定研究对象主要包括病种/科室选择及病例筛选。临床路径研究病种的选择对于临床路径实施的效果有着重要影响,必须进行全面客观的分析论证,结合医院的实际情况,不能盲目随意选取;应遵循循序渐进的原则,即研究病种从少到多、路径类型从简单到复杂、应用范围由小到大,逐步推动临床路径的研发。临床路径研究的初期因尚处于探索阶段,一般多选择容易形成模式化的单病种或手术方式进行研究,因为其诊疗过程变异较小、路径方案易于制订、疗效评价指标明确,更容易取得减少住院天数和费用以及提高医疗质量的效果。根据路径研究对象的不同,相对完善的临床路径应可以覆盖本该病种约 60%~80% 的患者。

中医/中西医结合临床路径研究病种的选择一般可参考以下原则:①占用较多医疗资源的病种,如急重症、多发或常见病;②诊断明确、处置方式的共识程度相对较高、变异相对较少的病种或疾病阶段;③中医药优势比较突出,或以中医治疗方法为主的病种或疾病阶段。除了以上原则,还应优先考虑卫生医疗政策的相关性,如卫生行政部门已经制订临床路径推荐参考文本的病种、社会医疗保险支付病种等。

科室的选择:临床路径的具体实施责任人是相应的临床一线科室,能否选择合适的科室,同样影响着临床路径的实施效果。路径实施科室的选择应从医院的优势与特点、科室的专业特长、科室医务人员的兴趣和专业水平进行综合评价和选择;相关科室应具有良好的管理、培训和保障质量的能力。

病例的筛选是指确定病种后从符合该病种诊断的病例中筛选适合实施路径的一类人群,与临床试验不同,临床路径管理所纳入的人群应更接近"现实世界",故筛选多从"必要性"的角度进行,而较少考虑"充分性"。也就是说,将确实不适合用这个路径管理的人群排除,但并不是只保留非常适合路径管理的人群。筛选应使适用于路径管理的人群应占该医疗机构同病种人群的大多数。筛选的原则因病而异,但多根据疾病自身的特点,从亚类别诊断、年龄、病程等方面考虑。

### 三、临床路径的研发流程

1. 证据的收集、评价和整合 临床路径研发的证据多来源于以下三个方面,即文献研究、既往医疗记录的整理和专家共识,以研发过程中的关键问题为纽带,将这些不同来源的证据通过文献系统研究技术、专家共识技术等加以评价和整合,为路径研发提供可靠的依据。

(1)文献研究:无论古籍或现代文献,研究的特点在于客观性、系统性、定性/定量技术及可重复性,体现在全面检索、整理源文献,依照既定研究目标和计划进行筛选和评价,定性/定量分析结果,客观地获得评价结论。采用同样的研究方法进行相同研究目的和范围的检索应该得到相同的结果和结论,这也就是通常所说的可重复性。具体可参照的研究方法有文献计量学(metrological analysis of literature)、内容分析法(content analysis)、系统综述(systematic review)等。

中医/中西医结合路径构建过程中,文献的搜索范围包括:①最新临床实践指南;②现代期刊文献(包括系统综述等);③中医古籍文献(通常是指1911年以前出版的医著);④教科书;⑤学术机构/政府部门所制订的标准/规范;⑥现代研究论著等。

当来源为现代文献时,可按照以下的步骤进行文献信息采集:①诊疗关键问题分析;②制订检索策略,整理检索结果,形成题录库;③筛选文献;④文献信息登记及评价;⑤专业结论评析。其中文献评价主要从文献的质量及其对路径的适用性等角度入手,包括研究对象与路径目标人群是否一致、合并用药情况与本路径是否接近、效应指标的公认程度、对照组、疗程和随访时间的设置是否合理等。

当来源为古籍文献时,建议其文献信息采集步骤如下:①目标疾病中医病名的确定;②限定古籍文献的范畴;③制订检索策略,整理检索结果,形成记录库;④筛选文献;⑤文献信息归类、分级及分析;⑥专业结论评析。

(2)医疗记录的整理研究:相关医疗机构既往医疗记录(目前国内中、大型医院多为电子医疗记录(electronic health records, EHR)的整理研究,一般来说在路径构建过程中有两个方面的目的,一方面是为前瞻性的临床路径方案设计提供基础资料,为构建提供依据;另一方面也可以为临床路径的效果评价提供对照资料。

医疗记录整理研究是对该病种既往诊疗方案及各类流程的归纳和总结,以时间和事件为纽带,包含诊疗要素、关键检查时点及内容、治疗方案的时序变化等。通过对本医疗机构近年的医疗实践经验进行整理、分析,如研究某病种收治率、中医证候分型、中西医用药及治疗情况、药物不良反应情况、并发症情况、疾病转归、平均住院天数和费用、住院天数及费用的最大值和最小值等。这是临床路径在相关医疗机构中具有适用性的重要保障,为研发病种的选择、管理时限的确定、临床事件的类别、干预内容和时点等提供依据。

(3)专家共识:对于缺乏文献证据或证据不充分的关键问题,可结合医疗记录的整理研究结果,通过专家共识形成较为一致的解决方法,共识结果亦可作为路径研发的证据之一。关键问题的筛选和确定是专家共识的一个重要内容。医学领域常用的代表性专家共识方法包括共识会议(consensus development conference)、德尔菲法(Delphi)、命名小组技术法(nominating group technique, NGT)等。

2. 制订时序化病种诊疗方案 时序化病种诊疗方案是执行路径诊疗项目的依

据,其内容一般包括研究对象、疾病诊断标准、中医病种及(或)证候诊断标准、病例筛选标准、疗效评价标准、诊疗措施及时序对应关系等。

在此过程中,通常定期发布的医学实践指南具有较高的参考价值。然而,总有一些问题是指南中未提及而在实践中又常常面临的,尤其对中医/中西医结合领域而言。在研发包含这类问题的临床路径时提倡依据循证实践的原则,针对关键问题,通过上述文献研究、医疗记录的整理研究及专家共识等方法分步骤形成相对较优的干预措施或管理内容。并且注重在制订诊疗方案的过程中,以围绕关键问题整合后的证据为依据,充分发挥中医在该病种诊疗上的特色和优势。

3. 制订临床路径框架 临床路径框架是病种诊疗方案时序化的载体,也是形成临床路径文本文件的依据,对于临床路径的实施操作具有指导意义。结合时序化病种诊疗方案,以病案整理及路径相关文献研究结果为参考,构建临床路径框架。框架中应设定相应的标准诊疗时间、确定相关临床问题及其预设干预措施、设定干预结果的拐点反应、界定相关临床路径的评价指标、制订路径流程图、提供相关支撑附件资料等。

4. 制订临床路径文本体系 在临床路径框架的基础上,对临床路径应用的具体方式、方法及相关文件的基本框架格式进行统一的规范,便形成了临床路径文本。一般临床路径的文本体系应包括:

(1)临床路径表单:一般包括医师临床路径表单及患者临床路径告知单。①医师临床路径文本:应按照中医疾病发生发展的病机和客观规律,在路径文本中体现不同阶段的不同诊疗方案。文本中主要有横轴和纵轴。横轴为时间轴,一般以天为单位。纵轴为项目轴,项目的设置因医院及病种的不同而有差异,但原则上都应是标准化、规范化的诊疗计划。制订医师临床路径文本的过程,就是将诊疗项目和医嘱标准化、时序化的过程。②患者临床路径告知单:告知单没有统一的形式要求,多为表格或流程图。言语应简明扼要,内容描述入院到出院的全过程及医疗项目,其中医学专业内容应适当减少,使患者和家属易于接受和理解(图8-2~图8-4)。

(2)临床路径流程图:包括医疗、护理、管理等几个方面的流程图,用于简明地介绍整个临床路径的方法和过程,要求临床路径的有关人员必须了解。

(3)变异记录单:变异是指在路径实施过程中出现的超出预先设想的情况,可能改变预期的治疗结果、费用或住院时间等。实施临床路径的过程中,实施者每天要根据项目执行的情况进行变异记录,对其做出不同的处理。

(4)质量控制表单:根据分级质控的要求,确定相应质控的内容,设计对应的各级质控表单,表单的设计重点是要体现对路径流程及关键环节执行情况的质控。

(5)病种相关评价量表或表格:针对路径研究病种不同及病情评估的需要,选择适用于路径的量表或设计相应的评估表格。

5. 专家论证 组织各学科专家对各路径制订的诊疗方案、临床路径表单和配套文件进行论证,根据专家提出的意见和建议,进行修改完善,形成临床路径试用版。

6. 试运行及修改 在临床路径正式应用之前,应对相关人员进行培训,开展临床路径的试运行以检测其可行性。收集试运行期间的数据和存在的问题,如路径执行情况、路径实施效果、多学科人员协调、信息采集记录等问题,并对试运行结果进行评价,寻找不足,进行及时的修正,以完善临床路径。必要时,该过程可以反复地进行,以不断地提高路径方案的可行性及合理性,直到获得相对合理、稳健的路径方案。

## 慢性心力衰竭中西医结合临床路径表单

适用对象：第一诊断为慢性心力衰竭（ICD10：I50.905）

患者姓名：_____ 性别：_____ 年龄：____ 门诊号：_____ 住院号：_____

住院日期：____年__月__日　　出院日期：____年__月__日　　标准住院日12～14天

| 日期 | 月 日<br>（入院第1天） | |
|---|---|---|
| 目标 | 初步诊断　评估病情　选择治疗方案 | |
| 诊疗工作 | □ ◇完成病史采集与体格检查<br>□ ◇原发病及诱因初步判断<br>□ ◇开出辅助检查项目<br>□ ◇心衰西医常规治疗 | □ ◇初步诊断和病情判断<br>□ ◇向患者家属交待病情<br>□ ◇确定中医辨证<br>□ ◇中医治疗 |
| 重点医嘱 | 长期医嘱<br>□ ◇心力衰竭常规护理<br>□ ◇I级护理<br>□ ◇吸氧<br>□ ◇卧床或半卧位休息<br>□ ◇记24小时出入量<br>□ ◇心电监测<br>□ ◇书面病重通知<br>□ ◇测血压<br>□ ◇利尿剂<br>□ ◇中药静脉注射剂（□益气类 □温阳类 □活血类）<br>有适应证，无禁忌证者使用<br>□ ◇ACEI或ARB<br>□ ◇β受体阻滞剂<br>选用<br>△ 地高辛<br>△ 醛固酮受体阻滞剂<br>△ 基础病治疗 □冠心病 □高血压 □糖尿病 □其他_____<br>△ 中医特色治疗：丁香开胃贴贴敷神阙穴 | 临时医嘱<br>辅助检查医嘱：<br>□◇全血分析+血型<br>□◇电解质 □◇心电图<br>□◇尿常规 □◇粪便常规+潜血<br>□◇肝肾功能 □◇凝血功能<br>□◇血糖 □◇BNP或NT–ProBNP<br>□◇胸片 □◇心脏彩超<br>□◇双肾膀胱B超<br>□◇肝胆脾胰B超 □◇动态心电图<br>选开<br>△血气分析 △肌钙蛋白<br>△心肌酶学 △风湿三项<br>△甲状腺功能 △地戈辛血药浓度<br>△D–二聚体<br>治疗医嘱：<br>□ ◇纠正电解质紊乱<br>□ ◇静脉利尿剂的应用<br>□ ◇扩血管药物的应用<br>□ ◇合并症或并发症处理 |
| 中医治疗 | □ 气虚血瘀水停–五苓散合桃红饮加减<br><br>□ 阳虚水泛，瘀血阻络–真武汤合葶苈大枣泻肺汤加减 | |
| 护理工作 | □ ◇入院宣教<br>□ ◇生命体征监测、出入量记录<br>□ ◇发放临床路径告知书<br>□ ◇根据医嘱指导患者完成相关检查<br>□ ◇饮食指导<br>□ ◇运动指导：卧床休息 | |
| 变异记录 | □无 □有，原因：<br>1.<br>2. | |
| 护士签名 | | 时间 |
| 医师签名 | | 时间 |
| 日费用（元） | | |

图8-2　示例1-医师版临床路径表单

慢性心力衰竭患者版临床路径服务计划告知书

尊敬的病友：

你好！欢迎您选择×××医院！

为提高我们的医疗服务质量，使您明白看病，满意就医，我院专门为您制订了一份较为详细的医疗护理计划，在您整个住院期间，常规情况下我们会按照该计划为您提供治疗和服务，您的家人可以从中事先了解到在住院期间将可能被提供哪些医疗服务，从而提前做好各方面的准备，我们也希望您和您的家人依据它来监督、提醒我们的医务人员。

但是，由于患者的个体差异和疾病转归的不可预测性，医务人员会随时依据病情对这份计划做出调整，并向您做详细的解释。

我们感谢您的支持和配合，也欢迎您随时提出合理的要求，我们将依据有关规定尽量满足您的要求。

下面简单描述一下您的治疗过程。

| 入院第1天 |
| --- |
| 1. 安排床位 |
| 2. 护理人员进行入院指导及护理评估 |
| 3. 将您携带的所有旧病历资料预先准备好 |
| 4. 主管医师详细了解您的病情及查体后给予相应治疗，上级医师会在3天内为您检诊 |
| 入院第2~3天 |
| 1. 抽血化验检查 |
| 2. 胸片、心电图、心脏彩超等检查 |
| 3. 请配合相关护理人员安排到相关科室进行检查 |
| 4. 初步检查结果将在1~2天后可返回，届时负责医师会向您详细说明各项检查结果的意义 |
| 入院第4~14天 |
| 1. 主管医师会根据病情及检查结果制订长期治疗方案 |
| 2. 根据病情需要，复查相关检查以了解您的病情变化 |
| 整个住院过程（14天） |
| 1. 每天上午您的主管医师或值班医师都会来查房并询问您的病情，做必要的检诊，以观察病情变化 |
| 2. 住院期间主管医师会明确您的诊断、提出治疗方案，告知您病情进展情况 |
| 3. 医护人员会适时宣传一些健康知识，倾听您的想法与要求，征询您的意见和建议，解答您的疑问 |
| 出院 |
| 1. 病情许可，医护人员会根据您住院治疗期间的恢复情况，安排您的出院日期 |
| 2. 医疗、护理人员会为您及您的家人进行出院指导 |
| 3. 指导您出院后复诊事宜 |
| 4. 出院日当天请携带好您的交款收据，并依据护理人员的指导到出院处结账 |
| 5. 结账后请不要忘记出院前向医务人员要回您带来的病历资料 |

感谢您的支持与合作，祝您心情愉快，早日康复！

图8-3 示例2-患者版临床路径告知书

## 四、变异管理

1. 概念 变异（variances）是指患者的实际情况或疾病进展与事先预设的标准、规范、级别、目标、阈值或预期结果的偏离，是一种变化或分离的状态。临床路径是一种预先设置好的时序化过程，但在临床实践中难免会遇到各种问题，如患者的个体差异、病情的预测范围外变化、医疗设施或设备的突发故障等，都会导致患者的治疗或护理偏离临床路径，甚至需要提前终止或退出。变异管理就是对临床路径在实际应用过程中遇到的问题进行反馈和分析，并提出相应的持续质量改进（continuous quality improvement，CQI）方法的过程。

2. 分类

（1）按原因分类：可分为系统、医护人员、患者、疾病及其他因素，常见的一些原因如表8-2：

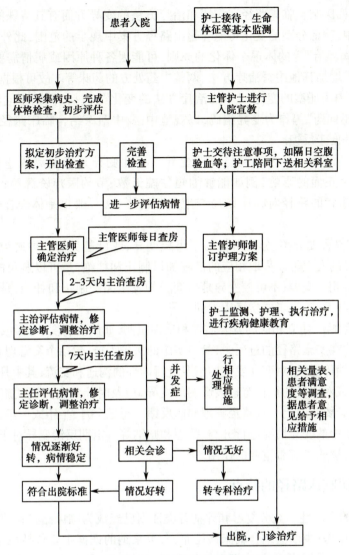

图 8-4 示例 3-患者版临床路径流程图

表 8-2 变异的常见原因

**A 系统因素**：医疗设备出现故障或不足；手术室台位不足；患者的床不合适；治疗时间不佳；各种检查等候时间长等

**B 医护人员因素**：医护人员的偏好、意愿、失误；医师下医嘱及护士执行医嘱的延误；其他与医护人员服务有关的问题，如组织、结构、知识、诊断、治疗、药物及与其他医务人员的协作等

**C 患者因素**：患者生理状态的改变；患者延迟就医；患者的偏好；患者的依从性；患者要求的改变；患者家庭、朋友的影响；患者的病情状况；手术后出现并发症；采用临床路径的治疗方式无效而改变治疗方法对患者的影响；患者社会心理因素，如回家无安全感，希望多住几天院等

**D 疾病因素**：疾病严重程度；特殊并发症等

**E 其他因素**：急诊住院；转诊住院；就近医疗；害怕手术；出院后无人照顾；由于某种原因患者不适合临床路径的治疗，需改用个案管理等

中医/中西医结合临床路径在病情和治疗方法的变异方面有其特殊的一面,如实际诊疗过程中,辨证分型的变化可能会超出路径方案中规定的范围;此外,中医有"异病同治""同病异治"等的体现个体化的原则,可能因各种原因或病情需要,路径执行过程中减少或增加其他中医治疗方法、调整中药处方的药味等。故可根据需要在疾病因素中增加"中医证型的变化""中医治疗方法的变化",包括"同则不同法""同法不同方""同法不同药"等作为变异编码,以规范中医/中西医结合临床路径执行过程中变异的记录并便于反馈。

(2)按性质分类:分为正性与负性变异。正性变异是指偏离或违背的路径对临床结局产生正面的影响,例如能够缩短住院天数、节约医疗资源等;负性变异则是指偏离或违背的路径对临床结局产生负面的影响,一般也是体现在住院天数和费用方面。

(3)按难易程度分类:分为可控与不可控变异,或可避免与不可避免变异。可控变异是指变异的发生可以采取相应的措施加以制止和杜绝,是可以避免的变异,多指医务人员因素相关变异;不可控变异是指变异的发生无法制止和杜绝,是不可避免的变异,多指某些系统、患者或疾病因素的变异。

3. 处理策略　建立相应的变异监控和反馈机制,如例会制度(每天或定期),每个路径实施单位在实施路径的过程中,参与实施的医护人员,包括个案管理者等,采用记录、报告和反馈等形式,对变异发生的情况进行内部的沟通和交流;其中凡属于之前没有发生过的、或对路径的执行有较大影响的变异,应及时让负责路径实施的责任人了解具体情况,必要时向上一级路径管理部门反馈。每三个月、半年或一年,路径实施小组对整个方案中的变异情况进行分类、整理和归纳等。定期反馈变异对于临床路径的顺利实施和持续改进有着重要的作用。

## 五、中医临床路径的特点

1. 证据的多源性　充分复习和评估各类证据已经成为临床路径构建过程必经的重要阶段,对中医/中西医结合临床路径而言,可采纳的证据主要包括以下几个方面:①既往医疗记录数据分析;②古籍文献的系统挖掘整理;③名中医经验的系统整理和提炼;④现代文献的系统分析和评价;⑤高层次临床专家形成的共识。

不同来源证据对同一个临床问题可能有多个类似的解决方法,也可能有多个不同、甚至矛盾的解决方法,可以借鉴一些社会学、心理学或社会医学的方法,如深度访谈法、核心小组法、德尔菲法等,采用合理构建中医及中西医结合临床路径的证据分类基础、细化临床问题等方式加以整合。

2. 干预的多维性　临床路径一般而言是基于已有较明确证据而制订的,具有相对的确定性,且各阶段目标都比较清晰。然而,与西医相比,中医是以整体观和辨证论治为理论基础的医学。中医药疗法与目标之间往往不是一对一或多对一的对应关系,更常见的是多对多或一对多的联系。既要通过恰当的研究方法,在临床路径管理时段内,基于证据阐明中医药疗法与目标间的联系和可能的因果关系,更重要的是从总体上把握中医药多环节、多阶段、多靶点的特性,熟悉诊疗规律,结合疾病的自身特点,构建临床路径。

## 第三节 中医临床路径的评价

临床路径作为一个复杂系统,能达到规范医疗行为、控制变异的产生、持续性的改进医疗质量和提升对疾病的管理效果,关键在于其研发的科学性、合理性及执行的质量、效果、效率等。因而,必须通过对其构建、实施过程及实践效果进行分析和评价达到优化的目的,亦有利于临床路径的进一步推广和完善。

### 一、评价内容

综合临床路径相关文献中的评价指标,可将其评价指标归纳分类(表 8-3)为:①医疗效果类指标:包括疾病相关疗效指标、合并症/并发症发生率、再住院率等,侧重评价路径对健康和临床结局等方面的影响;②医疗效率类指标:从住院天数、费用等方面进行评估;③质量管理类指标:包括关键检查/治疗的执行符合度、变异率等;侧重于从管理角度评价路径的执行效果;④人本评估类指标:指患者、医务人员和管理者的满意度以及多学科合作的协调程度等,更倾向于关注于临床路径带给患者、医院、社会等方面的影响。

表 8-3 临床路径评价指标分类

| 1. 医疗效果类指标 | (1)治愈率/好转率 |
| --- | --- |
| | (2)入院率/再入院率 |
| | (3)并发症发生率 |
| | (4)病死率 |
| | (5)医学检验检查 |
| | (6)机体功能指标:如营养、睡眠、饮食、精神等 |
| | (7)症状指标 |
| | (8)不良事件或不良反应发生率 |
| | (9)生存质量 |
| 2. 医疗效率类指标 | (1)住院天数 |
| | (2)住院费用 |
| | (3)卫生经济学指标 |
| | (4)医疗资源利用及成本耗损 |
| | (5)诊疗效率 |
| 3. 路径质量管理类指标 | (1)符合诊断病例纳入率 |
| | (2)路径流程符合率 |
| | (3)变异率 |
| | (4)诊疗的合理性评价 |
| | (5)路径文本文件的填写质量 |
| 4. 人本评估类指标 | (1)医疗小组的整合程度 |
| | (2)多学科间的协调性 |
| | (3)患者满意度 |
| | (4)医务人员满意度 |
| | (5)患者及家属的健康教育程度 |

笔记

## 二、评价的关键环节

在构建中医/中西医结合临床路径时,往往需要考虑如何在路径中体现中医的特色优势;同时,也要求评价中医/中西医结合临床路径的构建时应能反映中医自身的特点。

1. 关键问题的科学性和合理性 关键问题主要是指就单病种而言,从诊断、治疗或评价的角度需要解决的一些重点、难点,且对疾病的进展和预后有较大影响的问题。关键问题的提出对临床路径相关决策的制订和实施具有重要意义。通常需要遵循以下的原则:①科学性,关键问题应在充分占有各类现代研究、中医古籍研究、中医专家咨询等资料和数据的基础上有理有据地提出;②合理性,从临床中来到临床中去是临床路径研发的一个基本出发点,也是保障关键问题合理性不可忽视的方面。中医的临床路径构建必须基于中医的基本理论,符合中医临床辨证论治的规律,同时又能结合现代循证医学的思路和方法,才能保持中医的精髓,同时又不失去科学性及合理性。

2. 证据收集评估及整合过程的系统性 ①文献收集过程的系统性,包括数据库的选择、检索策略的制订、实际引用的文献占检索所得文献的比例等;②回顾研究的系统性,主要是病案选择和信息采集的无偏性;③专家共识的系统性,可以从遴选专家的权威性和代表性、共识方法是否规范以及共识结果的认可程度等方面进行评价。

3. 过程记录的完整性 对临床路径构建过程中的文件记录进行评价,目的在于反映和确保研究的客观性和可靠性,可以从以下几方面进行:①有临床路径内容相关文献和证据来源、检索及查找过程的记录;②临床路径中证据纳入、排除的记录;③有临床路径内容制订过程中采用方法及过程的详细描述。

### 学习小结

**学习内容**

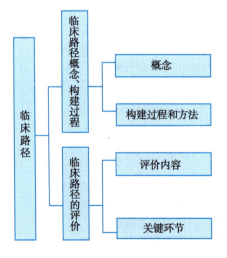

**学习方法**

通过对临床路径概念和产生过程的了解,掌握临床路径的基本概念和应用范围,理解中医/中西医结合临床路径的特点。

（吴大嵘）

## 复习思考题

1. 临床路径的概念包含哪些要素?
2. 临床路径评价的主要内容有哪些?

# 第九章

## 社会学定性研究方法

### 学习目的

通过与定量研究相比较,学习社会学定性研究的基本概念,掌握定性研究常用方法的实施过程及注意事项。

### 学习要点

社会学定性研究的定义、特点;定性研究与定量研究的区别;定性研究常用方法实施步骤及其优缺点。

社会学研究方法有助于理解世界的奥秘,回答各种有关人类社会、人类社会行为及多种社会现象存在原因、发生发展规律等方面的问题,因而被越来越广泛地运用于各个领域。相较于定量研究方法的迅速发展,定性研究方法往往由于其哲学传统及假定的不同而容易被人们所忽视,对于某些特定的研究情景或研究问题而言,最适合的可能是定性研究方法,当然,反之亦然。本章将着重介绍定性研究方法及其在中医研究中的应用。

## 第一节 概 述

定性研究和定量研究二者都被公认为是科学的研究方法,均属于社会研究中可采取的两条途径。定量科研(如问卷调查、临床试验等)目的是解决问题和验证假说,这种方法适合于回答"是否"类问题,如:这一治疗方法的好处是否大于坏处? 这一危险因素是否与这一疾病相联系? 等等。而定性的科研方法则是以人文的自然范式来提出问题和阐释现象的某种假说,回答"是什么""怎样""为什么"这种问题,如:为什么患者会不遵医嘱? 如何护理临终患者? 等等。在医疗卫生科学研究中,二者相互补充相得益彰。定性研究可以为定量研究的设计和准备提供依据,并弥补定量研究的不足。

### 一、定义

定性研究(qualitative research)又被翻译为质性研究、质的研究,是社会科学研究领域的主要研究方法之一。目前,国内外对"定性研究"尚无明确、公认的定义。

定性研究是研究者通过访谈、现场观察、查阅文献等方法,了解人们对某一事物或现象的经历、观点、见解、想法、感觉,收集定性资料,并按一定的主题、类别,进行编码、归纳推理的过程。由此产生的见解、知识、观点和理论假设即为定性调查结果。研究所得的定性资料是对事件发生过程真实、详细地描述和引用被访谈者经历、见解的文字性材料。定性研究是从当事人的视角理解他们行为的意义和他们对事物的看法,然后在这一基础上建立假设和理论,通过证伪法和相关检验等方法对研究结果进行检验;研究者本人是主要的研究工具,其个人背景以及和被研究者之间的关系对研究过程和结果的影响必须加以考虑;研究过程是研究结果中一个必不可少的部分,必须详细记载和报告。定性研究是社会学、人类学常用的研究方法,也常见于国外医学研究领域。

## 二、定性研究与定量研究的比较

相对于定量研究而言,定性研究通过认识被研究者所处的社会、物质环境,了解其体验,揭示被研究者对社会生活和特定事物的理解、态度和信念;选取小范围的样本人群进行观察或访谈,得到非常具体,信息丰富且广泛的音像、图文资料,通过分析,开放地形成概念和想法,产生具体的描述、明确关联的模式或者解释(表9-1)。医学临床研究中所应用的定量研究主要包括各种临床研究方法,详见本书第二章第一节。

表 9-1 定性研究与定量研究的比较

| 项目 | 定量研究 | 定性研究 |
|------|---------|---------|
| 哲学基础 | 实证主义 | 人文主义 |
| 理论模式 | 理论检验 | 理论建构 |
| 主要目标 | 确定相关关系和因果关系 | 深入理解社会现象 |
| 信息类型 | 数字 | 文字、图像 |
| 分析方法 | 计算、统计分析 | 文字描述 |
| 资料收集方法 | 量表、问卷、结构观察等 | 参与观察、深度访谈等 |
| 研究特征 | 相对客观 | 相对主观 |
| 临床研究领域中的具体应用形式 | 描述性研究、分析性研究和试验性研究 | 观察、访谈 |

# 第二节 常用方法

在医学临床研究领域中,定性研究常用的方法有访谈法和观察法。

## 一、访谈法

访谈法(interview)是研究者通过口头谈话的方式从被研究者那里收集信息的研究方法。访谈不同于日常对话,主要区别在于:访谈有很强的目的性,而且在访谈中主要是访谈者提出问题要求被访者回答,而没有日常对话中的相互发问过程。访谈的基本形式是问答,由访谈员提问,由被访者回答。访谈的过程就是一系列围绕某一研究目的而进行的问答。

访谈可以根据问题的开放程度分为封闭式访谈、开放式访谈和半开放式访谈。

封闭式访谈是由访谈者主导，按照事先设计好的，具有固定结构的统一问卷进行访谈。选择访谈对象的标准和方法、所提的问题、提问的顺序以及记录方式都已经标准化了，研究者对所有的受访者都按照同样的程序问同样的问题。

开放式访谈没有固定访谈问题，鼓励受访者用自己的语言发表看法。目的在于了解受访者认为重要的问题、他们看待问题的角度、他们对意义的解释，以及他们使用的概念及其表述方式。访谈者起辅助作用，尽量让受访者自由发挥。

半开放式访谈中访谈者对访谈的结构具有一定的控制作用，但同时也允许受访者积极参与。通常，研究者事先预备一个粗线条的访谈提纲，根据自己的研究设计对受试者提出问题。但是，访谈提纲主要作为一种提示，访谈者在提问的同时鼓励受访者说出自己的问题，并且根据访谈的具体情况对反馈的程序和内容进行灵活的调整。

封闭式访谈多用于定量研究。开放式访谈多用于定性研究的初期，了解被访者关心的问题和思考问题的方式。随着定性研究的深入，逐步转向半开放式访谈，重点就前面访谈中出现的重要问题以及尚存的疑问进行追问。

在本课程范围内，"访谈"均指代"开放式"和"半开放式"访谈。

按照访谈的对象人数，访谈法可以分为两类，一对一深入访谈（in-depth interview）和焦点组访谈（focus group interview）。二者经常在研究中互补使用。

### （一）一对一深入访谈

定义：访谈由两个人组成，即访谈者和接受访谈的对象。访谈由研究者引导和控制，层层深入，目标是最终获得目的性的回答。

总体要求：访谈法要求研究者应能够创造一个安全、信任和率真的和谐氛围，能够做到冷静聆听被访谈者的谈话，并及时调整问题的内容、方式、次序，以达到访谈的目的。

访谈的目的——提出研究问题　研究问题有许多种，并非所有的研究问题都适合采用定性研究方法（表9-2）。

表9-2　研究问题及是否适合使用定性研究方法

| 研究问题 | 举例 | 是否适合使用定性研究方法 |
|---|---|---|
| 一般性问题 | 中国学习中医的学生是如何看待中西医结合医疗体制的？ | 少用 |
| 特殊性问题 | 某某中医药大学中医系学生是如何看待中西医结合医疗体制的？ | 常用 |
| 差异性问题 | 某某中医药大学的学生对将循证医学课程设置为必修课是否支持？ | 否（更适合定量研究。在定性研究中过于关注差异性问题容易将复杂事情简单化，动态问题固定化） |
| 过程性问题 | 某某中医药大学的学生在将循证医学课程开设为必修课的过程中起到了什么作用？ | 是 |
| 意义类问题 | 某某医院的护士是如何看待自己的职业的？ | 是 |

续表

| 研究问题 | 举例 | 是否适合使用定性研究方法 |
|---|---|---|
| 情景类问题 | 某某医院的护士每天是如何履行自己的职责的？ | 是 |
| 描述性问题 | 某某中医药大学是如何安排毕业生就业的？ | 是 |
| 解释性问题 | 某某中医药大学安排毕业生就业的举措对这些学生意味着什么？ | 是 |
| 理论性问题 | 某某中医药大学安排毕业生就业的举措对中国中医药学毕业生就业工作有何贡献？ | 否（容易犯先入为主的错误） |
| 推论性问题 | 某某中医药大学安排毕业生就业的举措是否适合其他大学？ | 否（定性研究不强调对研究结果进行推论） |
| 评价性问题 | 某某中医药大学安排毕业生就业的举措好不好？ | 否（定性研究不贸然对研究结果进行价值评判） |
| 比较性问题 | 某某中医药大学中医系好生和差生的比较研究 | 是（但不适合初学者） |
| 因果性问题 | 为什么很多中医药大学教师外流？ | 否（定性研究的整体目的若直接定位到因果关系研究中容易忽略那些自认为是非因果关系的材料） |

1. 被访者的选择　定性访谈不要求大样本，通常几例到十几例即可。所以被访者的选择对于访谈而言就至关重要。在定性研究的抽样逻辑中，研究结果的效度不在于样本数量的多少，而在于样本是否具有独特性（unique）。在抽样中，希望尽可能多地纳入各不相同的受试者，希望获得尽可能多的不同观点，不强调受访者的代表性，而强调受访者的独特性。

具体的抽样方法有如下几种。

（1）目的性抽样（purposive sampling）：按照研究的目的抽取能够为研究问题提供最大信息量的研究对象，也被称为"理论性抽样"，及按照研究设计的理论指导进行抽样。是定性研究最为常用的抽样方法。当可供访谈的对象很多时，可以进一步采用目的性随机抽样的方法。

（2）滚雪球抽样（snow ball sampling）：请已经参加访谈的被访者推荐其所知道的可能为访谈提供有用信息的人员，也可以主动以被访者为线索，发现其周围的适宜被访者。当可以获得的被访者人数较少或较难接近时常用。缺点在于抽样所获得的样本容易带有共同的特征。

（3）方便性抽样（convenient sampling）：由于受到当地实际情况的限制，抽样只能随研究者自己的方便进行。这是一种偏倚较大的抽样方法，应该仅限于前两种抽样方法无法实施时使用。可以用于对于突发而短暂或紧急事件或访谈条件严格受限的定性研究。

（4）机遇性抽样（sampling by chance）：根据当时当地的具体情况进行抽样。通常发生在研究者对当地情况不太了解，而且有较长时间在实地进行调查时。这种抽样方法可以给研究者较大的自由度，也经常被使用。但是在时间较短的研究中使用这种方法容易给研究结论带来偏倚。

2. 访谈提纲的制定　访谈提纲的制定须列出主题词、关键词和所需要被访者回答的问题。以半开放式访谈为例,在准备访谈提纲是需要注意:提出粗线条的问题;尽量使用开放性问题(open ended question),即避免"是否"类的问题,可以使用以"如何""为什么""怎样""是什么""有什么"等疑问词开头的问题;关注态度、看法、想法、认识、观点、意见等;问题顺序应该从浅入深;第一个问题很关键,需要与研究相关,又容易回答;一般不超过10个问题。

3. 访谈场所　可以选择办公室或者被访者家中或其他能够保证条件的地方。保证安静,避免打扰。

4. 实施　一对一,全程录音,保证私密性。签知情同意,保留被访者基本信息。访谈者首先简单自我介绍,说明访谈的目的和程序以及为什么选择受访者。按照访谈提纲展开访谈,可以根据被访者提供的信息追加或减少既定问题。访谈过程记录资料的方式包括笔记、录音或录像。访谈进行15~60分钟。

5. 访谈技巧　①开场白要简单明了,有礼貌。②做一个好的"倾听者",访谈并非交谈,访谈者不要发表自己的意见,不轻易打断受访者的谈话,容忍沉默,除了提问,尽量不发出声音。必须要回应时,可以通过点头认可、"嗯"、重复、重组和总结被访者的话等方式。③没听清或很重要时可以追问。当访谈时出现新的重要线索,可以随机应变进行深入追问,但一定不能离题太远,头脑中要记住访谈的主线。④访谈时要友善地看着被访者,不要总是低头看提纲。⑤边听边适当做现场笔记。⑥访谈开始及过程中应时刻注意录音设备是否工作正常。⑦现场的控制和决定能力是访谈顺利成功进行的关键。

6. 资料处理　资料的处理分为转录、分析两个阶段。

转录:访谈录音要在当天由访谈者亲自完成全文转录,即将录音转录成文字。全文转录要求做到对录音中的每一个字、停顿、特殊语调都转化成为文字,对头脑中记住的或现场笔记中记录下来的当时的特殊动作和表情也需要体现在转录文字中。如"嗯……呵呵(微笑),我想我今天用这个方子是用对了。(停顿2秒)对吧?"

分析:在访谈录音转录成为文字以后进行。

第一步:通读并熟悉资料。

第二步:对资料进行编码(coding),亦即从转录的文字中选取对于研究目的而言有独立意义的字、词、词组、短语,甚或是短句。许多学者将从文中提取出来的编码设定码号,再将所有的编码的码号顺序排列,成为编码本,为以后的分析工作提供便利。也有学者直接沿用编码的文字或者概括编码的文字直接将编码命名。编码的数量是研究者自己决定的,可多可少,根据访谈的目的和所得到的信息的多少而定。通常一个访谈研究会就同一研究问题访谈多位被访者,在所有被访者访谈的转录文字中,编码系统是同样的。

第三步:在编码的基础上进行进一步分析。常用的分析方法有主题分析和情境分析。

主题分析:根据研究的目的,将目的、意义或内容相近的多个编码归纳形成一个主题(theme),再将多个主题进行有意义地归类,形成更高层次的领域(domain)。例如,在一项目的为研究随机对照试验方法应用于中医临床疗效评价时所遇到的困难与障碍的一对一深入访谈中,共访谈了12位医生,全文转录12份,共抽提编码21个,形成主题9个,归纳领域4个,分别是方法领域、社会领域、意识领域和学术思想领域。下面以意识领域的主题和编码为例进行说明(图9-1)。在进行主题分析时,把不同被访者所提供的相同主题内容放到一起,然后根据主题分门别类进行陈述及阐释。

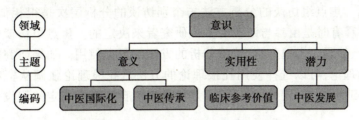

图9-1 意识领域的主题和编码结构图

情境分析:把握资料中的有关重要信息,找到可以反映资料内容的故事线,发展出故事的有关情节,对故事进行详细的描述。通读资料后,抓住其中的核心叙事、故事的发展线索以及组成故事的主要内容,将编码按照这个核心故事的叙事结构进行分类,如引子、时间、地点、时间、冲突、高潮、问题的结局、结尾。分析结束时,要把有关内容整合为一个具有情境的整体。

主题分析与情境分析可以在同一项访谈资料的分析中相辅相成。主题分析是以问题为核心的横向分析,而情境分析是以故事为线索的纵向分析。前者可以更为全面地反映不同被访者对于这一主题的不同看法,强化差异性,但是容易忽略资料之间的连续性和动态性,也容易将不易归类的资料排除在研究结果之外;后者则可以更为深入地叙述其中重点故事的脉络和情节,但是容易忽略这条故事主线以外的资料。

### (二) 焦点组访谈法(focus group interview)

由2~3个研究者同时对一群人进行的访谈。访谈针对某一焦点问题,选取具有代表性的8~12个参与者同时参加,是渐进的、引导式的访谈。通过群体成员之间的互动对研究的问题进行探讨。通常持续2~3小时。下面介绍焦点组访谈的实施步骤。

1. 准备 ①制定访谈提纲,围绕焦点话题,制定由浅入深的具体问题,引导参与者积极参加,逐步深入到焦点话题的核心问题。②事先从2~3位研究者中选派好主持人和助手。主持人的任务不是一个提问者,而是一个中介人或者协调员,要促使参与者积极参加讨论,密切注意参与者之间的互动模式,在必要时对谈话进行干预。③助手的作用是帮助录音和记录。④征募参加访谈者,焦点组访谈由于需要请参与者当众发表自己的观点,所以参与者的构成要注意避免社会等(层)级关系或利害冲突关系。通常6~10人。人员过多,会导致访谈难以控制及事后资料分析困难。⑤选择地点,选择圆桌会议室或相应条件的安静场所,避免容易产生等级感的场所安排。

2. 实施 按照纲要实施焦点组访谈。由主持人采用轻松幽默自由的方式开始访谈,可以简要介绍自己和研究的问题、目的,保密原则等。同时向参与者说明以下原则:①每个人的观点都很重要,没有好坏对错之分。②一次只有一个人说话。③每个人都要发言,不要让少数人主导会场。④发言的内容应该紧密围绕焦点问题。⑤尽量使用日常语言,避免口号和政治语言。当访谈过程出现沉默或有人主导等情况时,主持人要出面协调。主持人按照时间表按时结束访谈,最后可以进行非正式询问,了解更为详尽的情况。访谈过程记录资料的方式包括笔记、录音或录像。助手的重要任务是记录参与者的发言顺序,否则事后听录音时难以分辨发言的人。

3. 分析　焦点组访谈的分析方法与个别访谈的分析层次是很相似的,但焦点组访谈的解释有时是由参与访谈的多位研究者来决定的。焦点组访谈的录音也需要全文转录、编码。主题分析、情境分析的方法都可以使用。如果研究需要或者能够产生新的理论,可以选择使用扎根理论的方法。扎根理论强调从资料中提升理论,是一个归纳、总结、提高的过程,不是研究者对自己事先指定的假设进行演绎推理的过程。

焦点组访谈与个体访谈相比较有自己的优势与局限。焦点组访谈能够提供详细信息,并且从多个参与者中获得比单个访谈更丰富的信息。其原因在于小组中各参与者之间受到的启发和相互影响,可能会唤起他们平时不会出现的想法和见解。而且访谈可以和观察相互结合,同时这种方法比个体方法成本低,时间短。但同时焦点组访谈对主持人的能力要求很高,问题的数量受到限制,不能提敏感问题,参与者更容易说冠冕堂皇的观点。

在定性研究中,一对一深入访谈与焦点组访谈有时需要互补使用。在对访谈对象进行过一对一深入访谈后,可以有目的地选择几位被访者参加焦点组访谈。这样,可能通过群体讨论激发出新的或更为深刻的观点,也能分析同一位被访者对同一问题前后观点是否一致。二者互相配合使用可以使定性研究更为丰满。

## 二、观察法

定性研究中的观察法是研究者通过自己的视角和透镜对事物进行观察感知的方法。根据研究者参与到被观察的人群和环境中的程度不同,可以分为参与者观察与非参与者观察。在临床科研中,二者都有使用,但是参与者观察相对而言更为常用。本章将详细介绍参与者观察法。

### (一)参与者观察法(participant observation)

在参与者观察中,研究者成为他正在观察的自然社会环境中的一部分,与被观察者有言语和行为交流。也就是说,研究者以观察者的身份进入他所研究的被观察对象的日常生活或自然环境当中,观察对象的行动,他们的相互影响以及他们周围的事件和情境。而研究者的身份在此过程中可以是公开的也可以是隐蔽的。尽管公开身份的观察可能会引入"研究者效应",即由于有公开的研究者在周围,引起被观察者的言谈举止因此发生变化的效应,但是许多学者仍旧鼓励采用公开身份的参与者观察,因为他们认为这种效应本身也能说明被观察者的某些特性。有学者认为隐蔽身份的观察更容易获得"真实"信息,但是却有悖于伦理学原则。公开身份的参与者观察逐渐获得了更多的支持。

1. 步骤

(1)制定观察计划:包括时间、地点、人物、事件四个大的方面。即观察的目的是什么人或什么事件,在什么时间观察,在哪里观察。

(2)选择观察方式:隐蔽式还是公开式,是否录音或录像,是否做现场笔记。

(3)制定具体的观察着眼点:①人物:有谁在场? 他们是什么人? 他们的角色、地位和身份是什么? 有多少人在场? 这是一个什么样的群体? 在场的这些人在群体中各自扮演的是什么角色? 谁是群体的负责人? 谁是追随者? ②事件:发生了什么事情? 在场的人有什么行为表现? 他们说/做了什么? 他们说话/做事时使用了什么样的语调和形体动作? 他们相互之间的互动是怎么开始的? 哪些行为是日常生活中的常规? 哪些是特殊表现? 不同参与者在行为上有什么差异? 他们行动的类型、性质、细节、产生与发展的过程是什么? 在观察期间他们的行为是否有所变化? ③时间:有关的行为或事件是什么时候发生的? 这些行为或事件持续了多久? 时间或行为出现的频率是多少? ④地点:有关的行为或事件是在哪里发生的? 这个地点有什么特色? 其他地方是否也发生过类似的行为或事件? 这个行为或事件与其他地方发生的行为或事件有什么不同?

(4)制定观察记录表:包括以上观察要点中需要现场记录的内容,也包括观察者的个人笔记(观察时的感觉)、方法笔记(观察时可能存在的方法学问题,如离得太远听不清对话等)和理论笔记(对观察到的现象的理论假设)。

2. 实施

(1)绘制观察现场图:主要是标出现场的物质环境和人文环境。

(2)观察的实施:第一步,开放式观察,即观察者调动所有感觉器官,观察场所与人物的整体全貌,观察记录应该以全面描述为主,尽可能记录下所有看到、听到和体会到的东西。第二步,逐步聚焦,聚焦到自己要观察的内容上。聚焦的方法有很多,可以先主后次,可以按照空间方位的一定顺序,可以先看静态的后看动态的,或者相反,可以特意观察某一特殊时间段,也可以特殊观察某一场面。

(3)记录的顺序:随时间逐事连续记录,不要总结。

(4)记录的语言:具体、清楚、实在、朴实、中性。避免过于文学化(隐喻、双关等),避免具有特定含义的语言(成语、歇后语等),避免过于通俗的民间语言(俗语等),避免过于程式化的语言(如新闻口号、政治套话),避免学术行话。

3. 分析和解释 进行资料分析并做出恰当的解释。观察的分析和解释实际上在观察期间已经发生。进一步的分析是建立在观察记录表中内容的基础上的。观察记录表中的内容可以有量化的内容,也必定会有大量文字描述或叙述性的内容。观察资料的解释,首先是描述和介绍所见所闻;下一步是从观察到的信息中形成概念和理论。如果需要产出理论,也可以采用扎根理论方法。

参与者观察法有自己的优点和局限。优点在于研究者能充分接触所研究的领域,能够把自己的印象和感受作为资料的一部分,观察获得的资料极为丰富,能够对研究领域形成一个更加完整的图像;局限在于可能有研究者效应(公开性观察),需要时间较长来完成研究。

### （二）非参与者观察

研究者用置身事外、袖手旁观的态度来观察人物或者现象。其他步骤和方法同上。这种观察方法的优点是相对"客观"(虽然有质疑),但是局限在于对研究的问题较难有深入了解,不能随时发问,而观察距离较远时,会看不到现象或听不清声音。

## 第三节　定性研究方法在中医研究中的应用

### 一、国内中医学领域定性研究发展概况

在国内,定性研究方法如何引入中医学领域,适合于中医学哪些方面的研究,能够获得哪些方面的研究结果,尚属探索阶段。近几年与定性研究相关的文章陆续发表,研究数量逐年增加,主要探讨问题包括:

1. 对定性研究定义、特点、主要方法及其实施步骤的介绍,以及目前用于医疗体系研究的使用概况。

2. 对定性研究引入中医学研究中的必要性进行了探讨。对中医疗效的评价,不能停留在简单的线性分析上,应该对中医复杂干预措施以及由此而产生的诸多现象进行合理的解释,定性研究在这些方面具有优势,可以补充定量研究的不足。

3. 对定性研究在中医临床研究中应用的设想。

(1)用于中医临床研究的方案优化以及在中医临床研究中进行定量与定性的有机结合。

(2)可以使研究者了解中医医生辨证论治的思辨过程;收集、挖掘名老中医的医学经验等。

(3)可以获得慢性病患者及癌症患者的真实内心感受,从而从医护角度更好地关爱患者。

(4)通过对四诊、八纲、脏腑辨证等对临床表现的描述和归纳,遴选指标要素,通过量化组合最终获得临床疗效的评估量表等。

4. 利用定性研究方法进行的实际研究主要可以归纳为如下方面。

(1)探讨名老中医传承的方法。

(2)探讨中医诊疗过程的特点。

(3)探讨中医医疗机构管理。

(4)探讨中医临床研究方案设计、实施过程管理等研究方法学问题。

(5)医学数据库、平台、体系研发过程。

(6)辅助评价中医干预措施临床疗效。

(7)中医临床服务与健康管理。

(8)中医护理研究。

近15年,定性研究方法在中医药领域的应用从最开始的传播、概念介绍、研究设想,已经发展到很多实际的研究,研究水平也在不断提高,但在国际杂志上发表的中国作者的研究还相对较少。当然,这一定受到定性研究往往具有很强的地域和文化特色的影响,研究结果往往外推到其他环境时会受到限制,但如果看到多元化的视角反而可以互相补充和验证,那么具有浓厚本土特色的研究发表在国际英文杂志上就会很有价值。

### 二、国外补充替代医学领域及中医学领域定性研究发展

国外定性研究用于补充替代医学和中医学的研究也逐渐增多。十年前,国外的研究已初具规模,无论是文献的发表数量,还是涉及中医领域研究问题的广度和深度都

超过目前中国国内的研究,但随着国内的发展,国外相关研究的数量增长并不迅速。国外研究主要涉及以下几个方面:

1. 有关针灸临床方面的定性研究最为全面和系统,近百篇的学术论文涉及针灸临床的各个方面,除了临床疗效评价,还涉及了针灸的副作用、患者接受度以及针灸医生资格与诊疗方式等。近年来研究的焦点主要集中在针灸干预的复杂性、整体性的诊疗模式。如英国的定性研究专家 Charlotte Paterson 博士从不同的角度了解长期接受针灸治疗的患者,并对英国不同诊所接受针灸治疗的患者进行了一系列的访谈,同时从针灸医生的角度对针灸临床诊疗过程进行了研究,最终得出了针灸治疗是整体的复杂干预模式,中医理论知识在临床决策和治疗中起到了指导性的作用的结论。其他西方国家和日本学者还对针灸相关不良反应进行了研究。

2. 关注移居海外的华人群体,通过他们对疾病治疗方法的选择的定性研究,揭示其选择中医疗法的背后原因所在,从而为西医大夫提供认识华人移民选择中医疗法与其内在的文化背景的不可割舍性,使得西医大夫能够更深地理解他们的华人患者,以便在诊疗过程中做到有的放矢。两项关于移居加拿大的老年华人选择中医疗法的研究以及关于国内、国外出生地不同的华人移民,在针对乳腺癌疼痛治疗时选择中医疗法内在原因的探讨,这两个研究都诠释了相似的观点,即在他们选择中医疗法治疗时,他们根深蒂固的、对中医的信仰,"整体观念""阴阳平衡""人体健康是身体内在的和谐""西医适合治疗急性病证,而中医是治疗慢性病和缓解症状的最佳选择"等观点起到了决定性的作用。

3. 对于国内、外的西医专业背景医生,对患者采用补充替代疗法和传统中医疗法观点态度的定性研究,也成为国外在中医领域定性研究的一个较受关注的问题。如由英国研究者在我国沈阳进行的一项调查,涉及西医大夫共 177 人,采用问卷调查及个人访谈方法展开研究。其访谈问题涉及:你认为中医疗法有价值吗? 你采用中医疗法给患者治疗吗? 你建议患者去看中医吗? 你认为中西医结合会有更好的治疗效果吗? 你认为将来如果采用中西医结合的方法治疗,患者会得到更好的治疗效果吗? 通过问卷及个人访谈,最终得到的研究结果提示:在调查的医生中,中医疗法得到了广泛的应用,他们认为中医疗法在治疗功能性、慢性、疑难杂病和减轻症状等方面都有很好的疗效。中医治疗的安全性和治疗效果是毋庸置疑的,但是中医疗法如何以及为什么达到治疗效果是不能确定的;年长的医生较年轻医师更坚信中医具有很好的疗效。另外,西医医生常采用中西医结合疗法,他们选择治疗的方法同时受本人的教育背景、医疗经验及公开发表的研究结果所影响。

4. 对于传统的健康理念和风俗习惯进行定性研究。我国妇女产后"做月子"的风俗习惯与儿童佝偻病、产妇产后修养之间关系的定性研究。该研究采用了定性研究中的焦点组访谈法,对我国陕西边远山区的农村产妇(18 人)及其家人(婆婆 5 人)以及当地医疗所的中医师(7 人)和从事与医疗相关的工作人员(5 人)分别进行了焦点组访谈,从"做月子"风俗,产妇"做月子"的亲身感受,以及产妇们对儿童患佝偻病和"做月子"之间关系的认识等。研究结果提示:"做月子"与其说是风俗习惯,还不如说是根植于中国妇女脑海中产后调养的重要理论,绝大多数产妇都认为"做月子"对产妇和婴儿来说都是最好的调养方式。

5. 国外运用定性研究方法对补充替代医学和中医学领域的研究还涉及很多方

面,这些研究反映出国外学者对中医领域所关注的问题呈多样化,但均体现出对目标人群的态度、信念、动机、感受等深层次信息的挖掘:①从不同的角度探求华人选择中医治疗与其汉文化背景,中国古代哲学观以及对中医的认知之间的关系。如:华人医生和癌症患者选择中医治疗与其具有中国古代哲学观和汉文化的背景的正相关性,以及对中医个体化治疗的科学性,中医疗法的有效性和无副作用的观点的强烈认同感相关;在国外华人眼中的中西医的优缺点的探讨,以及他们对传统中医的认识与生活在国内的人对中医深层次认识上的差别,这些认知上的差异,对医患关系的影响,从业医生应该认识到不同的人文背景会产生不同的健康观。医学生对中医药的认知态度的调查等。②当人们遇到不可抗拒的疾病、灾难时,人们选择中医疗法的心路历程和内心感受的探讨。如:在 SARS 暴发期间,慢性病患者选择集中在一起练习气功的动机研究,研究结果提示:大家聚在一起练习气功,已经不单是为了强健身体,更重要的是为了从同伴那里汲取战胜 SARS 的勇气,同时使自己的恐惧心理得到控制。③患者的草药使用偏好和选择使用草药的患者特征。④针刺临床试验中患者的感受与体验。⑤其他还涉及对国外中药零售店员工的访谈;针对门诊患者对中医诊疗满意度的调查,还有中医量表是否适合国外使用的定性研究等。

总而言之,从国外有关中医学定性研究的现状,可以了解到站在不同文化背景下的西方人如何看待中医以及他们所关注的中医领域的焦点、热点问题;同时,也折射出对一些问题研究的不足。定性研究在国内中医领域的应用尚属起步阶段,具有广阔的发展空间。

## 学习小结

### 学习内容

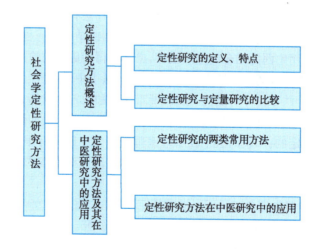

### 学习方法

通过比较法理解定性研究在社会研究方法中的重要地位和作用,明确定性研究的定义和特点,并以实例为引导,掌握其常用方法的基本步骤、优缺点及应用时的注意事项,了解定性研究方法在中医领域是对定量研究的必不可少的有益补充。

(费宇彤)

## 复习思考题

1. 定性研究的定义及特点?
2. 定性研究常用方法有哪些?
3. 定性研究与定量研究的区别是什么?

# 第十章

# 卫生技术评估与经济学评价

**学习目的**

通过学习卫生技术评估与经济学评价的基本概念和方法,了解卫生技术评估及经济学评价应用的领域以及与中医药临床评价的关系,为这些方法应用于中医药临床研究奠定基础。

**学习要点**

卫生技术评估、临床经济学基本概念;卫生技术评估、临床经济学评价的特点及内容;步骤和方法。

## 第一节 概 述

随着人口老龄化、疾病负担不断加重、民众对卫生服务的期望不断提高,如何合理地筹措、配置和利用有限的卫生资源,越来越受到广泛的关注与重视。临床医生是医疗服务的直接提供者,因此,有必要使他们了解医疗服务成本与获益的关系,熟悉不同诊断、治疗措施及不同预防策略间的经济学比较研究的过程和结果,以便在临床实践中做出合理的医疗决策。

卫生技术在增强预防、诊断、治疗疾病和促进康复能力的基础上,减少其滥用、增加医疗成本与风险、带来社会或伦理问题等消极影响和不良后果,需要通过卫生技术评估(health technology assessment,HTA)提供决策依据。临床经济学(clinical economics)则是在研究卫生事业的经济规律及其应用的卫生经济学的基础上发展起来的边缘学科,运用经济学和卫生经济学的理论和研究手段,结合流行病学、生物统计学、临床医学等学科,其研究的中心问题是如何使有限的医疗资源有效而公平地发挥最大效益,从而满足人们不断增长的医疗保健服务需求。

### 一、概念

卫生技术评估(health technology assessment,HTA)是指对卫生技术的技术特性,以及使用过程中患者、操作者和环境的安全性、有效性、经济性和社会适应性等进行系统全面的评价,为各层次决策者制定卫生技术相关政策提供决策依据,从而优化卫生资源配置、提高有限卫生资源的利用质量和效率。国际卫生技术评估机构网络(International Network of Agencies for Health Technology Assessment,INAHTA)提出的定义是:一个多学科领域的决策分析,评估卫生技术在开发、传播和应用过程中的医学、社会、伦理和经济影响。

卫生技术按医学特征或目的可分为五大类:①诊断与筛查技术:用于帮助诊断疾病和判断病情严重程度,以及检出早期患者;②预防技术:用于避免疾病的发生或降低疾病的复发风险;③治疗与康复技术:用于缓减病情或根治疾病,改善功能与健康;④组织管理技术:如临床路径、诊断相关组等,用于保证卫生保健业务活动的高效率;⑤支持技术:如电子病历系统、远程医疗系统等服务支持系统。

卫生技术评估中的经济学相关评估需要借助临床经济学的相关方法及工具。临床经济学是对临床诊断、预防和治疗技术与措施,在考虑了成本和获益的基础上,进行经济学比较、分析和研究,从多个治疗药物或诊疗手段中选择效果好、成本低的药物或诊疗手段,从而达到最优化配置、利用医疗资源,以及为决策者提供科学依据的目的。

临床经济学为医疗卫生资源的合理使用提供了系列分析方法,有利于决策部门发现并消除潜在的资源浪费。临床经济学分析结果对政府的宏观调控,医疗保险机构补偿标准的制定,医院在技术设备、药品引进以及药厂、医疗设备厂家的投资方向等方面都有深远影响。澳大利亚、加拿大等国家已通过立法确立临床经济学分析在新医疗技术审批中的地位。临床经济学也因此成为世界各国对医药卫生工作进行综合评价的有效工具。

## 二、基本特点及内容

1. 卫生技术评估的基本特点及内容　　卫生技术评估是以政策为导向的,不是只提供单个科研人员所需的信息,而是为政策制定提供科学咨询。技术评估内容和过程具有多学科性,必须跨学科分工协作。通常是通过广泛挖掘和综合信息,对卫生技术进行系统评估。旨在使评估结果进入决策程序,因此必须积极推动结果的传播和转化,针对不同用户使用不同的传播手段和策略。

(1)技术特性:卫生技术的技术特性(technical properties)是指与设计、组成、生产、使用、维护等相关的性能特征,包括卫生技术的操作特性及符合该技术在设计、组成、加工、耐受性、可靠性、易使用性和维护等方面的规范。

(2)有效性:卫生技术的有效性是指卫生技术在实践应用过程中改善患者健康状况的能力,包括效力(efficacy)和效果(effectiveness)。效力是指在理想情况下将卫生技术用于某一特定的健康问题,如精心设计和管理的随机对照试验,严格选择受试者对象并在条件好的研究中心开展所产生的效果。效果是指在一般日常条件下将卫生技术应用于某一特定的健康问题,如在社区医院由全科医师将某一卫生技术应用于各类型的患者所产生的效果。研究者依据合适的健康结局指标评价卫生技术的有效性。

(3)安全性:卫生技术的安全性(safety)是指经过特定训练,具备特定资质的医师在特定治疗场所应用特定卫生技术时,可能出现的风险(不良反应的发生率和严重程度)及患者的可接受程度。

(4)经济性:卫生技术的经济学特性包括微观经济特性和宏观经济特性。微观经济特性主要涉及某一卫生技术的成本、价格、付费情况和支付水平等,也涉及比较分析应用卫生技术时对资源的要求和产生的结果,如成本—效益、成本—效果和成本—效用分析。宏观经济特性包括:卫生技术对国家卫生总费用的影响、对卫生资源在不同健康项目或健康领域中的分配及对患者的影响。

（5）社会和伦理适应性：某些卫生技术，如基因检测、辅助生殖技术、干细胞移植、器官移植和临终患者的生命支持系统等，均涉及法律条例和社会规范，蕴含着社会和伦理问题。

2. 临床经济学的基本内容。

（1）成本与成本的分类：成本是指为相应获益而实施某项医疗服务规划或方案所消耗的全部人力和物质资源（通常用货币来表示）。

1）固定成本（fixed cost）和变动成本（variable cost）：按服务成本与服务量的关系，可分为固定成本和变动成本。有些成本短期内（比如1年）不受业务量变化而变化，例如，房屋、设备折旧费，管理部门的办公费等，这类成本称为固定成本。有些成本随着医疗总体服务量的增减而增减，呈比例地发生变化，如材料费、水电费等，这类成本称为变动成本。也有一些部分不变、部分可变的成本，属于混合成本的范畴，通常都分为固定和变动两个部分以便于分析和计算。

2）直接成本（direct cost）和间接成本（indirect cost）：直接成本指用于医疗防治项目及处理项目结果所消耗的资源或所花的代价。包括与维护健康或防治疾病相关的预防、诊断、治疗、康复等所消耗的资源，如药品、材料、卫生人力支出、固定资产折旧，以及保健、康复、健康教育等活动支出。以有无卫生服务成本又可分为直接卫生服务成本和直接非卫生服务成本，直接卫生服务成本指卫生服务所消耗的资源，直接非卫生服务成本则是指医疗防治项目实施及持续期内非卫生服务资源的消耗，如营养、交通住宿支出及项目服务的时间成本等。非卫生服务成本往往容易被忽略，由此而做出的医疗决策会导致社会资源配置的不合理。不过，如果这类成本在总成本中的比重很低或与其他待比较项目接近的话，则分析的时候可以不予考虑。值得注意的是，收费的多少不一定等于成本，从社会的角度看，我国医疗服务收费中既有收费大于成本（盈利）的情况，也存在收费低于成本（亏损）的现象。不过从患者的角度看，用收费来衡量成本还是能说明患者经济上所承受的负担，故多以实际收费来代替成本进行计算。

间接成本指因伤病或死亡引起的社会成本或代价。包括休学、罢工、因病或死亡所损失的工资或因劳动力丧失所造成的产值减少等。

3）平均成本（average cost）和边际成本（marginal cost）：每个单位服务量平均消耗的资源即为平均成本。边际成本是指每增加（或减少）一个单位的服务量所增加（或减少）的成本额。当边际成本低于平均成本时，增加服务量在某种程度上将使平均成本继续降低；当边际成本等于平均成本时，每单位服务量的平均成本最低，所获得的经济效益也最大。

4）无形成本（intangible cost）：无形成本指伤病带来的一类难以评测的成本，如疼痛、精神上的痛苦、紧张、忧虑或死亡给家属带来的悲痛等。

（2）效果、效益与效用：

1）效果（effectiveness）指现实环境中干预项目实施后产生的健康结果改善。既包括血脂、血压等替代指标，也有最终产出指标，如人群期望寿命延长及发病率、病死率等。

所谓替代指标也就是说用来代替主要结局的指标，如血压对于高血压导致的重要脏器损害和中风、冠心病、肾病的发生率就是一个替代指标。一项合格的替代指标应该满足两个条件：一是该指标与临床结局有高度的相关性，并可预测疾病结局；二是该指标可以完全解释由干预引起的临床结局变化的净效应。提倡在临床经济学分析中采用合格的替代指标作为效果指标。

2)效益(benefit)是以货币的方式表示医疗保健服务的结果改善情况，即有用效果的货币表现。通过把效果转化为效益，对干预的成本和效益进行比较，可以直观地了解到效益是否大于成本。当然，不能把效益等同于临床活动所得的业务收入。因为业务收入不直接和健康结果相关，也不是从结果转换来的。

效益可以分为直接效益(direct benefit)、间接效益(indirect benefit)和无形效益(invisible benefit)。从效益是否与项目直接相关可以分为直接效益和间接效益。有形或无形效益是以能否在市场上测量来区分的。

直接效益是指实施某项医疗防治服务计划后所节省的医疗资源消耗。例如，再住院率降低，就节约了住院、手术或药物费用的支出，亦减少了人力资源的消耗等，这类节约的支出和(或)减少的消耗就属于该医疗防治服务计划所创造的直接效益。

间接效益是指实施某项医疗防治服务计划后所减少的非医疗类的经济损失，包括减少误工时间而带来的产值的增长；减少了患者及亲属或其他陪同人员的工资奖金损失等。

无形效益是指实施了某项医疗防治服务计划后使人们获得的心理满足感，如减轻或避免了患者肉体和精神上的痛苦、增加患者信心以及康复后带来的舒适和愉快感等。尽管无形效益难以定量地用货币来表示，但却是客观存在的效益。

3)效用(utility)是人们在获得医疗防治服务后对自身健康水平改善和生活能力提高的满意程度。健康相关结果往往包括多个方面，如生存时间、健康状况等，需要一个能综合反映卫生干预对生命数量和质量影响的指标。一般用质量调整寿命年(quality adjusted life years, QALYs)和伤残调整寿命年(disability adjusted life years, DALYs)来表示。

质量调整寿命年是通过将每个生命年乘以一个能反映其生存状态的生命质量权重系数，把不同生命质量的生产年数换算成相当于完全健康状态的生存年数。这是成本效用分析中最常使用的指标，也是应用最广泛的健康产出指标。

其中效用值是根据生理技能或心理状态等对不同健康水平进行量化的结果，范围是0~1，死亡为0，完全健康为1。不同的健康水平可以用不同的数值表示，如治疗高血压病导致的副作用可以表示为0.95~0.99，严重心绞痛可以为0.5，如果失去知觉则可能比0值还低。确定效用值的方法有3类：①评价法：依据专家经验估计效用值可能的范围，然后通过敏感性分析了解取值的可靠性；②文献法：从已有文献中查询相应的效用值指标及其取值范围，只是一定要留意指标间的匹配程度；③抽样调查法：通过事先设计好的调查研究获得需要的效用值，通常采用等级衡量法(rating scale)、标准博弈法(standard gamble)和时间权衡法(time trade off)。

伤残调整寿命年指从发病到死亡所损失的全部健康生命年，包括死亡所致减寿年数(years of life lost, YLL)和伤残所致健康生命损失年数(years lived with disability, YLD)。该指标通过结合非致死性结局与死亡的影响，可用于综合衡量疾病带来的经济负担，并可作为医疗防治服务后结果评价的依据。

### 三、发展及意义

卫生技术评估首先在美国兴起,1972 年美国国会众议院制定和通过了卫生技术评估条例,建立了技术评估办公室(Office of Technology Assessment,OTA);1973 年首次进行了卫生技术评估。1980 年以后丹麦、荷兰、瑞典等相继开展了卫生技术评估工作。1990 年法国、英国、加拿大、澳大利亚先后建立了国家卫生技术评估规划和相应机构,为这些国家卫生技术的开发、应用、推广与淘汰提供科学、可靠的依据。

1994 年,我国在原上海第一医科大学公共卫生学院成立了原卫生部第一家医学技术评估中心,随后相继成立了浙江大学生物医学工程技术评估研究中心和北京医科大学的医学伦理研究中心。1997 年原卫生部在原华西医科大学成立我国首家循证医学中心。经过 20 多年的发展,我国卫生技术评估已形成了独立的学科体系,对卫生决策和临床医学实践产生了深远影响。

临床经济学通过系统分析比较各种可供选择的临床医疗服务活动方案,对这些项目的成本和结果(效果)进行分析、权衡利弊,其结果有利于在医疗资源有限的情况下,为决策提供科学可靠的依据,达到避免和减少决策失误,减少资源浪费的目的。通过临床经济学研究,可以提高医疗保健服务的配置和利用效率,有助于临床基本诊疗技术和药物的遴选、卫生服务体制改革的推动及临床医生医疗服务行为的规范。

## 第二节　评估步骤和方法

### 一、评估步骤

卫生技术评估的范畴、选择的评估标准和方法在不同的评估机构间差异较大,但基本步骤相似。

1. 确定评估主题　卫生体系中的宏观管理者、服务提供者、服务购买者等都对卫生技术评估有需求,需要进行卫生技术评估的项目极多,但因为资源有限,需要在众多项目中进行优选。一般评估项目主要取决于提出评估申请机构的目的、医疗实践的需要、用户和决策者的需要,优选影响大、费用高及有争议的卫生技术项目,主要考虑该技术的安全性、潜在的社会伦理和道德法律方面的影响、技术经济学效果及准入标准等。如医院在引进临床新技术新项目时,如涉及技术准入、支持配套环境、潜在安全性等问题,可开展卫生技术评估。

2. 定义评估的具体问题　定义评估的具体问题可按照循证医学 PICOS 要素进行设计,即确定具体的评价对象、干预措施、对照措施、研究内容及研究设计,将卫生技术评估主体具体化和结构化,便于进行循证评价。

3. 确定评估中采用的方法　卫生技术评估问题的性质不同,评估时所采用的方法也不同。不同类型的研究,其设计方案和相应的论证强度不一致,进行原始研究时应考虑研究类型及配套的最佳设计方案,保证结果的真实性和论证强度。

4. 获取研究证据　卫生技术评估常用的资料来源包括:公开发表的文献、临床现有的数据资料库、政府报告、卫生专业协会的报告与指南、市场研究报告、有关公司的报告、各类媒体报告等。资料收集过程中需注意尽量避免偏倚对卫生技术评估结果真实性的影响。若现有证据不足以满足卫生技术评估需要,研究人员需要开展新的原始研究以获得评估证据,并整合至现有证据中。

5. 评价解释研究证据　卫生技术评估的研究证据质量问题是卫生技术评估面临的挑战。因此,应采用系统综述的方法,严格评价研究证据的质量,根据研究问题的类型和方法学的严格性,证据分级标准和论证强度的不同,进行证据的分级分类。

6. 资料合成　卫生技术评估必须整合可利用的结果,对大多数卫生技术评估而言,没有一个单一的原始研究能回答某种技术是否比另一个技术好的问题,因此有效的整合资料在卫生技术评估中十分重要。常见的整合分析方法有:Meta 分析、模型分析、系统综述、决策分析、非结构性文献研究和定性方法(小组讨论和专家意见)等。

7. 得出结论和提出建议　卫生技术评估结论和建议必须与证据的质量和强度相联系,证据质量越高越有助于提出明确结果和高强度建议,但有时评估人员只能在有限证据情况下使用理论或其他主观判断进行推断,这时需如实注明当时条件和评估的局限性,并争取在以后有条件时补充更新。

卫生技术评估结论和建议应包括以下内容:结果是什么,建议使用、不建议使用或暂不使用该卫生技术;建议如何使用该技术;形成评估结果和推荐意见的方法学和证据质量。

8. 传播评估结果和推荐意见　必须采用各种方法及时传播评估结果的建议,使相关用户知晓。传播 HTA 报告结果和建议的方法应从目标人群、媒体和传播技术或策略三方面考虑。目标人群包括临床医师、患者/用户、技术提供机构、质控机构、政府决策者、生物医学研究人员、健康保健产品生产商、新闻专业人员及教育机构;传播方式包括各种媒体、印刷品、电子产品、网络等;针对不同的目标人群应有不同的传播技巧与策略。

9. 后效评价　进一步监测卫生技术评估结果所带来的影响。这些影响包括改变支付政策、改变卫生技术利用率、改变医患行为、改变卫生服务提供等。

## 二、评估方法

1. 卫生技术有效性的评估方法　有效性是指一项卫生技术的效益和效用价值,有效性评估需要借助系统综述方法和证据,并利用原始研究证据做补充。

(1)系统综述与 Meta 分析:系统综述是从海量同类信息中筛选、整合最佳信息的方法与手段,不仅可用于临床研究,也可用于基础研究、经济学研究、政策理论等其他领域。Meta 分析是将多个具有相同研究主题的研究进行定量综合分析的一系列过程,广义上包括提出问题、检索相关研究文献、制定文献纳入和排除标准、描述基本信息、定量分析等。狭义上 Meta 分析则专指系统综述的定量评价。

(2)原始研究:根据卫生技术应用领域和研究证据等级的不同,原始研究包括试验性研究(随机对照试验、非随机对照试验等)和观察性研究(队列研究、病例对照研究、横断面研究等)。

随机对照试验是在一个试验中将符合纳排标准的受试对象随机分配到试验组和对照组,其因严格控制影响因果关系的混杂因素,其内部真实性较高。但也限制了患者对治疗结果的变异程度,受试患者群体不能很好地代表目标患者群体,降低了其结果的外部真实性。非随机对照试验采用非随机方法分配研究对象接受不同的干预措施,因为选择受试对象时未严格控制混杂因素,存在偏倚,研究设计质量不及随机对照试验。

观察性研究包括横断面研究、生态学研究、病例对照研究和队列研究。观察性研究没有人为干预,外部真实性好,但存在较大的偏倚风险,内部真实性不及试验性研究。病例对照研究对结果发生率很低的事件具有优势。

需要注意的是,普遍认为随机对照试验的设计优于观察性研究,但随机对照试验可能因样本量小、研究执行的质量问题而降低证据等级,观察性研究可能因样本量大、研究执行质量好而提升证据等级,因此不是绝对的。

2. 卫生技术安全性评估方法 安全性是从卫生技术风险的角度考虑,代表了对卫生技术风险可接受程度的价值判断。安全性评估除了临床研究中获得的安全性数据,还包括日常的各类安全性警戒报告信息。

(1)安全性研究数据分析:安全性研究数据的来源包括系统综述、Meta分析、随机对照试验、非随机对照试验和观察性研究等。在使用安全性研究数据时应注意,随机对照试验可能因随访时间和样本量的关系,存在未观察到或低估了危害时间的风险;观察性研究则在确定一些发生率较低但较严重的不良时间方面具有优势。

(2)安全性评估需要考虑的问题:安全性评估需要考虑如下要点:技术应用的安全性要求(需要使用技术的资质或认证);评估某项卫生技术的安全性界定及明晰定义;意料之中的风险和有害效应的识别;评估卫生技术有害效应的总体情况及严重程度;风险是否可以预防和如何预防;与替代技术的安全性比较。

3. 卫生技术经济性评估方法

(1)成本—效果分析是一种评价各种医疗防治项目成本与结果的方法,用于确定有效使用有限资源,以成本效果比(cost/effectiveness,C/E)的形式为各类决策者提供医疗防治项目的重要依据。成本效果比是通过单位效果的消耗或单位货币所产生的效果来表示。其中成本用通用的货币单位表示,防治方案的结果用非货币单位表示。适用于结果很难用货币换算时的经济学评价方法。例如,高血压用血压的毫米汞柱值下降来表示效果;血脂异常用低密度脂蛋白下降的比例来表示效果;哮喘用缓解天数来表示等。

应用成本—效果分析的指导思想是以最低的成本实现确定的健康目标,或在成本接近的情况下,实现目标结果的最大化。这里,效果指标间的可比性是使用成本—效果分析的前提条件,只有当目标、效果指标间接近或相同时,才可以进行成本和效果的比较;目标不同或效果指标在项目中的意义不同时,则无法进行比较。

1)指标选择:成本—效果分析一般采用两类产出或效果指标,一类是相对效果指标,如血压控制良好率、病情好转率等;另一类是绝对效果指标,如生存年数、免疫抗体数量等。所选效果指标一般要求能客观有效地反映防治目标,具有准确性、敏感性和特异性,能够被量化。

无论单项效果还是综合效果都可以采用成本—效果分析方法。实际运用时,需要明确项目的总成本及结果采用何种指标加以表示。当效果的单位不同时,成本效果值亦采用不同单位来表示。

2)条件与方法:应用成本—效果分析方法时,需要具备的一些条件,包括:明确的目标和方案,与备选方案具有可比性;所有相关的成本和效果均可以被测量。当措施或方案之间成本接近或相同时,选择效果较好的措施或方案;当效果接近或相同时,则选择成本较低的措施或方案。还有一种情况,就是当各方案的成本和效果都不同时,成本效果比在这种情况下具有重要的参考价值。

3)多效果指标分析原则:效果指标较多时,增加了方案间成本效果比较的难度。处理原则如下:①选择有代表性的效果指标,可以从可行性、与目标的贴近程度、与其他指标间的协调程度等角度加以考虑。②综合效果指标,采用综合评分法,通过对各效果指标以重要性等因素为依据给予一定权重,经加权获得的综合性指标可作为方案总效果的代表值。当备选方案间的成本不等时,也可以把成本当做反向的效果指标给以加权,纳入综合指标中一起评价。

4)局限性:当治疗目标比较明确而单一时,成本—效果分析是非常好的选择,但也有它的局限性。其一,它可以用来确定相同条件下不同治疗方案间成本的高低,但却不能用于不同干预项目间的比较。例如,不能将糖尿病治疗方案和感染后咳嗽方案之间的成本效果进行比较,因为前者的效果指标是血压值,后者却是用咳嗽发作的天数来表示的。其二,成本—效果分析只是列出已知能达到目标的干预项目中成本最小的方式,但却不能对干预的有效率做出判断,是成本比效益大还是效益比成本大? 成本—效果分析无法反映干预项目成本和效益之间的对比关系,因而,也不能直接得到项目是否真正值得实施的结论。

(2)成本—效用分析是通过比较医疗防治项目投入及其产生的效用来衡量卫生干预效率的一种经济学评价方法。优点在于用一种综合考虑了生命数量与生命质量相结合的指标来评价对比可选方案的疗效,使可比性更高。目前这种成本-效果分析的方法也被广泛地应用于各类健康干预评价研究中。最常用的综合指标是质量调整寿命年。

1)应用条件:生命质量是以健康的内涵为基础,对特定个体生活质量的一种主观与客观相结合的综合评价。成本—效用分析方法更适用于以研究生命质量为最重要预期结果的研究、或当数个备选方案同时会对生命的数量和质量造成影响的研究以及备选方案预期结果不同,但又需要进行比较的研究。

2)效用值的测定方法:①等级衡量法:以一条直线,线的两端写上描述性短语,0表示死亡,1表示完全健康,可以划为10等份,但也可不划。要求受访者自己在线段上用竖线标出最能代表自己目前健康状况的位置,该位置对应的数值就可以看做是效用值。等级衡量法已经被证实具有较好的信度、效度和反应度,能比较好地反映健康状态的自我评价。②标准博弈法:指通过在风险选择(最好或最坏结果)和确定选择间作出判断而衡量其效用值的方法。例如,急性脑栓塞做介入治疗,最好的结果是存活20年,最坏结果为死亡,两种情况出现的概率各为50%;调查时要求由患者自己做出选择,如果患者宁愿选择不做介入存活9年,也不愿意冒50%死亡的风险,而为了获得多存活11年的可能获益。这种情况下,该病的效用值为9/20=0.45。③时间权衡法:使受访者在"具有好的健康状态但存活时间短些"和"具有不太好或不好的健康状态但存活时间长些"之间做出选择,对不同的健康状态做等量估计,并以此为依据计算效用值。

3)局限性:成本—效用分析在综合分析和比较成本与以生命数量和质量为主要结果时非常适用。亦可以进行两项或两项以上不同项目的经济学分析结果,但其效用值的测定方法及伤残的权重等方面尚缺乏统一的标准,结果容易受主、客观等多方面因素的影响。

(3)成本—效益分析是将各种备选方案的全部预期成本和结果均用货币量为单位来表示,进行比较和评价。其中尤以将预期结果换算为货币量为其特点,这既是成本—效益分析与成本—效果分析、成本—效用分析间的主要区别点,也是成本—效益分析中的难点。成本—效益分析除了关注不同方案之间的成本效益比较,还可以通过同一项目成本与效益间的对比,判断方案是否在经济上可行。如成本大于效益则不可行,效益大于成本则可行。此外,由于成本—效益分析使项目间通过精确的货币单位换算来比较优劣,使得多种不同干预措施之间的比较成为可能,这也是成本—效果分析方法所无法比拟的优势。不过,近年也有不少研究声明采用了"成本—效益分析方法",但实际上其中有将近60%的研究只实施了成本分析法,而并没有对结果进行货币量的转换。

1)效益的测量:前面已经提及,健康效果的货币化是成本—效益分析的难点,也是常常受到质疑的焦点问题。不过,随着近年卫生经济学和临床经济学的不断发展,有越来越多的挑战被学者们逐步克服。其中较成熟且最常用的效益测量方法有:人力资本法(human capital method)、支付意愿法(willingness to pay method)、摩擦成本法(friction cost method)。

人力资本法:基本思想是将卫生服务的消耗视为对个体人力资本的投资,其回报以该个体更新了或提高了的生产效率来表示,就是一个将获得的健康时间数量化的过程。具体的做法是:以每年人均生产力或人均创造的国民生产总值或某区域市场的工资率,将一个项目获得的健康时间货币化,并通过贴现率得到该项目的效益现值。项目的效益是通过对该个体相应时段内的收入和支出及该时段内生存的概率以及给定的贴现率等综合考虑计算得出的。如何合理地确定贴现率,将未来收入转换成现值,是人力资本法中的关键点。另外,当年经济收入通常不能用于代替当年生存的价值,也有研究认为三倍的年收入价值大约相当于一年的寿命。

支付意愿法:其理论基础是个体从某事物中获得效用的价值,可以通过其对该事物的最高支付意愿来衡量。在用支付意愿法衡量某干预项目的效益时,要求受访者回答他们准备放弃多少货币来使该干预项目获得更大的效益。通过这些货币量可以对各种方案的潜在效益进行评价和测量。

摩擦成本法:摩擦成本主要是将患者离开工作岗位到其他人接替其工作期间造成的损失转换成货币量,包括培训新人的成本等。与人力资本法相比,摩擦成本法对疾病负担的评价明显偏低,在18%~44%之间。

三种方法各有利弊,只是人力资本法和摩擦成本法均忽略了疾病带来的心理和社会等方面的影响,忽略了疾病造成的无形损害,容易低估干预项目的效果。相比而言,支付意愿法通过受益者的偏好可以更全面地反映疾病的损害,能更好地体现干预的效果。

2)局限性:成本—效益分析在完整卫生经济学分析中是适用范围比较广、解决问题能力较强的一项分析方法。其局限性体现在如果需要通过主观判断衡量效益的话,则其结果可能会因被访者文化背景、受教育程度、配合程度等方面不同而带来影响,使结果的适用范围受到局限。

笔记

（4）最小成本法也可以称为成本最小化分析或成本确定分析（cost identification analysis），用于比较结果相同的备选方案间成本的差别。但由于实际上很难有项目的结果完全相同，在对成本和结果进行评估的过程中也受很多不确定因素的影响，应用范围非常受限。因而，也有学者指出最小成本法不能单独作为一个分析方法来加以定义。

4. 社会适应性及伦理的评估方法 一项卫生技术对社会伦理影响的评价可能是卫生技术评估中最具挑战性的，现有卫生技术社会伦理的评估还没有一个完全客观的评估方法，多数采用定性研究方法。

（1）社会适应性的评估方法：评价卫生技术适应性多采用实地调查的方法，主要包括访谈和观察：①非结构式访谈法：在访谈过程中未设要询问的特殊问题，也无事先规定的特殊问题，也无事先规定的可能答案，让访谈对象用自己的语言充分表达自己的看法。②半结构式访谈法：主要根据事先确定的问题进行访谈，但不一定用问题的原话提问，可以讨论交谈中出现的新问题。③结构式访谈法：又称标准化访谈，根据已经设计好的访谈表按照统一的程序向受访者提出问题，再按统一要求记录其答案。主要用在描述受访者观点与分析受访者的文化与行为，其成功与否取决于研究者事先对研究人群观点与认识的了解程度。④小组访谈法：有焦点组访谈和非焦点组访谈，二者在人员组成和操作程序上都有所差异。⑤观察法：有非参与型观察与参与型观察，二者的主要区别在于观察者是否与被观察者密切接触，参与他们的活动并产生影响。

（2）伦理的评估方法：卫生技术的伦理学评估有两种形式，一是卫生技术评估方案的伦理审核，主要考虑评估方案的主题、评估方案的设计和实施是否符合社会伦理道德。二是卫生技术的伦理学评估，包括：①被评估的卫生技术在医疗卫生应用的目的、技术特征和技术发展阶段；②被评估的卫生技术对患者生活的影响；③对患者家庭的影响；④对社会总体的影响；⑤对法律政治系统及经济的影响。

（3）合法性的评估方法：国家的法律法规对卫生技术发展与利用有重要影响，法律法规可促进一项卫生技术的发展和利用，也可延缓、减少和禁止一项卫生技术的发展与利用。在卫生技术发展与利用中，合法性评价包括卫生技术发展的合法性评价和利用中的合法性评价两个方面。

# 第三节 评估标准

卫生经济学评估的正确性、报告的规范性及其结果的可推广性都可能会对一些相应的领域产生影响，包括区域支付策略的制定、优化医疗技术利用流程及效率、促进医患沟通机制的完善与改进、提升卫生服务覆盖率等。

而临床经济学相关方法使用的正确性往往决定了其研究结果的真实性程度，评估标准包括：①研究是否同时考虑了成本和结果，研究是否具备一个完整的经济学分析的基本特征，即对两种或两种以上的备选方案进行比较，且同时从临床结果和成本两个方面评价。②是否全面考虑了所有可能的备选方案。有没有遗漏重要的备选方案，是否需要考虑一个空白的备选组，并提供相应的理由。③结果的测定是否有效及可信，所用测量单位是否恰当，是否以公认、科学、客观的方法对每一项结果进行了测量，所用测量单位也必须符合这些条件。④是否对每一组重要的成本和结果都做了测定结合研究的立足点,应将所有重要的相关成本和结果都考虑进来,避免遗漏。⑤对将来发生的成本和结果是否作了调整。如果是一个持续时间较长的项目,对于将来发生的成本和结果都应进行贴现以转换为现值,以免做出错误的估计。⑥成本和效果资料是否进行了增量分析。增量分析有利于为结果的推广应用提供依据。⑦是否进行了敏感性分析。由于经济学评价涉及较多影响因素,因此多数都需要对结果的可靠性程度进行评价。⑧是否作了伦理学讨论。经济学研究如采用临床随机对照试验或其他实验类临床研究数据,则需要对其中的伦理学问题进行讨论。

结果的可推广性可以从增量分析结果以及患者与经济学分析中研究对象特征的接近程度讨论结果的推广应用价值。

## 学习小结

### 学习内容

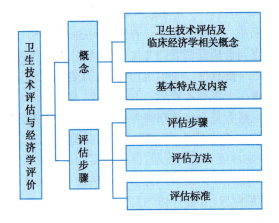

### 学习方法

通过对卫生技术评估与临床经济学概念的了解,掌握卫生技术评估及临床经济学的基本概念、特点和内容,熟悉评估步骤、方法和标准,理解其在中医临床研究中的应用。

(季聪华　吴大嵘)

### 复习思考题

1. 何为卫生技术评估?简述其基本特点及内容。
2. 简述卫生技术评估的主要步骤。
3. 卫生技术经济学评估方法主要包含哪些?简述各类方法的优点及其局限性。

# 第十一章

# 中医药疗法循证实践案例分析

**学习目的**

通过学习中药防治心血管疾病、糖尿病、脑血管病、肿瘤、肠易激综合征及儿童过敏性紫癜的循证医学研究案例,掌握循证医学应用的模式与方法。

**学习要点**

中医药防治心血管病、糖尿病、脑血管病、肿瘤、肠易激综合征及儿童过敏性紫癜证据的产出;中医药防治上述疾病证据的使用。

## 第一节  中医药治疗心血管疾病循证实践案例分析

近年来,循证医学方法逐步应用于中医药防治心血管疾病的临床研究和实践,使得中医药的临床研究和实践更加科学化。经皮冠状动脉介入治疗(percutaneous coronary intervention,PCI)是冠状动脉血运重建的重要手段,大幅度降低了冠心病的病死率。根据全国介入心脏病论坛(CCIF)报告,2015 年中国大陆登记注册完成 PCI 病例超过 56 万例,位居世界第二。但是 PCI 术后仍有一些手术相关问题难以避免,如无复流与慢血流、缺血再灌注损伤、围术期心肌损伤、支架内再狭窄和支架内血栓等。无复流与慢血流在急性心肌梗死(acute myocardial infarction,AMI)急诊 PCI 中发生率可高达 30%。针对此情况,《中国经皮冠状动脉介入治疗指南》(2016)推荐冠状动脉内注射替罗非班、钙通道阻滞剂、硝酸酯类、硝普钠、腺苷等药物,或应用血栓抽吸及主动脉内球囊反搏。近年来,随着 PCI 术在国内中医医院的普及,中医药用于治疗冠状动脉介入围术期心肌损伤的研究正在成为关注的热点。

### 一、临床情景

患者孙某,男,70 岁,体重 90kg,因持续性胸骨后闷痛 3 小时入院急诊科,经冠脉造影证实诊断为急性心肌梗死。30 分钟后给予 r-tPA100mg 静脉溶栓,溶栓前阿司匹林、波立维各 300mg 嚼服,静脉推注普通肝素 4000U,继以 1000U/h 持续泵入。溶栓后症状持续不缓解,心电图 ST 段不回落,于溶栓后 3 小时行急诊 PCI。术中应用肝素 6000U。患者既往无高血压及糖尿病史,有吸烟史。患者术前生命体征平稳。PCI 术后表现为冠脉血流减慢,TIMI2级,考虑患者年龄因素及前期溶栓后PCI,再使用替罗非班有可能增加出血的风险。此时选择溶栓复流以及保护心肌的方案显得至关重要。

## 二、提出问题

患者为急性心梗先溶栓后PCI术,术后出现冠脉慢复流,不宜再使用抗凝、溶栓药物。围术期如何快速使冠脉复流,保护缺血的心肌非常重要。近几年,随着中医药临床研究的规范化,一些高质量的证据陆续出现,患者是否可以在这个时候接受中药干预?如果可以使用中药干预,怎样干预?

## 三、文献检索

基于PICO四要素法将该问题分解。P:急性心肌梗死PCI术后无复流(慢复流),I:中医、中药、中成药或者中西医结合,C:抗凝药、溶栓药或者安慰剂,O:复流率、心肌损伤指标和安全指标。

制定检索词:中文关键词有:心肌梗死、PCI、经皮冠状动脉介入、中医、中药、中医药、中成药、中西医结合等。英文关键词:Myocardial infarction, Cardiovascular Stroke, Heart Attack, PCI, percutaneous coronary intervention, No reflow, Slow reflow, traditional Chinese medicine, Chinese medicine, Chinese herbal medicine, Chinese patent medicine, Chinese patent drug, Chinese and Western medicine, Integrated traditional Chinese and Western Medicine, Complementary and alternative therapies。并在参考资料中追踪查阅相关文献。

计算机检索临床证据资料库:Clinical Evidence、DynaMed、UpToDate、Cochrane Library等;原始研究资料库:PubMed、Embase、CBM、CNKI、维普中文期刊数据库、中国学位论文全文数据库等(检索日期从收录日期开始至当前最新日期),并检索世界卫生组织国际临床试验注册平台。

## 四、文献评价

### (一)基于临床问题的循证医学资料库文献

1. DynaMed [文献1]ST-elevation myocardial infarction 疾病目录下:Treatment: Danshen preparations have insufficient evidence to support use for treatment of acute myocardial infarction.

引用基于Cochrane的一个低质量的临床试验,系统评价了6个RCT 2368例患者的中药丹参治疗急性心梗的临床疗效。这6项研究选取了含有丹参的复方制剂的试验,对所有纳入的研究进行了方法学的质量评价。6项研究中只有一项真正的RCT研究,结果显示丹参对总的死亡率没有明显影响,(OR 0.55,95% CI 0.23~1.32)。1个quasi-RCT研究报道可以减轻总的死亡率(OR 0.42,95% CI 0.23~0.77)。2个包含654例患者随机对照试验显示入院6小时内用药,丹参组的死亡率6.7%,对照组的死亡率14.1%,(OR 0.46,95% CI 0.28~0.75)。该系统综述中随机对照试验证据不足,质量不高。支持使用丹参制剂的证据比较薄弱,无法对其效果作出判断,需要更多的高质量试验证据来支持丹参制剂的临床应用,资料库没有给出证据等级。

2. Cochrane Library [文献2]为系统综述,同文献1。

［文献 3］为系统综述（Tong-xin-luo capsule for patients with coronary heart disease after percutaneous coronary intervention）。

纳入了 16 项包含 1063 例患者的研究,其中 15 项研究发表偏倚为风险高,为低质量证据。通心络胶囊能够降低 PCI 术后血管再狭窄的发生率（RR 0.16,95% CI 0.07~0.34）,心肌梗死的发生率（RR 0.32,95% CI 0.16~0.66）,心衰的发生率（RR 0.26,95% CI 0.11~0.62）,并且具有促进血管再生的作用（RR 0.26,95% CI 0.15~0.45）。常规西药加通心络可能有助于预防冠心病患者 PCI 术后再狭窄和复发。同时这些数据受到发表偏倚和包括研究在内的高偏倚风险的限制。需要进一步进行高质量的试验来评估这种干预的潜在效果。

### （二）原始研究资料库文献

1. PubMed、EMBASE 资料库　因 PubMed、EMBASE 资料库文献重复收录不单独标出。

［文献 4］Zhang HT,Jia ZH,Zhang J,et al. No-reflow protection and long-term efficacy for acute myocardial infarction with Tongxinluo:a randomized double-blind placebo-controlled multicenter clinical trial（ENLEAT Trial）. Chin Med J（Engl）,2010,123（20）:2858-2864.

包含 9 个中心 219 例患者的随机安慰剂对照双盲研究,患者在 PCI 术前同时服用通心络 2.08g 和阿司匹林、氯吡格雷,术后通心络 1.04g 每天三次服用 6 个月。术后 1、2、6、12、24 小时心电图观察 ST 段抬高情况,7 天、180 天后 SPECT 计算心肌缺血面积,评估灌注得分;结论为通心络可以减少常规药物治疗 STEMI 患者 PCI 术后心肌无复流的发生及梗死面积。

证据等级:Ⅰb。推荐程度:推荐使用。

［文献 5］Wang L,Mao S,Qi JY,et al. Effect of Danlou Tablet on peri-procedural my-ocardial injury among patients undergoing percutaneous coronary intervention for non-ST el-evation acute coronary syndrome:A study protocol of a multicenter,randomized,controlled trial. Chin J Integr Med,2015,21（9）:662-666.

9 个中心的随机安慰剂对照试验（ChiCTR-TRC-12001929）,220 例不稳定型心绞痛或非 ST 段抬高型心肌梗死患者 PCI 术后,被随机分为丹蒌片组（丹蒌片 4.5g/天,干预前 2 天,与 4.5g/天,90 天之后）和安慰剂组。主要终点事件是评估心脏发病死亡,心肌梗死或非计划再入院及 30 天后血管再生情况。次要终点包括围术期心肌损伤发生率、3 个月临床结局、生活质量和中医证候评估。为丹蒌片改善 PCI 术后心肌缺血提供依据。

证据等级:Ⅰb。推荐程度:推荐使用。

［文献 6］Wang XL,Liu YM,Zhu GJ. Effects of suxiaojiuxin pill on patients with acute coronary syndrome undergoing early percutaneous coronary intervention. ZhongguoZhong Xi Yi Jie He ZaZhi,2012,32（11）:1483-1487.

单中心 60 例患者随机对照试验,无论 PCI 术前还是术后,速效救心丸组的冠脉血流均优于单用西药对照组,术前心肌梗死溶栓 TIMI 血流分级达到 3 级者:16/30 vs. 11/30,$P<0.01$;术后 TIMI 血流达到 3 级者:14/14 vs. 13/19,$P<0.05$;在 TIMI 血流 0~1 级的患者中,治疗组有侧支保护者明显较对照组多（5/6 vs. 3/13,$P<0.05$）;治疗

笔记

组围术期心肌梗死的发生率明显低于对照组(8/30 vs. 15/30,$P<0.05$)。结论是速效救心丸有改善 ACS 患者支架植入前后的冠脉血流、增加侧支开放及减少围术期心肌梗死发生率的作用。

证据等级:Ⅱa。推荐程度:有选择性地推荐。

2. 中国知网、万方数据库、维普数据库、中国生物医学文献数据库　因资料库重复收录不单独标出。

按照策略进行检索,国内中文资料库检索到 194 篇文献,经过筛选有 30 篇文献与本临床问题有关。其中专家共识或者专家共识解读 2 篇(经皮冠状动脉介入治疗围术期心肌损伤中医诊疗专家共识),系统性评价 1 篇,随机对照原始研究 24 篇,个人经验分析、理论探讨 3 篇。主要文献如下:

[文献 7]刘红旭,吴永健,王显,等. 经皮冠状动脉介入治疗围术期心肌损伤中医诊疗专家共识[J]. 中国中西医结合杂志,2017,37(4):389-393.

证据等级:Ⅴ。

[文献 8]张玉灵,尚菊菊,邢文龙,等. 丹红注射液干预择期 PCI 围术期心肌保护与安全性的系统评价[J]. 世界中医药,2017,12(2):258-265.

包含 11 篇临床随机对照研究共计 956 例患者的系统综述,单纯常规西医治疗组471 例,丹红注射液联合常规西医治疗组 485 例。试验组:符合冠心病择期 PCI 围术期治疗指南的常规西医治疗,包括静卧休息,吸氧、口服硝酸酯类、抗血小板治疗、抗凝治疗、β 受体阻断剂、血管紧张素转换酶抑制剂(ACEI)、血管紧张素 Ⅱ 受体拮抗药、钙拮抗剂、洋地黄制剂、调脂类等药物及对症支持治疗。试验组患者在此基础上静脉滴注丹红注射液。2 组患者剂量和疗程均不限。系统评价结果显示:丹红注射液能减少PCI 围术期心肌损伤及心肌梗死的发生率、降低围术期心肌损伤标志物 CK-MB、cTNI的水平。结论:择期行 PCI 术患者围术期应用常规西药联合丹红注射液可改善心肌坏死程度,并能降低 PCI 术后心血管事件发生率,提示丹红注射液对择期 PCI 围术期心肌具有一定的保护作用。但由于样本量有限、纳入研究文献的质量存在一定缺陷,仍需进一步深入研究。

证据等级:Ⅰa。推荐程度:推荐使用。

[文献 9]郑易,史习宝,潘荣荣. 丹参多酚酸盐对急性 ST 段抬高型心肌梗死患者经皮冠状动脉介入治疗血流的影响[J]. 心脑血管病防治,2017,17(1):32-34.

单中心 60 例随机对照试验,患者术后 TMP 血流 3 级的患者数明显多于对照组[(83.33% vs.56.67%),$P<0.05$];观察组术后 16h 复查心肌损伤标志物,磷酸肌酸激酶,磷酸肌酸激酶同工酶,肌钙蛋白 I(troponin I,cTnI)值明显低于对照组,差异均有统计学意义($P<0.01$),认为 STEMI 患者 PCI 术前应用丹参多酚酸盐治疗能显著改善患者术后冠状动脉血流,并减少心肌损伤。

证据等级:Ⅱa。推荐程度:有选择性地推荐。

[文献 10]丰冠鹏,魏运亮,白雁,等. STEMI 患者 PCI 术中冠状动脉注射三七总皂苷的临床效果[J]. 实用医药杂志,2017,34(2):143-145.

单中心 95 例随机对照试验,所有患者术前给予阿司匹林片 300mg 及氯吡格雷片(波立维)600mg 负荷量嚼(顿)服,即于导管室行急诊冠状动脉造影检查,术中给予肝素 100U/kg;两组所有患者均经指引导管行血栓抽吸术,以开通血管,观察组经指引导

笔记

管冠脉内注射血塞通注射液 400mg,观察组较对照组无复流发生率低,但差异无统计学意义($P>0.05$);心肌灌注比较,观察组患者 TMPG 血流<3 级者 11 例,占 35.5%,对照组 20 例占 62.5%,观察组 TMPG 血流<3 级者比例显著低于对照组,差异有统计学意义($P<0.05$)。

证据等级:Ⅱa。推荐程度:有选择性地推荐。

[文献 11]杨军,方毅民,李善春,等.川芎嗪对急性心肌梗死血运重建后"心肌无复流"患者心肌组织灌注的影响[J].中国微循环,2006,10(2):89-91.

单中心 82 例随机对照试验,首次急性 ST 段抬高型心肌梗死患者,急诊经皮经 PCI 后,经 SPECT 诊断为心肌 NR 者,随机分为治疗组(40 例)和对照组(42 例)。对照组接受常规治疗,治疗组在常规治疗基础上静脉给予川芎嗪注射液。24 小时内及 15 天后,治疗组的 MPDS 均较 PCI 后即刻减低,其减低幅度均显著大于对照组(均 $P<0.05$);两组的 LVESV 和 LVEDV 均呈增加趋势,但治疗组 LVESV 和 LVEDV 的增加幅度显著低于对照组(均 $P<0.05$);15 天后治疗组 SPECT 心肌 NR 的发生率显著低于对照组。认为川芎嗪可显著改善心肌组织灌注,减轻心肌 NR 现象,从而缩小心肌坏死范围,抑制心室重构。

证据等级:Ⅱa。推荐程度:有选择性地推荐。

[文献 12]王百志,周长勇,郭明磊,等.丹红对 ST 段抬高型急性心肌梗死 PCI 术后心肌无复流影响及其机制[J].齐鲁医学杂志,2013,28(3):250-252.

单中心 60 例随机对照试验,ST 段抬高型急性心肌梗死患者 60 例,随机分成 PCI+丹红组(丹红组)和直接行 PCI 组(直接 PCI 组),各 30 例。丹红组 PCI 手术开始即给予丹红注射液 4ml 稀释后静脉缓慢注射,然后给予丹红注射液 20ml 稀释后静脉滴注,维持至 PCI 手术结束;直接 PCI 组不用丹红。结果丹红组矫正的 TIMI 帧数>40s 的病例数显著少于直接 PCI 组($X^2=6.405,P<0.05$),PCI 术后单导联 ST 段回落良好(≥50%),患者例数多于直接 PCI 组($X^2=4.593,P<0.05$);IL-6 回落水平大于直接 PCI 组($t=2.058,P<0.05$)。结论:丹红可减少 ST 段抬高型心肌梗死 PCI 术后无复流现象的发生率。

证据等级:Ⅱa。推荐程度:有选择性地推荐。

[文献 13]贾敏,刘军利,盖芳,等.丹红注射液合并硝酸甘油对急性心肌梗死患者 PCI 治疗中无复流现象及 C-反应蛋白的影响[J].河北中医药学报,2015,30(1):5-7.

单中心 120 例随机对照试验,对 120 例 AMI 患者术前均给予阿司匹林 300mg、氯吡格雷 300mg 等治疗。随机分成 A 组与 B 组两组,各 60 例。A 组 PCI 术前予以丹红注射液,术中出现无复流 2 例,再予以硝酸甘油冠脉内给药;B 组直接行 PCI 术,术中出现无复流 8 例,再予以硝酸甘油冠脉内给药,对比两组患者冠脉血流恢复情况。同时两组患者均在术前及术后监测 CRP。结果:A 组全部冠脉血流恢复 TIMI3 级,B 组有 4 例冠脉血流恢复 TIMI3 级,且用丹红注射液组术后 CRP 降低更明显。结论:PCI 术前静脉注射丹红注射液可以降低 AMI 患者的 CRP 值,且联合硝酸甘油后较单一给予硝酸甘油能更有效恢复无复流血管的 TIMI 血流值。

证据等级:Ⅱa。推荐程度:有选择性地推荐。

[文献 14]周晗颖,张文全,金惠根,等.疏血通注射液对 STEMI 患者直接 PCI 术

心肌灌注和临床预后的影响[J]. 心脏杂志,2015,27(4):431-433.

单中心 80 例随机对照试验,80 例行直接 PCI 的 STEMI 患者随机分为疏血通组(40 例)和替罗非班组(40 例),结果共有 79 例完成试验,两组术前血管开通率、术后 TIMI 血流、校正的 TIMI 血流帧数(CTFC)、术后 30 分钟 ST 段回落>50%的获得率、出血事件、住院和随访期间 MACE 的发生率均无明显差异。疏血通组和替罗非班组在住院期间各有 1 例死亡,在 6 个月随访期间疏血通组有 1 例死亡,1 例复发心肌梗死,替罗非班组有 1 例行冠状动脉旁路移植术。结论:疏血通注射液联合 STEMI 直接 PCI 术在改善 PCI 术后的心肌灌注和患者的临床预后方面与替罗非班无显著差异。

证据等级:Ⅱa。推荐程度:有选择性地推荐。

### 五、结果应用

通过对以上检索文献的纵览,可以看到随着近几年中医药临床研究的发展,有大量的临床证据产生。但是这些证据存在着质量不高、样本量少、研究异质性大等特点。大部分证据为Ⅱ级证据。

综合分析以上证据,基于临床问题系统性评价的证据有 3 篇,分别系统评价丹参类制剂、通心络胶囊和丹红注射液 3 个中药品种。这 3 个系统综述对纳入的患者没有明确限定为 PCI 手术中无复流现象患者,而是包含了术前术后用药等多种情况。与本临床问题的匹配度尚不够,但可以提供 PCI 术后中医药应用的参考。[文献7]为经皮冠状动脉介入治疗围术期心肌损伤中医诊疗专家共识,从中医辨证论治的角度对 PCI 术后中医药的应用进行了规范。[文献4]是术前和术后都应用通心络胶囊进行干预。[文献5、11]术后使用丹参片进行干预。手术中用药的文献有 3 篇。[文献10]手术中注射三七总皂苷。[文献12]手术中注射丹红注射液。[文献13]术中应用疏血通注射液与替罗非班做对照,非劣性结果。

根据以上结果分析,针对本临床问题,在术中可以根据具体情况使用丹红注射液或者三七总皂苷注射液;术后建议使用中药进行心肌梗死术后康复,中成药可使用通心络胶囊、川芎嗪注射液、丹参多酚酸盐、速效救心丸等。本次临床决策的效果评价有待进一步评估。

### 六、效果评价

通过本次临床问题的循证实践,发现中医临床高质量证据还是比较少,同时也提醒在以后的临床实践中,条件可行的情况下有必要进一步开展相关的规范临床试验,提供更多的高质量证据。

## 第二节 中医药治疗糖尿病
## 循证实践案例分析

糖尿病(diabetes mellitus,DM)是一组以高血糖为特征的代谢性疾病。高血糖则是由于胰岛素分泌缺陷或其生物作用受损,或两者兼有引起。糖尿病长期存在高血糖,导致各种组织,特别是眼、肾、心脏、血管、神经的慢性损害、功能障碍。糖尿病是继肿瘤、心脑血管病之后第三大严重威胁人类健康的疾病。糖尿病及其并发症的防治研究成为我国卫生工作中的重要课题。中医药对糖尿病进行个体化治疗已有非常悠久的历史,很多临床研究报道中医药治疗糖尿病疗效显著,但是,如何科学地证明这种疗效、如何将中医药对糖尿病治疗的有效性推广于世界,服务于更广大人群?引入循证医学可以实现此目的。

## 一、临床情景

王医生是糖尿病科室的一位主治医师,医德高尚,体恤患者。有一次,她遇到这样一位患者,患者的基本情况如下。

患者张某,女,56 岁。主诉:口干、多饮、多尿 3 年。于 2010 年体检发现空腹血糖升高(6.9mmol/L),测餐后 2 小时血糖 10.5mmol/L,未出现任何症状,医生诊断为"空腹血糖受损",为糖尿病前期,根据糖尿病三级预防原则嘱咐患者低盐、低糖、低脂饮食,每日进行适度的体育锻炼。患者未严格遵从医生建议,于 2014 年出现口干、多饮、多尿症状,当时就诊于某医院,测空腹血糖 9.7mmol/L,餐后 2 小时血糖 15.8mmol/L,诊断为"2 型糖尿病",为求系统治疗入住糖尿病科。现症见:口干、多饮、多尿、消瘦、乏力、汗出,舌质红,舌苔薄黄,脉细数。

体格检查

体温:36℃　　脉搏:80 次/分　　呼吸:20 次/分　　血压:130/90mmHg

神志清楚,精神可,形体适中,营养中等,步入病室,查体合作,对答切题,全身皮肤黏膜无黄染,全身浅表淋巴结无肿大,双侧瞳孔等大、等圆,对光反射灵敏。咽无充血,扁桃体无肿大。颈软,无抵抗,气管居中,胸廓对称,双肺呼吸音清,未闻及干湿啰音。心率:80 次/分,律齐,心音正常,心界无扩大,腹软平坦,全腹无压痛点及反跳痛,双下肢无浮肿,神经系统检查:(−),四肢肌力 5 级,肌张力正常。

[入院诊断]

中医诊断:消渴(气阴两虚)。

西医诊断:2 型糖尿病。

患者及其家属了解了病情后,认识到疾病的严重性,仔细询问了患者的治疗方案。王医生根据教科书及以往经验详细给他做了解答:在 2 型糖尿病治疗方面,目前采取的方法有:口服降糖药治疗、胰岛素治疗、中医药治疗,临床上常单一或者联合使用。由于患者自身因素不愿口服降糖药及皮下注射胰岛素治疗方案,故临床医生介绍了中药治疗。患者及其家属对于中药治疗糖尿病疗效及安全性存在疑虑。中药治疗 2 型糖尿病疗效如何?是单纯采用中药治疗还是联合西药基础治疗效果好?中药治疗 2 型糖尿病安全性如何?不良反应有哪些?出现原因是什么?"循证医学的三要素之一是,患者需要在充分知情的情况下,对自己疾病的诊断、治疗做出选择,参与医生的医疗决策。目的是从患者的利益出发,充分尊重患者的自身价值和愿望",鉴于患者及其家属的疑虑,为了尽可能满足患者的需求,尽可能给患者提供充足的中医方面的治疗信息,医生拟通过循证实践的方法来解答患者的疑虑,以提供中药治疗 2 型糖尿病的有利证据。

## 二、提出问题

1. 中药治疗 2 型糖尿病疗效如何?

2. 单一中药治疗与中药联用西药基础治疗,哪种治疗方法占优势?

3. 中药治疗 2 型糖尿病安全性如何? 不良反应出现原因是什么?

### 三、文献检索

运用循证医学 PICO 原则,将临床问题转化为 PICOS 模式,并根据 PICOS 模式制定纳入和排除标准。纳入标准:研究对象必须是明确诊断的 2 型糖尿病患者。干预措施要求必须有中药治疗(包括辨证论治中药复方、单味药、中药提取物、中成药及中药食疗等),对照措施包括安慰剂、西药、饮食控制等其他疗法,中药与西药比较,中药联用基础治疗与安慰剂联用基础治疗比较,中药联用基础治疗与西药联用基础治疗比较,中药联用基础治疗与基础治疗比较。结局指标包括空腹血糖、餐后两小时血糖、糖化血红蛋白、胰岛素敏感指数、糖尿病临床症状等。证据是循证医学的核心问题,临床工作者尽可能提供和使用当前最可靠的、高质量的临床研究证据是循证实践的关键。在治疗方面,国际公认 RCT 和 RCT 的系统评价结果是证明某种疗法的有效性和安全性最可靠的依据(金标准)。故而研究类型选用有关中药治疗糖尿病的系统评价和Meta 分析,随机对照试验或病例对照研究之类的观察性试验。排除标准:以治疗糖尿病急慢性并发症为目的的随机对照试验或系统评价/Meta 分析;上述结局指标无一可以提取的研究;非随机对照试验、动物实验、发表重复的文献。明确检索来源,制定检索模式,应用计算机全面检索数据库:The Cochrane Library、PubMed、中国生物医学文献数据库(CBM)、中国期刊全文数据库(CNKI)、中文科技期刊数据库(VIP)。通过阅读标题和摘要,得到 654 篇中文文献和 108 篇英文文献(去除重复和无关文献)。

### 四、文献评价

从三方面评价文献质量:内在真实性、外在真实性、影响结果解释的因素。按照临床流行病学的随机对照试验评价原则,是否说明了随机方法、进行了恰当的分配隐藏、采用了盲法、交代了基线的可比性、提及了样本含量的估算、有明确的诊断标准、对病例失访、退出及脱落进行了意向性治疗(ITT)处理、正确运用了统计方法。而纳入研究的方法学质量采用 Jadda 质量记分法,RCT 分为 1~5 分(1~2 分为低质量研究,3~5分为高质量研究)。非盲法的交替分配半随机试验未报告退出病例及退出者记为 0分。此外,随机分配方案隐藏采用 Cochrane 手册及 Schulz 等报告的计分方法。

### 五、结果应用

1. 评价结果分析　根据 PICOS 模式制定的纳入和排除标准进行文献筛选,经全文阅读筛选后共纳入了 63 篇中药治疗糖尿病的系统评价/Meta 分析,这其中的大多数文献质量级别均较低,尤其是在样本量估算、随机隐匿、盲法、脱落和失访方面要引起足够的重视,且大多数文献中结局指标很少被明确地指出。质量评价结果为 A 级的文献 0 篇,B 级 63 篇,C 级 0 篇。

2. 疗效分析　以空腹血糖作结局评价指标,纳入的 60 篇文献中 27 篇文献表明中药治疗或中药加基础治疗较西药治疗、安慰剂加基础治疗、西药联用基础治疗、基础治疗疗效显著。以餐后两小时血糖作为结局评价指标,纳入的 46 篇文献中 22 篇文献表明中药加基础治疗较安慰剂加基础治疗、西药联用基础治疗、基础治疗疗效显著。

以糖化血红蛋白为结局评价指标,纳入的 22 篇文献中 9 篇文献表明中药加基础治疗较安慰剂加基础治疗、西药联用基础治疗、基础治疗疗效显著。以胰岛素敏感指数为结局评价指标,纳入的 14 篇文献中 8 篇文献表明中药加基础治疗较西药联用基础治疗、基础治疗疗效显著。以症状(口渴、多食、多尿)治疗无效人数作为结局评价指标,纳入的 29 篇文献中 14 篇文献表明中药治疗或中药加基础治疗较西药治疗、安慰剂加基础治疗、西药联用基础治疗、基础治疗疗效显著。

就目前有限的证据来看,中药治疗型糖尿病可能在降低空腹血糖水平、餐后两小时血糖、糖化血红蛋白及改善胰岛素敏感性和改善糖尿病症状方面存在潜力,尤其是中药联合西药基础治疗者较单用西药治疗疗效差异可能更显著。

3. 安全性分析　有 38 篇文献进行了不良反应报告,其中 24 篇文献仅在文中简单提及"未见不良反应",且有 5 篇是在讨论中提及的;1 篇文献报道了全部病例中的不良反应情况,未交代是治疗组或对照组;23 篇文献报告治疗组未见不良反应。报告的不良反应包括头晕、倦怠、浮肿、低血糖及恶心、呕吐、腹泻等消化道症状和过敏性皮疹等,未报告严重的不良反应。无一篇文献对不良反应出现的原因、可能相关的药物进行分析,不良反应报告较少且报告简单。建议在今后的研究中关注中药的不良反应,以提供中药安全性证据。

### 六、效果评价

将研究证据应用于个体患者要考虑以下 4 个问题:①现有患者是否与研究中纳入的患者有很大差异,研究结果是否适用于患者;②证据中干预措施的可行性;③治疗方案对患者是否利大于弊;④充分考虑患者的价值观及其对疗效的期望。

通过总结发现,每个系统评价强调纳入研究质量低而降低了系统评价结论的可靠性,尚需进行更多设计合理、执行严格、多中心大样本且随访时间足够的随机对照试验。由以上结果分析,目前仅有应用中药治疗糖尿病可以有效控制血糖、改善症状、提高生活质量的证据,且纳入的原始研究中治疗糖尿病的中药种类与剂量各不相同,并不能直接给出统一的中医药治疗方案,但研究结果显示应用中药治疗糖尿病可以有效地控制血糖、改善症状、提高生活质量,建议针对本例患者应用本证据时,应结合医生的临床经验酌情加减运用。因此有关使用中药治疗 2 型糖尿病的有效性尚不能得出确切结论,仍需要更多的多中心、大样本、设计良好的随机对照试验来进一步评估。

## 第三节　中医药治疗肿瘤
### 循证实践案例分析

肿瘤分为良性肿瘤和恶性肿瘤两大类,其中来源于上皮组织的恶性肿瘤称为癌,约占恶性肿瘤的 90%。恶性肿瘤已成为全世界范围内威胁人类健康的主要疾病之一。中医药治疗肿瘤在实践与传承过程中,积累了丰富的理论和临床经验。近几十年来,经过学者积极探索与创新,建立了相对完整的中医肿瘤学体系,在肿瘤治疗上一直发挥着独特的优势。中医药治疗肿瘤与西医手术治疗、化学疗法、放射线治疗、生物学治疗等相结合,形成了具有中国特色的肿瘤中西医综合治疗模式,在肿瘤的综合治疗中处于临床的主流方向。本节通过实际案例,主要探讨如何应用循证医学方法对中医药辅助治疗肿瘤问题进行循证决策。

## 一、临床情景

患者李某,女,85 岁。

主诉:右上腹疼痛四个月,加重 2 天。

现病史:患者四个月前无明显诱因出现右上腹部疼痛,呈隐痛,不向肩背部放射,无恶心,呕吐,疼痛与饮食无明显关系。2 天前患者上楼梯时自感右上腹疼痛加剧,呈持续性,难以忍受,伴有心悸、冷汗。寐差,二便调。精神倦怠,舌质黯,苔黄,脉涩。

既往史:既往胆囊炎、胆结石病史 5 年。否认高血压、糖尿病等其他慢性病病史。否认过敏史。

家族史:否认家族遗传病史。

体格检查:体温:36.8℃,脉搏:83 次/分,呼吸:18 次/分,血压:160/100mmHg。腹部微隆,无胃肠型及蠕动波,无腹壁静脉曲张。右上腹饱满,明显压痛,无反跳痛、肌紧张,未触及肿大胆囊,墨菲征阴性。肝脏触诊不满意,脾未触及。叩诊呈鼓音,无移动性浊音。肺肝浊音界在右锁骨中线第 5 肋间。肠鸣音正常。

辅助检查:腹部 B 超:肝脏大小正常,肝内胆管无扩张。胆囊 8cm×6cm 大小,壁厚,毛糙,囊内多发性回声,后方有声影。胆总管显示不清,肝右叶低回声,大小约 10cm×8cm,边界不清。血清 AFP569μg/L。

临床诊断:①原发性肝癌;②胆囊炎,胆囊多发性结石。

## 二、提出问题

### (一)针对临床背景提出临床问题

以上病例,原发性肝癌诊断明确。

肝细胞癌是最常见的原发性肝癌,占所有原发性肝癌的 85%～90%。目前,肝癌的主要治疗措施包括手术切除、放疗、化疗、肝脏移植及局部射频消融治疗等和中医药辅助治疗。手术是唯一有望可以使肝癌患者获得根治的方式,但实际上在临床适合于根治性治疗的患者不足一半,大约 80% 的原发性肝癌患者就诊时已属晚期,手术治疗虽可直接切除肿瘤,但无法切除已经转移的微小病灶,只能对其采取姑息性治疗方法。因此,放化疗成为晚期肝癌及术后复发肝癌的重要治疗手段。如以肝动脉化疗栓塞术(TACE)为代表的局部治疗成为非手术治疗肝癌的有效手段之一。

根据上述临床背景,临床医生在向患者及家属交代病情的同时,介绍目前肝癌的治疗措施。患者及家属了解病情后,认识到疾病的严重性,仔细询问了患者的治疗方案。由于患者年龄偏高,患者及家属拒绝手术治疗。临床医生详细介绍了放疗、化疗的治疗方案,以及中医药辅助治疗措施。患者及家属对是否用中医药辅助治疗肝癌存在疑虑。

鉴于患者及家属的疑虑,医生拟通过循证医学的方法来解答患者的疑虑,以提供中医药辅助治疗肿瘤的有力证据。

临床需要回答的问题:

1. 中医药是否能够改善和提高癌症患者的生活质量,提高免疫功能?

2. 中医药是否能够缓解放疗、化疗带来的副作用?

### （二）将临床问题转换成循证医学问题

运用循证医学 PICO 原则，将临床问题转化为 PICOS 模式。即根据研究对象（patient）、干预措施（intervention）、对照措施（comparison）、结局指标（outcome）四个要素应用检索词，进行初级检索和文献分析。

依据 PICOS 模式制定纳入与排除标准。本案例中患者（P）：肝癌患者；干预措施（I）：中医药疗法；对照措施（C）：空白对照、安慰剂对照、西药或任何非中医药疗法；结局指标（O）：包括生存率，以及生活质量、癌症患者免疫功能的各种生物学指标，或各种癌症并发症，如复发率、转移或是对于放化疗的副作用的干预。

## 三、文献检索

### （一）检索数据库的选择

Cochrane Library、PubMed、CNKI（中国知网，检索期刊论文和学位论文）、VIP（维普）、SinoMed（中国生物医学数据库）、万方（检索期刊论文和会议论文）。

### （二）确定关键词和制定检索策略

1. 肝细胞癌（hepatocellular carcinoma）OR 肝癌（liver cancer）OR 原发性肝癌（primary liver carcinoma）

2. 中医药（traditional Chinese medicine）OR 中药（Chinese herbal）OR 方剂（prescription or recipe or formulation）OR 补充替代医学（complementary and alternative medicine）

3. 随机对照试验（randomized controlled trial，RCT）OR 系统综述（systematic review）OR 系统分析（meta analysis）

4. #1 AND # 2 AND #3

### （三）检索结果

1. Cochrane Library 检索　根据循证医学对干预措施证据分级的标准，随机对照实验的系统综述是最高级别的证据，应先行检索。由于 Cochrane 协作网出版的系统综述是国内外公认的评价干预措施疗效的最佳证据来源，故首先检索 CochraneReviews（http://www.cochrane-library.com）。截止到 2017 年 6 月 Issue 5 of 12，May 2017，检索出 Cochrane Reviews 中相关的系统综述 24 篇，只有 1 篇是关于中药调节原发性肝癌肝动脉栓塞化疗患者不良反应的系统综述的撰写方案（protocol）。

2. PubMed 检索　检索了从 2000 年 1 月截止到 2017 年 6 月的中医药辅助治疗原发性肝癌的随机对照试验。检索结果发现 35 篇相关文献。阅读摘要后，排除体内和体外的实验研究、治疗肝硬化、手术后中医药治疗等文献，纳入 2 篇与本研究相关的英文文献。

3. VIP 和 CNKI 检索　在 CNKI 中检索到 2 篇由中国抗癌协会肝癌专业委员会，中国医疗保健国际交流促进会联合北方肝癌治疗专家委员会发布的专家共识意见，1篇由中华人民共和国卫生和计划生育委员会发布的原发性肝癌诊疗规范。

## 四、文献评价

### （一）Cochrane Reviews

仅检索到 1 篇系统综述的撰写方案（Li XQ，Zhou Q，Liu JP，Tao KM，Chen H，Ling C. Chinese herbal medicines for adverse events of transarterial chemoembolization in patients with primary liver cancer. Cochrane Database of Systematic Reviews, 2012（9）. 10.1002/14651858. CD010065），没有检索到其他关于中药辅助治疗原发性肝癌的系统综述，没有直接相关的可应用证据。

### （二）PubMed

纳入了2篇与本研究密切相关的随机对照的临床试验或系统评价。

[文献1]健脾理气汤缓解原发性肝癌患者肝动脉化疗栓塞术后栓塞综合征：随机、双盲、安慰剂对照的临床试验研究（Xu LT, Wang SY, Zhuang LP, et al. Jian Pi Li Qi Decoction Alleviated Postembolization Syndrome Following Transcatheter Arterial Chemoembolization for Hepatocellular Carcinoma：A Randomized, Double-Blind, Placebo-Controlled Trial. Integr Cancer Ther, 2016, 15（3）：349-357）该研究发表于2016年，由中国学者完成。采用随机、双盲、安慰剂对照的临床试验研究，纳入研究的140例研究对象为肝癌诊断标准明确，适合肝动脉化疗栓塞术的，未经过中药和任何系统性治疗的首次发病肝癌患者，美国东部协作肿瘤组（Eastern Cooperative Oncology Group, ECOG）评分标准为0~1分，肝功能Child-Pugh分级为A级或B级，患者的预期寿命至少为3个月。应用计算机随机数字法分为3组：非中药和安慰剂治疗组（A组），安慰剂治疗组（B组）和健脾理气汤（JPLQ（是具有健脾理气疏肝功效的补益方剂：茯苓、白术、党参、枳壳、生山楂、木通、陈皮））治疗组（C组）。肝动脉化疗栓塞术前服用1天，术后连续服用3天。试验开始前组间基线资料可比，疗效评价标准采用了安德森症状评估量表（MDASI），腋下温度和肝功能的指标，研究证据的真实性较好。

研究发现，肝癌患者经肝动脉化疗栓塞术后，栓塞后综合征（PES）引起的包括发烧、腹痛、疲劳、恶心、失眠、悲伤、食欲减退、困倦、口干、呕吐、便秘等不良反应的严重程度显著增加（$P<0.05$），服用JPLQ后，患者发烧、腹痛、疲劳、食欲减退、困倦、便秘7种症状明显减轻（$P<0.05$），组间差异有统计学意义。JPLQ能缓解肝动脉化疗栓塞术后栓塞后综合征的各种副作用，保护肝脏功能。

[文献2]中医药辅助治疗行肝动脉化疗栓塞术的非手术治疗原发性肝癌：随机对照试验的Meta分析（Cheung F, Wang XB, Wang N, et al. Chinese medicines as an adjuvant therapy for unresectable hepatocellular carcinoma during transarterial chemoembolization：a meta-analysis of randomized controlled trials. Evidence-Based Complementary and Alternative Medicine, 2013（2）：487919）是2013年发表的一篇关于中医药辅助治疗行肝动脉化疗栓塞术的非手术治疗原发性肝癌的系统评价，文献类型为随机对照临床试验，观察的主要结局指标为WHO实体瘤疗效（短期疗效），生存时间（6~32月，长期疗效），次要结局是肿瘤患者生存质量（卡氏评分，KPS），TACE不良反应（短期疗效），中药的不良事件。设定纳排标准，由2名研究员进行独立的筛选和评估，有不同意见时由第三位研究员讨论解决，选用Cochrane风险评估工具对获取的文献进行评价。最终纳入67篇文献，纳入受试对象共5211人（研究样本最低25人，最高236人）。纳入研究的文献中，只有15篇研究报告了分配序列的生成方法，其余52篇研究只在文中提及了随机分配，没有说明具体方法，纳入研究文献的偏倚风险较高。

Meta分析结果表明，58项研究（4482名受试对象）证实中医药辅助治疗行TACE组（联合治疗组）与TACE组相比，在改善实体瘤疗效方面作用显著（相对危险度RR=1.33；95% CI 1.25~1.41；$P<0.00001$）；32项研究（3038名受试对象）证实联合治疗

组与 TACE 组相比,能显著提高受试对象 6、12、18、24 及 36 个月的生存率[RRs(95% CI)1.12(1.07～1.16),1.39(1.31～1.48),1.89(1.44～2.49),1.75(1.55～1.97), 2.51(1.97～3.19)];全部 $P<0.00001$;36 项研究(477 名受试对象)进行了 KPS 评分检测,在改善肿瘤患者生存质量方面,联合治疗组与 TACE 组相比,生存质量方面得到改善(MD＝9.12;95%CI 4.17～14.07);在 TACE 不良反应方面,联合治疗组与 TACE 组相比,12 项研究结果显示恶心、呕吐、丙氨酸转氨酶(ALT)升高、骨髓抑制这些不良反应得到抑制(RRs(95%CI)＝0.86(0.76～0.96),0.61(0.04～0.93),0.71(0.58～0.86));中药的不良事件报道很少,只有 3 项研究(4%)涉及,其中报告轻度发热 2 例,头晕 1 例,胃肠道不适 28 例,轻度皮肤瘙痒和皮疹 3 例,上述症状经治疗后都能得到缓解或恢复。结论:中医药配合 TACE 治疗非手术型肝癌患者能够提高患者生存期,提高患者生活质量,缓解 TACE 的副作用。但本研究纳入的文献质量普遍偏低。

### (三) VIP 和 CNKI

在 CNKI 中检索到的 3 篇相关文献,可供临床参考。

[文献 3]杨秉辉,丛文铭,周晓军,等. 原发性肝癌规范化诊治专家共识[J]. 临床肿瘤学杂志,2009,3:259-269.

[文献 4]原发性肝癌诊疗规范(2011 年版)[J]. 临床肿瘤学杂志,2011,(10): 929-946.

[文献 5]郝纯毅. 北方肝癌治疗专家委员会肝细胞癌诊疗共识(草案)[J]. 肝癌电子杂志,2014,(1):1-13.

这三篇文献是我国应用国内外的符合循证医学原则的高级别证据,制订符合我国国情的原发性肝癌的诊疗标准与诊疗共识。文献中指出,中医在整体观念下,根据患者的全身特点辨证论治,可以适用于各型各期肝癌。中医药有助于减少放、化疗的毒性,改善癌症相关症状和生活质量,可能延长生存期,可以作为肝癌治疗的重要辅助手段。现代中药制剂早期的实验和临床研究比较薄弱,为进一步提高原发性肝癌的规范化综合治疗和研究水平,现代中药制剂治疗原发性肝癌相关研究要注重规范性和可重复性,提供高级别的循证医学证据。应该进行中药制剂治疗肝癌的大规模、多中心、随机对照研究。

## 五、结果应用

循证医学制定临床决策的依据是将最佳证据、临床经验及患者的价值观进行综合考虑。对获取的文献进行评价后,通过分析患者的情况与研究证据中纳入的患者是否相似,分析干预措施的可行性,治疗措施对患者的利害关系,并考虑患者的价值观及对疗效的期望后,结合临床实际应用证据,做出临床决策。

根据以上研究结果,本案例中患者的情况与研究证据中纳入的患者相似,文献检索和评价的结果提示中医药在提高肿瘤患者生存质量、减轻放疗和化疗的毒副作用、增强患者的免疫功能和改善患者精神状态等方面有一定的作用。综合利害分析与患者及家属沟通,解释患者及家属存在的疑虑,虽然纳入分析的文献存在发表偏倚、质量偏低等不足,但结合医生的临床经验,仍建议患者应用中医药辅助治疗肝癌,改善癌症相关症状和生活质量,可能延长生存期。

### 六、效果评价

中医药在肿瘤的综合治疗中起着重要的辅助作用,能改善癌症相关症状和患者的生活质量。扶正培本和带瘤生存是中医药治疗肿瘤的贡献和优势,但现代中医肿瘤基础理论体系仍需进一步完善。近些年,中医药在西方国家的接受程度也逐步提高,其在肿瘤治疗中的作用得到了美国国立癌症研究所(NCI)补充与替代医学办公室、美国国立卫生研究院(NIH)等很多研究机构的关注和认可,在美国的调查显示,453名受访的癌症患者中,76.6%患者选择在接受常规治疗的同时使用中草药或维生素等营养补充剂治疗。

在中国,研究资料表明,相当一部分肝癌患者选择接受中医药辅助治疗减轻放化疗的副反应,提高机体免疫力,或用中医药治疗各类并发症,预防癌症的复发和转移,但中医药治疗肿瘤的疗效仍有待进一步评估。通过引入循证医学的研究方法,指导和规范中医药治疗肿瘤的临床科研,开展更多的实用性随机对照或队列研究,提高科研设计的方法和报告的质量,为临床决策提供依据,推动中医药治疗肿瘤走向现代化和国际化的进程,走出国门,造福人类。

## 第四节　中医药治疗脑血管病循证实践案例分析

脑血管疾病因其发病率、致残率、病死率高,已成为危害人类健康的主要疾病之一。脑出血占全部脑卒中的10%~30%,脑出血急性期病死率为30%~40%,是急性脑血管病中最高的。有资料显示脑出血发病人群有年轻化趋势,发病率和死亡率有逐年上升的趋势,给个人、家庭和社会带来巨大精神压力和沉重经济负担。中医药在脑血管疾病治疗方面突出整体观念,辨证论证的特色,并且研发了不少安全可靠,疗效确切的中药。随着中医药大量的病例观察、随机对照等研究的涌现,目前已在中医药领域对脑血管病的治疗进行了一些循证评价,本章以脑出血为例进行说明。

### 一、临床情景

孙某某,男,63岁,因"右侧肢体瘫,言语謇涩8小时"收入院。既往高血压病史15年,最高血压达200/110mmHg,否认冠心病、糖尿病、脑梗死病史,否认肺结核、肝炎等传染病史,否认外伤手术史,无食物过敏史,无药物过敏史。入院时查:T:35.4℃,P:82次/分,R:18次/分,BP:162/99mmHg。神经系统查体:意识清楚,不完全运动性失语,概测智能正常,双侧瞳孔等大同圆,对光反射灵敏,直径约3mm,双眼球活动自如,伸舌右偏,右侧肢体肌力0级,左侧肢体5级,右侧肢体肌张力减弱,左侧肢体肌张力正常,右侧巴氏征阳性,脑膜刺激征阴性。舌质黯红,舌苔白腻,脉弦滑。CT检查示:左侧丘脑出血,出血量约15ml。中医诊断:中风,中经络,风阻络;西医临床诊断:脑出血;高血压3级(很高危)。

### 二、提出问题

该患者诊断明确,符合脑出血内科保守治疗适应证。脑出血的西医常规治疗以降低颅内水肿,降压,处理并发症等对症治疗为主。中医认为脑出血属于"出血性中风",在常规西医治疗的基础上,运用中医药辨证论治之法,药物中包括活血化瘀药物。因此,患者及家属存在顾虑,询问医生急性期应用活血化瘀药物是否会增加出血量导致病情加重? 如何回答患者及家属提出的问题? 首先,临床医生根据循证医学的原则,将患者及家属提出的问题转换 PICO 模式。即研究对象(patient)、干预措施(intervention)、对照措施(comparison)、结局指标(outcome)(表 11-1)。

表 11-1　构建临床问题

| patient | 脑出血患者 |
|---|---|
| intervention | 活血化瘀方药+西医常规治疗 |
| comparison | 西医常规治疗 |
| outcome | 血肿吸收情况,神经功能缺损、不良反应 |

### 三、文献检索

首先确定文献数据库,明确检索来源,力求尽可能全地搜集文献资料。数据库选择包括:Cochrane Library、Clinical Evidence、PubMed、EmBASE、中国生物医学文献数据库(Sino Med)、中国期刊全文数据库(CNKI)、维普数据库(VIP)、万方数据资源系统。同时手工检索学术会议论文集。目前随机对照试验的系统综述是高级别证据,故优先检索。如不能获得随机对照试验系统评价证据,可依次检索单个发表随机对照试验文献、非随机的临床对照试验、观察性研究等。

检索全部数据库,获得一篇中文系统综述。刘泰等 2015 年发表的"活血化瘀法治疗急性脑出血的系统综述",共纳入 22 个研究 2453 例患者。研究结果表示:与西医常规治疗组相比,活血化瘀法治疗急性脑出血总有效率(RR = 1.25,95% CI 1.08 ~ 1.45,$P = 0.003$),提示活血化瘀药物治疗急性脑出血有效率优于对照组。神经功能缺损评价方面,与对照组相比,活血化瘀法治疗急性脑出血神经功能改善(SMD = 0.96,95% CI 0.57 ~ 1.34,$P < 0.00001$),提示使用活血化瘀法治疗急性脑出血促进神经功能改善。在促进血肿吸收方面(SMD = 1.04,95% CI 0.907 ~ 1.18,$P < 0.00001$),说明活血化瘀法治疗急性脑出血与对照组比较,可促进血肿吸收。

根据以上结果,暂时可以回答患者及患者家属提出部分问题,应用活血化瘀法治疗急性脑出血可改善神经功能缺损,促进血肿吸收,总体有效。但上述系统评价由于纳入文献报告不良反较少,且纳入研究为发病 7 天内,未明确说明服用活血化瘀药物的具体时间,故不能回答是否增加出血风险的临床问题,故应再次检索文献或制作系统评价。

### 四、文献评价

活血化瘀法治疗脑出血急性期,尚未在 Cochrane Library、Clinical Evidence、PubMed、Embase 等英文文献数据库中检索到系统评价或随机对照试验。循证医学文献质量评价应从内在真实性、外在真实性以及临床适用性三个方面进行评价。上述系统评价,提出问题基于 PICO 原则,针对临床问题选择多个数据库进行了系统全面的文献检索。对纳入原始研究根据 Cochrane 评价手册对其随机分组方法、是否使用盲法、是否分配隐藏、基线是否可比、是否统计分析了所有纳入研究的对象等进行了说明，研究结果能够反映被研究对象的真实状态。研究证据的适用性，是指其是否具有临床应用的价值。不同的临床问题临床适用性的评价指标不同。检索到的系统评价，结论提出活血化瘀法治疗出血性中风可改善神经功能缺损，促进血肿吸收，但其未能说明脑出血急性期患者应用时间段和应用后是否会增加出血的风险，故不能适用于此临床问题。

目前中医药治疗脑血管病的随机对照试验还存在较多缺陷，主要有以下问题：

1. 随机分配质量问题　随机分配是减少和控制偏倚的重要手段，可影响临床试验结果的真实性。由中医药治疗脑出血的临床研究文献中发现：大多数文献只简单随机分为治疗组和对照组，少数文献能够详细描述随机分组方法；随机化概念不清楚，错误地将"半随机、假随机"当作随机；随机分配比例差异较大，试验组和对照组之间的病例数差异大，随机化缺乏真实性；现有报道文献一般未详细描述是否使用随机分配隐藏。

2. 盲法　盲法在临床试验中主要目的是减少受试对象和试验者的主观选择性偏倚，目前临床研究中应用双盲的试验较少，文献中少有描述如何设盲、揭盲及实施盲法的过程，多数在文献中只简单记录应用了单盲还是双盲。

3. 样本量估算　目前发表的原始研究中只有少数提及了样本量估算，但估算的基本条件和估算方法往往少有提及。

4. 基线是否可比　基线说明的是试验开始前研究者的基本情况，如果基线资料差异较大，其结果可比性较差。现有原始研究中部分文献只提及"具有可比性"的简单描述，少有资料进行统计分析比较说明，故难以判断均衡性的好坏。

5. 诊断、纳入、排除标准　严格的诊断、纳入、排除标准能够减少偏倚的产生。绝大部分文献有明确的诊断标准，部分文献未提及纳入标准和排除标准。

6. 意向性分析和随访　将纳入研究中所有退出、失访的患者均作为统计分析对象，以避免夸大疗效情况的发生，现有原始研究中，少部分文献能够描述退出、失访和剔除的病例，较少部分进行意向性分析。

7. 记录不良反应　大部分临床研究重视临床疗效，少部分文献能够提及不良反应，或提及不良反应也无明确记录。

8. 统计分析　统计学方法的乱用使得不能清楚地了解治疗组和对照组两种干预措施是否存在差异，部分文献中未明确提出应用何种统计学方法，或没有采用合适的统计学方法处理，使人无法判断其统计方法的正确性，其结果可靠性失去真正意义。

### 五、结果应用

由以上结果分析，可以告知患者及其家属，目前仅有活血化瘀药物治疗脑出血低质量研究证据，证据无更新的二次研究证据建议针对本例患者应用本证时，结合医生的经验和患者应用活血化瘀药物治疗的意愿酌情考虑。

### 六、效果评价

在中医药治疗脑血管病方面，活血化瘀法贯穿治疗始终。研究结果显示：应用活血化瘀药物辨证治疗对脑出血急性期患者有一定疗效,应用的时间点有待进一步深入研究。现有资料虽不能对急性期应用活血化瘀方药治疗脑出血是否安全做出明确结论,但认为在急性期内可以改善患者神经功能缺损,促进血肿吸收。故活血化瘀药物应用于急性脑出血是否会增加出血风险,有待于进一步评估。

# 第五节　中医药治疗肠易激综合征循证实践案例分析

肠易激综合征(irritable bowel syndrome,IBS)是一种以腹痛或腹部不适伴排便习惯改变为特征的功能性肠病,该病缺乏可解释症状的形态学和生化学异常。肠易激综合征发病率很高,是一种最常见的功能性肠病。各地研究的报道显示 IBS 是一种世界范围内的多发病,我国城市的患病率约为 5%,在欧美国家则为 10%~20%。本病可发生于任何年龄,但以青壮年为多,多数研究显示女性发病率高于男性。一般认为 IBS 是一种多因素引起的疾病,其病因和发病机制尚未完全阐明。IBS 的病理生理学基础主要是胃肠动力和内脏感知异常,而造成这些变化的机制尚未完全阐明,已知心理社会因素与 IBS 发病有密切关系。

IBS 主要临床表现是腹部不适或腹痛,与排便相关。IBS 罗马Ⅲ诊断标准:反复发作的腹痛或不适,最近 3 个月内每个月至少有 3 天出现症状,合并以下两条或多条:①排便后症状改善;②发作时伴有排便频率改变;③发作时伴有粪便性状(外观)改变。诊断前症状出现至少 6 个月,近 3 个月满足以上标准。

中医学无"肠易激综合征"这一病名,根据主要临床表现,目前多将其归属于"泄泻""便秘""腹痛""肠郁"等疾病范畴。西医主要的治疗方式为心理行为疗法和药物治疗,但西药治疗作用单一,并不能针对其复杂的病理生理机制解决多样的临床症状,中医药方法治疗 IBS 主要是个体化的辨证论治,通过整体调节达到一定的治疗效果。

## 一、临床情景

刘某,女,32 岁,因"反复下腹痛、腹泻 3 年,再发 1 个月"来门诊就医,3 年内做结肠镜 3 次,均未发现明显异常,近 1 周内大便常规检查阴性,大便培养阴性,结肠镜检查未发现明显异常,诊断为"肠易激综合征"。患者过去一直服用西药对症治疗,近半年来加服了抗抑郁药,但疗效不佳,且医疗费用较大。因此,患者请求主治医生采用中医药治疗。主治医生需要进一步评价西药的治疗效果,了解中医药在治疗肠易激综合征的确切疗效。

## 二、提出问题

### (一)提出临床问题

通过详细分析本案例中患者的病情和治疗经过以及考虑患者的合理要求,可以认为患者的主要临床问题是西药治疗的效果不理想,且费用较大,中医药在治疗 IBS 中是否有确切的疗效? 治疗性研究的临床问题可以由患者提出,也可由医生根据具体的治疗情况提出,本案例是医生根据患者的治疗情况和意愿提出问题,希望能采用中医药治疗 IBS。面对这样一个临床初始问题,难以直接查到证据。因此,需要进一步将初始临床问题转换成为可以回答的临床问题,以便于获取相关的证据。

### (二)根据 PICO 原则将临床问题转化为循证问题

结合患者的具体情况,根据 PICO 原则,将初始临床问题进行分解,构建成四个要点如下(表 11-2):

表 11-2　构建临床问题

| 患者（P） | 干预措施（I） | 对照措施（C） | 结局指标（O） | 问题类型 | 设计类型 |
| --- | --- | --- | --- | --- | --- |
| 肠易激综合征患者 | 中医药 | 安慰剂或西药 | 复发率、症状缓解程度 | 治疗 | RCT 或系统综述 |

通过表 11-2,可以将问题转换为"肠易激综合征患者使用中医药与安慰剂或西药相比,能否减少复发率和缓解症状?"

## 三、文献检索

一般情况下,检索文献应遵循证据金字塔自上而下的顺序逐级进行检索,常用的证据资源是临床实践指南、二次研究证据和原始研究证据。

1. 确定检索关键词和制定检索策略　通常检索词主要来源于 PICO 原则构建问题的四个要素。

(1)肠易激综合征(irritable bowel syndrome)。

(2)中医药(traditional Chinese medicine)OR 中草药(herbal medicine)OR 方剂(Prescription or recipe or formulation)OR 补充和替代医学(Complementary and alternative medicine)等。

(3)随机对照试验(Randomized controlled trial)OR 系统综述(systematic review)。

(4)#1 AND #2 AND #3。

2. 选择数据库。

(1)首先使用基于临床问题的循证医学数据库。

——NICE(The National Institute for Health and Care Excellence)

——NGC(National Guideline Clearinghouse)

——中国临床指南文库(China Guideline Clearinghouse,CGC)

——Cochrane Library

——Best Evidence(ACP journal club and evidence based medicine)

——Clinical Evidence

(2)如果未能获得相关证据,再使用原始研究数据库。

——PubMed

——EMBASE

——中国生物医学文献数据库(Chinese Biomedical Literature Database,CBM)

——中国知网(CNKI)

——万方数据知识服务平台

——维普中文期刊服务平台

3. 检索结果。

(1)从 NICE 中检索到与本病例密切相关的指南 1 篇。

　　[文献1]2015 NICE 临床指南:初级医疗中成人肠易激综合征的诊断与管理（CG61）（Clinical Guideline:Irritable bowel syndrome in adults:diagnosis and management（CG61））。

　　（2）从 Cochrane Library、Pubmed Clinical Queries、Clinical Evidence、Best Evidence 中,共检索到系统综述35篇,综合考虑患者临床问题的特殊性、文献发表时间以及研究方案设计的科学性,最后筛选了与本病密切相关的文献2篇。

　　[文献2]中草药对腹泻型肠易激综合征的疗效:随机、双盲,安慰剂对照试验的 Meta 分析（Zhu JJ,Liu S,Su XL,Wang ZS,Guo Y,Li YJ,Yang Y,Hou LW,Wang QG,Wei RH,Yang JQ,Wei W. Efficacy of Chinese Herbal Medicine for Diarrhea-Predominant Irritable Bowel Syndrome: A Meta-Analysis of Randomized, Double-Blind, Placebo-Controlled Trials. Evid Based Complement Alternat Med,2016:4071260. ）

　　[文献3]成人肠易激综合征传统和补充/替代疗法治疗指南（Yoon SL,Grundmann O,Koepp L,Farrell L. Management of irritable bowel syndrome(IBS)in adults:conventional and complementary/alternative approaches. Altern Med Rev,2011,16(2):134-151. ）

　　（3）检索 Pubmed Clinical Queries,共检出随机对照试验54篇,最后筛选了与本病密切相关的文献1篇。

　　[文献4]中医药辨证治疗腹泻型肠易激综合征多中心随机对照研究（Zhang SS,Wang HB,Li ZH. A multi-center randomized controlled trial on treatment of diarrhea-predominant irritable bowel syndrome by Chinese medicine syndrome-differentiation therapy. Zhongguo Zhong Xi Yi Jie He Za Zhi,2010,30(1):9-12. ）

　　（4）从 CNKI 中检索到2篇专家共识意见,可供临床参考。

　　[1]中国中西医结合学会消化系统疾病专业委员会. 肠易激综合征中西医结合诊疗共识意见[J]. 中国中西医结合杂志,2011,(5):587-590.

　　[2]张声生,李乾构,魏玮,来要良. 肠易激综合征中医诊疗共识意见[J]. 中华中医药杂志,2010,(7):1062-1065.

## 四、文献评价

　　[文献1]是 NICE 2015 年发布的初级医疗中成人肠易激综合征的诊断与管理指南,是对该指南2008版的更新,指南的主要目的是为 IBS 患者提供诊断标准,为 IBS 在初级保健中的临床和成本效益管理提供指导,确定转诊的临床适应证,同时兼顾成本效益等。指南中指出,对草药治疗 IBS 的文献评价表明,草药对控制 IBS 症状有积极作用,但证据是有限的,不足以提出建议。

　　[文献2]是2016年发表的一篇关于中草药治疗腹泻型 IBS 疗效的 Meta 分析,文献类型为随机对照双盲临床试验,观察的主要结局指标是全身症状改善情况,IBS 症状严重程度评分(SSS),次要结局指标是腹痛、腹泻的改善,内脏超敏反应评估,生活质量和不良事件。设定了的纳入排除标准,由2名研究员进行独立的筛选和评估,有不同意见时由第三位研究员讨论解决,选用 Cochrane 风险评估工具对获取的文献进行评价。纳入15篇文献,其中12篇期刊论文,3篇学位论文,1篇会议论文(其中有两篇文章为同一试验)研究共纳入受试对象1551人(对照组922人,治疗组629人)。

　　Meta 分析结果表明8项研究证实中草药在改善患者全身症状方面的疗效优于安

慰剂组（RR = 1.62;95% CI 1.31~2.00;$P < 0.00001$），有 6 项研究表明中草药组 IBS-SSS 显著降低（SMD = −1.01;95% CI −1.72~−0.30;$P = 0.005$），共 7 项文献报道了中草药对 IBS 患者腹痛（RR = 1.95;95%CI 1.61~2.35;$P < 0.00001$）、腹泻（RR = 1.87;95%CI 1.60~2.20;$P < 0.00001$）有明显改善作用，能够有效提高患者疼痛的阈值（MD = 54.53;95%CI 38.76~70.30;$P < 0.00001$），在患者生活质量改善方面两组相当（MD = −4.58;95%CI −14.29~5.13;$P = 0.36$），5 项研究表明无不良事件发生，10 项研究提及有头晕、恶心、轻度皮肤瘙痒等不良事件，但两组相比较，在不良事件发生率上差异无统计学意义。

[文献 3]是一篇 2011 年发布的成人肠易激综合征传统和补充/替代疗法治疗指南，制定本指南的专家比较全面地回顾并评价了高质量的单个中医药和针灸治疗肠易激综合征的临床研究。采用系统综述的原则，分别对单味中药、中药复方如痛泻要方等以及针灸治疗的文献进行了严格的筛选和评价。

指南虽然采用了单一研究文献的综合评价，但由于没有较多高质量的研究证据，所以并没有进行证据分级。专家在评价研究证据后推荐意见是:尽管设计良好的研究显示出中草药（无论是单味中药还是中药组合的复方制剂）在治疗 IBS 改善患者症状方面具有一定的疗效，但是这些疗法通常不能从根本上解决 IBS 的问题。

[文献 4]是一篇 2010 年发表在《中国中西医结合杂志》的中医药辨证治疗腹泻型肠易激综合征多中心随机对照研究。采用多中心、随机、单盲、对照的临床设计方案，纳入研究对象 360 例，随机分为 2 组，分别用中药辨证论治和西药匹维溴胺治疗对比。试验开始前组间基线资料可比，疗程 4 周，疗效评价标准采用了 IBS 病情变化积分（BBS 病情变化积分表）、IBS-D 大便性状问卷。研究证据的真实性较好。

研究结果表明，中医药辨证治疗腹泻型 IBS 在腹痛程度积分、排便满意度积分、生活干扰积分以及 BBS 总积分 4 个方面优于西药组（$P < 0.01$，$P < 0.05$）;中药和西药的总有效率分别为 93.8%（165/173）和 81.3%（143/172），组间差异有统计学意义（$P < 0.01$）。单项症状腹痛的评价总有效率分别为 86.1%（149/173）和 70.3%（121/172）;大便性状疗效评价中药组在排便次数、10 天中排便急迫感的天数和 Bristol 大便性状分型等 3 方面均优于西药组（$P < 0.01$，$P < 0.05$）。中医辨证论治腹泻型 IBS 显示出较好的疗效。

## 五、结果应用

对所查找到的证据进行严格评价后，应该结合临床实际应用证据，做出临床决策。首先，判断案例患者与研究证据中患者情况是否存在差异，获取的 Meta 分析和 RCT 研究表明，中草药能够改善 IBS 患者腹痛、腹泻等临床症状，本节案例中的患者与证据中的患者情况相似，因此研究证据结果适用于该患者;其次，判断研究证据的治疗方法是否适用于现实环境，目前患者应用中草药在中国应用普遍，且患者应用西药疗效差，主动要求使用中草药治疗，患者具有较好的依从性，能够配合治疗、及时随访及观察用药情况;第三，判断应用防治措施后患者是否收益，相关研究证据表明中草药能够改善患者临床症状，且未见严重不良反应的报道，因此患者使用中草药治疗利大于弊。在治疗期间，应密切观察病情变化，随时调整治疗的方药，并进行后效评价，以提高治疗效果。

笔记

## 六、效果评价

患者连续服用中药汤剂 2 月后,腹痛症状减轻,腹泻次数减少,未见明显不良反应。应继续动态观察患者的症状、体征及药物不良反应情况,定期随诊,随时调整用药,进一步评估疗效。

# 第六节　中医药治疗儿童过敏性紫癜
# 循证实践案例分析

过敏性紫癜(anaphyla purpura,AP,亦称 Henoch-Scholein purpura,HSP)是一种全身性系统性变态反应性小血管炎,以非血小板减少性紫癜、关节炎或关节痛、腹痛、胃肠道出血及肾炎为主要表现,是儿童时期常见的血管炎之一。也有认为过敏性紫癜是一种由多原因作用于有特殊遗传背景的敏感个体,由 IgA 介导,累及多个系统的全身性系统性血管性炎症。该病的病因和发病机制迄今尚未完全明确。过敏性紫癜的发病率,国外有报道为 20.4/10 万。2008 年 Ankara 欧洲抗风湿大会年会提出的过敏性紫癜的诊断标准:①下肢紫癜和瘀点;②腹痛;③组织切片示有 IgA 沉积;④关节肿或关节痛;⑤肾脏受累。上述①是必备,加其他 4 条中任意 1 条,诊断即成立。根据临床表现特点把 HSP 分为 5 种类型,即皮肤型、关节型、腹型、肾型和混合型。肾脏受损的程度是决定 HSP 远期预后的关键。在过敏性紫癜病程 6 个月内,出现血尿和(或)蛋白尿,称为"紫癜性肾炎"。

古代虽未见"紫癜"病名,但当属于中医学"血证"范畴。古代书籍中所记载的病名多以"肌衄""斑疹""葡萄疫""斑毒""紫癜风"等。对本病的西医治疗主要包括针对病因、对症支持治疗、肾上腺糖皮质激素、免疫调节几个方面。中医强调在辨证论治的基础上辨清标本虚实,再根据出血部位和程度以及伴随症状辨轻重。治疗原则初期宜祛除风热、湿热外邪,清热凉血;恢复期常用益气、滋阴以止血。通过辨证论治达到一定的治疗效果。

## 一、临床情景

患儿张某,男,5 岁。

主诉:双下肢皮疹 5 天,腕、踝关节肿痛、腹痛 2 天。

现病史:患儿 5 天前无明显诱因出现双下肢、臀部红色斑疹。不伴咳嗽、发热,无活动受限。在当地诊所就诊,诊断为"湿疹",予外用药外涂(药名不详),效差,斑疹未消退。2 天前,患儿出现腕、踝关节肿痛,阵发性腹痛,偶有呕吐,无呕血、便血。纳差,二便调。为进一步诊治来门诊就诊。

既往史:患儿 1 周前有感冒病史。否认过敏史。

家族史:否认家族遗传病史。

查体:体温:36.9℃,脉搏:80 次/分,呼吸:18 次/分,血压:90/70mmHg。精神倦怠,双下肢密集分布红色斑疹,大小不等,融合成片,臀部散在分布红色斑疹,皮疹对称分布,稍突出皮面,压之不褪色,无痛、痒,疹间皮肤正常。咽部充血,双侧扁桃体无肿大,口腔黏膜光滑,两肺听诊呼吸音清,心音有力,律齐,各瓣膜听诊区未闻及杂音。腹肌无紧张,脐周压痛明显,无反跳痛,肝脾未触及肿大。移动性浊音阴性,肠鸣音稍活跃。双腕、踝关节肿痛明显。神经系统未见异常。舌质红,苔薄黄。

辅助检查:血常规:WBC $10.92×10^9$/L;RBC $4.39×10^{12}$/L;Hb 126g/L;PLT $280×10^9$/L;L 12.7%;N 80.8%,C 反应蛋白 20.0mg/L。尿常规:红细胞 0/HP;大便常规:阴性,凝血功能:正常。血生化:正常范围。肾脏早期损害四项:正常,NAG 酶:正常。免疫球蛋白 IgA 升高。补体:正常。食物不耐受:未见异常。自身抗体:均阴性。腹部彩超:未见异常。

临床诊断:过敏性紫癜(皮肤型、腹型、关节型)。

## 二、提出问题

1. 是否可以在西医常规治疗基础上联合中药治疗本病?
2. 在西医常规治疗基础上联合中药是否能减轻或延缓肾损害?

## 三、文献检索

进行文献检索前先将遇到的临床问题转化为 PICO 模式。即将检索问题转化为:研究对象(patient)、干预措施(intervention)、对照措施(comparison)、结局指标(outcome)。

为了回答上述临床问题,应按照以下顺序检索现有证据。

### (一) Cochrane 图书馆检索

Cochrane 图书馆中收录的系统综述是方法学水平较高的系统综述证据,是对已经发表的原始研究的科学汇总、评价和总结。截止到 2017 年 6 月 Issue 5 of 12, May 2017,以 " Henoch Schonlein purpura " 为检索词 ( search all text ),检索出 Cochrane Reviews 文章 13 篇,只检索到 1 篇关于防治过敏性紫癜肾损害干预的系统综述。

检索出其他综述(Other Reviews)5 篇,其中紫癜性肾炎 3 篇,中药丹参制剂预防过敏性紫癜的肾损害的系统综述 1 篇,防治紫癜性肾炎的系统综述 1 篇。

以"Henoch Schonlein purpura"为检索词(search all text)检索出临床试验(trials)58 个。其中紫癜性肾炎的试验 14 个(包括 1 个重复收录),中药治疗紫癜性肾炎的试验 8 个,西药治疗过敏性紫癜 19 个,中药治疗过敏性紫癜的临床试验 6 个,成人过敏性紫癜临床试验 2 个,不相关研究 2 个,关于过敏性紫癜的基础研究 6 个,刺络疗法联合西药治疗紫癜性肾炎 1 个(评价的具体内容详情见后)。

Cochrane 图书馆中没有检索到关于中药治疗儿童过敏性紫癜的系统综述,没有直接相关的可应用证据。

### (二) PubMed

在 PubMed 里检索中药治疗儿童过敏性紫癜的随机对照试验。

检索词 Henoch Schonlein purpura,children,herbal-medicine,randomised。检索结果发现 4 篇相关文献,3 篇发表在中文期刊上。经过中文数据库进一步阅读,1 篇丙球冲击疗法治疗儿童急性过敏性紫癜的临床疗效的研究,2 篇与本研究相关的随机对照研究。1 篇关于中药治疗儿童过敏性紫癜(无肾脏损害)的系统综述,发表在英文杂志上。评价的具体内容见下文。

### (三) VIP 和 CNKI

在 VIP 和 CNKI 中检索中药治疗儿童过敏性紫癜的随机对照研究。检索词:"中药""中草药""植物药""过敏性紫癜""儿童""随机"等。最终入选 1 篇相关性较好的随机对照试验。

## 四、文献评价

### （一） Cochrane 图书馆检索到的系统综述和临床试验

1. Cochrane Reviews　检索到 1 篇系统综述（Hahn D，Hodson EM，Willis NS，Craig JC. Interventions for preventing and treating kidney disease in Henoch-Schönlein Purpura（HSP）.Cochrane library，7 August2015./DOI：10. 1002/14651858. CD005128. pub3），该研究表明，在随机对照研究中使用强的松或抗血小板凝集药物，不能预防和延缓过敏性紫癜儿童的持续肾损害的发生。其他是关于胃肠道出血症的止血方法 1 篇、成人肾脏血管炎 1 篇、IgA 肾病 2 篇、儿童肾病综合征 2 篇以及其他与过敏性紫癜不相关系统综述 6 篇。

2. Other Reviews　检索出其他的系统综述（Other Reviews）5 篇，其中紫癜性肾炎 3 篇，中药丹参制剂预防过敏性紫癜的肾损害的系统综述 1 篇，防治过敏性紫癜的肾脏疾病的系统综述 1 篇。

3. Trials　检索出的临床试验（trials）有西药治疗过敏性紫癜的试验 19 个。西药包括有人血免疫丙种球蛋白、强的松片、孟鲁斯特咀嚼片、肝素、Ⅷ因子、强力宁、氢化泼尼松片、雷尼替丁等。中药治疗过敏性紫癜的临床试验 6 个。经过全篇阅读，2 个是中药治疗过敏性紫癜的临床研究，4 个是中西医结合治疗儿童过敏性紫癜肾损害的临床研究。

### （二） PubMed 检索到的 4 篇文献或系统综述

［文献 1］（Zhao H，Dou ZY，Li YQ，et al. Preventive effect of integrative medical therapy on children Henoch-Schonleln purpura with renal impairment. CJITWM，August 2004，Vol. 24，No. 8）

该研究发表于 2009 年，由中国学者完成。该研究入选患者为尿常规、尿 12 h Addis 计数、肾脏 B 超检查均正常的过敏性紫癜（HSP）首次发病。患儿 120 例，用随机数字表法分为中西医结合组（治疗组）及常规治疗组（对照组）。对照组采用一般治疗：卧床休息，不致敏物质；予抗过敏药物、改善血管脆性药物、增加血小板环腺苷酸等西药治疗，剧烈腹痛者给予消旋山莨菪碱（654-2）或短期泼尼松治疗，有消化道出血者给予甲氰咪胍静脉滴注。治疗组在对照组治疗基础上，给予中药三黄清血饮（自拟方：黄芪、生地黄、黄芩、赤芍、牡丹皮、紫草、槐花、水牛角粉、蝉蜕、甘草，为中药配方颗粒），每天 1 剂，水冲服，分早晚两次服用，6 岁以下者剂量减半。7 天为 1 个疗程，共治疗 2~4 个疗程。观察指标为治疗前后腹痛、关节痛、紫癜消失时间及复发情况（紫癜在 6 个月内出现≥2 次为复发）。患儿治疗前查血、尿常规、肾功。治疗后第 1 个月每周复查尿常规，第 2 个月每 2 周复查尿常规，此后每月复查 1 次尿常规。治疗前及治疗后 1、6 个月复查血浆内皮素-1（ET-1）、尿 $\beta_2$ 球蛋白（$\beta_2$-MG）、尿白蛋白（Alb）、尿免疫球蛋白 G（IgG）。研究表明，治疗组皮肤紫癜、关节症状、胃肠道症状消失时间明显短于对照组，差异均有统计学意义（$P<0.01$）。两组治疗前及对照组治疗 1 个月后血浆 ET-1、尿 $\beta_2$-MG、Alb 及 IgG 与健康组比较差异均有统计学意义（$P<0.05$，$P<0.01$），治疗组治疗 1 个月后血浆 ET-1、$\beta_2$-MG、Alb 及 IgG 与对照组同期比较，差异有统计学意义（$P<0.05$，$P<0.01$），与健康组比较，差异无统计学意义（$P>0.05$）。治疗组治疗 6

笔记

个月后与对照组同期比较差异亦有统计学意义($P<0.05$),与健康组比较,差异无统计学意义($P>0.05$)。显示治疗组血浆 ET-1、尿 $\beta_2$-MG、Alb、IgG 的降低较对照组更为明显。治疗组 60 例中 1 年内有 8 例复发,发生率为 13.3%;对照组 60 例中有 18 例复发,发生率为 30.0%。未报告不良事件。该临床试验表明在西医一般治疗基础上,加用中药(清热解毒凉血药)治疗过敏性紫癜的疗效得到了有效的证据。

[文献 2]该研究是 1 篇半随机对照文章。(Liu CS, Gong ZZ, Xiang SH. Chincal study on integrative Chinese and Western medicine in treating allergic purpura and preventing renal impairment. Zhongguo Zhong Xi Yi Jie He Za Zhi,2004,24(8):701-703)

该研究发表于 2004 年,由中国学者完成。文献中对随机分组的描述是入院后按入院顺序编号,单号入治疗组,双号入对照组。方法学的角度来看,不是真正的随机对照研究。

[文献 3]该研究是 1 篇随机对照研究。(Jia WC, Zhang YC, Wei AP, et al. Immune functional changes in patients of acute Henoch-Schonlein purpura and regulatory effect of integrated Traditional Chinese and Western medicine on it. Zhongguo Zhong Xi Yi Jie He Za Zhi,2001,21(8):585-587)其中入选患者中包含便血、尿蛋白、尿潜血阳性患者,即已经有肾损害的患者,由于纳入试验对象的临床异质性,所以其结果和结论不能为本实例的临床决策提供直接的参考文献。

[文献 4]该文献是 1 篇系统综述。(Yang Y, Wang C, Li X, et al. Chinese herbal medicine for Henoch-Schönlein purpura in children without renal damage:a systematic review of randomized controlled trials. Complementary Therapies in Medicine,2015,23(5):741-750)该系统综述是对中药治疗儿童过敏性紫癜(无肾损害)的系统综述。共纳入 15 个随机对照试验,儿童过敏性紫癜(无肾损害者)1112 例(年龄 1～16 岁),病程 1 天～3 月。在基础治疗基础上,加用口服中药,减少肾损害的发生(6 项试验,RR 0.47,95% CI 0.31～0.72,$I^2=0$%)。缩短紫癜消退时间(天)(5 项试验,MD-3.60,95% CI -4.21～-2.99,$I^2=23$%),关节疼痛消退时间(5 项试验,MD-1.04,95%CI-1.33～-0.74,$I^2=1$%),腹痛消退时间(5 项试验,MD-1.69,95% CI -2.51～-0.86,$I^2=74$%)。结论:在常规基础治疗上,加口服中药(解毒凉血药),可以减少肾损害和缩短皮肤紫癜消退时间,可能缩短腹痛和关节痛消退时间。根据取得的安全数据,没有可靠的安全结论。但是证据的质量减少了结论的强度。

### (三) VIP 和 CNKI

在 VIP 和 CNKI 中,检索到的相关性较好的随机对照试验,就是在 Pubmed 中检索到的文献 1。

## 五、结果应用

综合以上文献检索和评价的结果,发现 1 篇关于中药(以解毒凉血药为主)对儿童过敏性紫癜的系统综述,该系统综述纳入的是患有过敏性紫癜尚无肾脏损害的儿童。从其结果来看,在常规对症治疗基础上,加用口服中药,可以减少肾损害和缩短皮肤紫癜消退时间,可能缩短腹痛和关节痛消退时间。根据取得的安全数据,没有可靠的安全结论。但证据的质量减弱了结论的强度。与本研究临床情景较为接近的一篇研究(Zhao 2009)提示:在常规基础治疗上,加口服中药(清热解毒凉血药为主),可以减少肾损害和缩短皮肤紫癜消退时间,可能缩短腹痛和关节痛消退时间。但本研究未报告不良事件。

## 六、效果评价

根据以上研究结果,因为系统综述中纳入试验的方法学质量等级较低,虽然系统综述的结果显示,在常规对症治疗的基础上,加用口服中药,可以减少肾损害的发生,缩短皮肤紫癜消退时间,可能缩短腹痛和关节痛消退时间,但证据的适用时限为数年前,无更新的二次研究的证据。目前没有确切的证据表明在儿童过敏性紫癜的早期给予中药可以减少肾损害的发生,但是在缓解临床症状,可能有益。建议针对本例患者应用本证据时,可以结合医生的经验和患者的就诊意愿,根据具体情况酌情使用。在西医基础常规治疗基础上,加用中药口服治疗儿童过敏性紫癜的效果评价,有待进一步评估。

### 学习小结

#### 学习内容

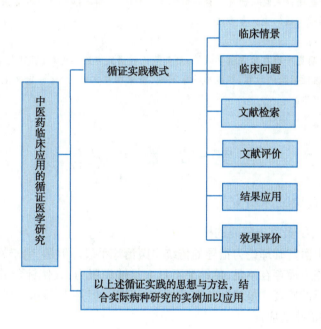

#### 学习方法

高度利用网络资源,注重理论与实践相结合,以心脑血管疾病、肿瘤、糖尿病、肠易激综合征以及儿童过敏性紫癜的中医药治疗为实例,学会将循证的思维模式应用于中医药临床实践和科研中。

（郑景辉　张亚军　董秀　王健　王永刚　杨颖）

#### 复习思考题

如何围绕中医药治疗某具体病种的临床问题开展循证实践?

# 第十二章

## 中医非药物疗法循证实践案例分析

**学习目的**

通过对针灸、拔罐、太极等非药物疗法临床研究、系统综述及指南研发的现状的介绍,了解当前中医非药物疗法临床研究中存在的方法学缺陷,了解其临床科研的方法学进展,掌握非药物疗法循证实践的模式与方法。

**学习要点**

针灸临床研究中存在的方法学缺陷;针灸临床科研的方法学进展;以针灸治疗急性脑梗塞为例,学习循证实践的过程,即提出临床问题,检索相关文献,严格评价文献,应用研究结果,评价实践效果。

## 第一节 概 述

### 一、循证针灸临床研究的现状

#### (一)循证针灸临床研究的概况

针灸是以中医基础理论为指导的传统中医治疗手段。但是,由于许多针灸临床研究在设计和实施方面存在不足,使结果不具有足够说服力,致使针灸的临床疗效受到来自国际医学界的质疑。虽然针灸在我国广泛使用,但是 1979 年世界卫生组织仅承认针灸有 43 种治疗适应证。

从 20 世纪 90 年代初,我国的针灸研究者就开始学习、借鉴循证医学的理论和方法,开展针灸临床实践和研究。近年来,在针灸领域运用循证医学方法开展针灸临床研究已成共识,2008 年成立了中国针灸学会循证针灸学专业委员会,2009 年梁繁荣主编的《循证针灸学》公开出版。

#### (二)针灸临床系统综述与 Meta 分析

系统综述与 Meta 分析被公认为评价临床疗效,制订临床指南和规范的基石;而且在针灸临床研究和实践中扮演着越来越重要的角色。开展针灸系统综述与 Meta 分析研究可对针灸防治病症的有效性、安全性和社会经济效益等做出较为客观的评估,为针灸相关决策提供高级别证据,也可为进一步开展高质量的针灸临床研究在方法学上提出建议。

2002 年《中国针灸》发表了国内第一篇针灸治疗面瘫的系统综述论文,2002 年

《成都中医药大学学报》刊登了关于针灸治疗中风偏瘫的 Meta 分析文章,至 2017 年 7 月已有系统综述和 Meta 分析 1300 余篇,涉及各种痛症、中风、头痛、化疗后白细胞减少症、焦虑症、老年性痴呆、慢性前列腺炎、中风后抑郁症、椎—基底动脉供血不足综合征、慢性疲劳综合征、肠易激综合征、亚健康、哮喘、糖尿病、原发性三叉神经痛、失语症、慢性浅表性胃炎、颈椎病、脑瘫、围绝经期抑郁症、粘连性肠梗阻、认知功能障碍、慢性盆腔炎、溃疡性结肠炎等病症。国内外针灸系统综述与 Meta 分析数量上呈极其快速增长,在过去的 7 年中,上升了一百多倍,但其研究方法学质量仍旧有待提高。

Cochrane 图书馆发表了近 120 篇针灸临床研究的系统综述,但是国内许多临床研究并没有被纳入,究其原因,是国内绝大多数临床研究因其病症诊断标准和疗效评价标准未采用行业公认的标准,以及随机化隐藏等方法学方面的质量较低而经过 Cochrane 系统综述严格的文献质量评估被排除了。

### (三) 针灸临床实践指南

怎样根据当前针灸的研究水平,结合针灸临床应用的经验,包括古代文献记载的经验与专家临床应用的经验,采用适当的方法来制定临床实践指南,提高针灸临床水平和疗效,是针灸界面临的机遇和挑战。

针灸已经在 100 多个国家得到广泛应用,同一病症的针灸治疗效果,来自不同国家、不同地区的研究报告差异较大。究其部分原因,可能与缺乏高质量的临床实践指南相关。

2007 年,中国中医科学院与世界卫生组织西太平洋地区达成合作意向,编写一套基于证据、有中医诊疗特色和优势的 28 种疾病的中医临床实践指南和 5 种疾病的针灸临床实践指南。其中 5 个针灸指南由中国针灸学会主持编写,病种为:面瘫、带状疱疹、抑郁症、偏头痛和中风假性球麻痹。这一系列指南于 2011 年由中国中医药出版社出版。

该针灸临床实践指南制定时注重以下特点:①适用性:鉴于目前针灸临床研究的状况,针灸指南的适用性尤为重要,应使大部分临床医生,尤其是基层医生及全科医生能在指南的指导下循序渐进地规范行为,提高水平。在产生了新的高质量干预方法,证明现有干预方法有利、有弊的新证据后,及时进行指南的更新,就会有新的发展和进步。②学科特色:针灸临床实践指南中回答的是围绕针灸学科特色的问题,如针灸治疗的优势和特点是什么? 针刺选取什么穴位临床疗效最佳? 面瘫急性期能否采用电针? 该指南充分体现了针灸自然疗法和辨证论治的特色,包括重视人体自身的经络辨证、强调选穴和刺穴方法的处方及无毒副作用等。③传承性:针灸学是在千百年的实践中形成的,这些历经检验的临床验案具有一脉相承的特点,同时具有证据学意义。作为针灸临床实践指南形成的证据,针灸古代文献是不可忽略的重要部分,指南的制定者对针灸古代文献也进行了深入的研究,体现了针灸学一脉相承的学科特色。④整体观:该指南在整合形成推荐方案的同时,兼顾了疾病临床治疗的实际情况。针灸学是中医学的重要组成部分,具有中医整体观的特点。针灸治疗的同时,往往需要患者配合情志和饮食起居等调护,因此该指南也体现了针灸治病复杂干预、整体调理的特点,在推荐最佳针灸治疗方案的同时,也要求患者自我护理,积极配合治疗,促进康复。如针灸是治疗中风后吞咽困难的重要方法,同时指南推荐,对于吞咽功能 0~1 级的患者,建议尽早行针灸治疗,但不拔除鼻饲管;在吞咽功能达到 2 级或以上时,可拔除鼻饲管,还需配合吞咽功能康复训练,促进吞咽功能康复。

此后,针灸学会、世界中医药学会联合会及其分支机构组织撰写了大量针灸的临床实践指南。虽然很多指南仍然在方法学上存在一定的局限,且原始研究的证据质量仍然比较低下,但是针灸的指南在逐步走向循证指南的方向。

## 二、国内循证针灸临床研究中存在的问题

### (一)针灸随机对照试验方法学存在的缺陷与不足

针灸随机对照试验的目的是为临床决策和制定卫生政策提供客观依据,是评价干预措施疗效的标准设计方案,它能较好地控制各种偏倚因素对疗效的影响,被认为是证据级别和论证强度很高的研究类型。1995 年世界卫生组织西太平洋地区发布《针灸临床研究方法指南》以来,随机对照试验明显增多,但是由于针灸学科自身的特点和针灸临床研究的特殊性,针灸临床研究仍存在以下缺陷与不足:

1. 随机化及分配隐藏 没有正确掌握随机分组方法,撰写论文时很少详细描述随机方法及过程,分配隐藏方法很少提及,甚至错误地把分配隐藏与盲法相混淆。

2. 样本含量估算 缺乏正确的样本含量估算方法或很少提及样本含量估算,多为研究者主观决定样本数。普遍无预备试验,没有计算样本含量。

3. 盲法的实施 由于针灸技术操作的特点,针灸临床研究很难实施研究者盲法,只有少数临床试验采用了疗效评价者与数据分析者盲法。国外应用较多的假针刺对照的受试者盲法也存在很多缺陷,国内很少有人使用。

4. 对照组的选择 许多针灸临床研究未选择目前公认的、效果肯定的标准疗法作为对照组,缺乏合理的对照。

5. 缺少公认的诊断标准 不同的研究常常采用不同的诊断标准,没有采用国际或国内公认的疾病诊断标准。

6. 疗效评价标准不规范 缺乏公认的疗效评价标准,与国际标准并不一致,其中客观指标不多,缺乏影响生存质量的评价及对远期结局的评价。

7. 基线水平描述不清 基线资料描述不清楚,缺少基线状况的详细比较,不能证明治疗组与对照组基线资料是否均衡可比。多数试验仅对治疗前的基线水平进行评价,未进行药物和其他干预措施效应的洗脱。

8. 很少描述病例脱落、随访及依从性 缺乏脱落病例的详细描述,很少提及随访或随访时间短或未记录分析随访期间的药物和其他相关治疗措施。很少有对患者依从性的描述。

9. 统计方法选用不当 不少研究报告的统计方法选择不正确,对于统计分析与试验结果解释不正确,没有注意统计分析结论与临床意义之间关系。很少详细说明缺失数据的统计处理方法、重复测量数据及混杂因素分析方法。

10. 质量控制不严 缺乏针灸临床试验质量控制的描述。针灸的临床疗效与穴位的选择、针刺手法及人体机能状态等多因素密切相关,严格的质量控制是保证高质量针灸临床试验的关键因素。

### (二)针刺干预措施中针刺手法未达到统一标准

2001 年国际针灸专家制作了《针刺临床试验干预措施报告的标准》(Standards for Reporting Interventions in Clinical Trials of Acupuncture,STRICTA),旨在提高针灸临床

笔记

试验质量,促进临床试验报告规范化。2010年,该标准经修订后再次出版。该标准包括针刺治疗的合理性、针刺的细节、治疗方案、辅助干预措施、实施针刺者的资历以及对照干预的类型等六个方面。显然该标准明确的描述了针刺干预的过程,但并未强调针刺手法要达到统一标准。

针灸治疗疾病具有明显的量效关系趋势。针刺手法是提高临床疗效的关键因素之一。根据传统针灸理论,针刺得气是针刺获取疗效的基础,而在得气基础上基于辨证选择适当的针刺手法达到有效刺激量是取得疗效的关键环节。因此,保证针刺手法操作一致性是影响试验结果可重复性的关键因素之一。

针灸临床研究中针刺手法的规范性操作可以参考中国针灸学会制定的国家标准《针灸技术操作规范》第20部分:毫针基本刺法;第21部分:毫针基本手法。

### （三）经典 RCT 用于针灸临床疗效评价具有局限性

经典的RCT方法,即解释性随机对照试验,用来衡量一种治疗方法在理想的试验条件下对严格符合受试条件的受试者所能达到的治疗作用的大小,属于效力(efficacy)研究,其目的在于评价某种治疗的特异性效应。经典的RCT方法有众多的优点,是确定干预措施特异性治疗效应的最佳试验方法。它的原型特征是针对药物试验而设计的,是以理想化的类似于实验室条件下的研究,强调内部真实性,偏倚最小化,评价药物的特异性效应,对于临床药物模型的简单干预研究比较适用,但是也存在以下不足:

1. 不适于评价由多个要素构成的复杂性干预或特异性疗效不十分确切的干预。

2. 其严格的纳入与排除标准,使试验在一种理想化的、高度选择的同质人群中进行,使其在临床实践的推广应用性受到限制。

3. 双盲设计忽略了医患之间的交流、信任、信心和治疗的知情选择,对于那些有治疗期望和选择的患者存在伦理学的问题。

4. 安慰剂对照评价的组分疗效并不能代替复杂干预的整体疗效。

5. 在评价具有人文背景的传统医学方法治疗时存在着方法学上的限制。

针灸疗法具有复杂干预,技术操作,以人为核心,个体化治疗等临床诊疗特点,所以用经典的RCT方法评价针灸的临床疗效具有一定的局限性。

## 三、循证针灸临床研究方法的发展

实用性随机对照试验测量干预措施的实际效果,属于效果(effectiveness)研究,是在实际医疗卫生条件下干预措施所能达到的治疗作用的大小。该试验不需改变现有治疗方案即能评价某种特定干预措施的效果,主要用于常规临床实践中疗效对比研究。实用性随机对照试验干预属于复杂干预、综合干预或防治方案等,能体现个体化诊疗特点,强调外部真实性。对试验对象的纳入、排除标准不严格,范围广,样本要求尽可能反映出临床实际中有变化的异质性人群,如患者可以合并有其他疾病或症状。实用性随机对照试验不强调受试者和医生盲法的必要性,建议采用协同作用最大化设计,强调结局测量者、数据收集者和统计分析者盲法。

根据研究目的不同,可采用:①标准对照:对照组采用西医的标准治疗方案,试验组正常针灸治疗;②不同针灸方法对照:对照组采用针灸临床标准治疗方法,试验组采用创新针灸方法;③不同治疗手段对照:对照组采用临床公认的其他治疗方法,如中药、推拿等,而试验组采用针灸治疗;④空白/等待对照:选用等待治疗的患者均为对照组,与治疗组同时接受疗效评价,但不接受治疗,等待时间同治疗组,在等待期结束接受与治疗组同样的治疗;⑤其他对照方法。

关于疗效评价指标,实用性随机对照试验强调多重结局测量,包括患者报告的结局指标、生活质量和卫生经济学评价等,尽可能测量代表健康受益的全过程。设计长期随访以观察针灸干预的远期疗效,强调临床终点结局。

实用性随机对照试验虽然外部真实性较高,但是需要获取内部真实性与外部真实性最大平衡。

### 四、其他非药物疗法的循证临床研究证据概况

#### (一)拔罐疗法的临床研究证据

当前,针对拔罐疗法临床研究的设计、实施、报告等规范还都参照中药或针刺的国际规范实施,未有针对性的标准发表。2010 年发表在 BCM CAM 上的一篇系统综述研究对近五十年来中国发表的拔罐疗法的临床试验研究进行计量统计,包括不同时间段文献发表数量的比较、不同种类试验类型文献发表数量的比较、罐疗方法的类型计量、治疗疾病种类的数量统计等。通过对国内外六个数据库的电子检索,纳入所有以拔罐疗法为主要干预措施的临床试验研究,拔罐疗法与其他中医疗法联合应用与其他疗法对照的研究均不予纳入。检索截止到 2008 年 12 月 31 日。所有纳入文献的资料提取包括治疗的疾病类型、罐疗的类型和具体操作方法等。检索后共纳入 550 个发表在1959 年至 2008 年的临床研究,包括 73 个随机对照试验、22 个临床非随机对照研究、373 个病例系列研究和 82 个病例报告。研究显示,随机对照试验的数量在 2008 年以前的 10 年间明显上升(1994~1996 年仅 1 个,2006~2008 年有 43 个),但是根据 Cochrane 协作网关于随机对照试验方法学质量评价可能存在的偏倚的分类标准,大部分纳入研究的方法学质量都较低。纳入研究涉及的罐疗所治疗的疾病或症状类型主要包括疼痛(70 个研究)、带状疱疹(59 个研究)、咳嗽或咳喘(39 个研究)、痤疮(29 个研究)、普通感冒(24 个研究)、荨麻疹(22 个研究)、股外侧皮神经炎(21 个研究)、颈椎病(19 个研究)、腰扭伤(19 个研究)、肩关节周围炎(17 个研究)等。刺络拔罐的方法是应用频率最高的罐疗方法(319 个研究),其次是留罐(100 个研究)、走罐(48 个研究)、药罐(30 个研究)、闪罐(7 个研究)、水罐(5 个研究)和针罐(3 个研究),38 个研究应用了两种以上的罐疗方法联合作为主要干预措施。纳入研究均未报告严重的不良事件。

该研究作者随后在 2012 年更新了此项系统综述研究的结果,对其中纳入的 135项随机对照试验的方法学质量进行了严格评价,并对纳入研究数量较多的带状疱疹(刺络拔罐)、痤疮、Bell's 面瘫(闪罐)和颈椎病进行了 Meta 分析。研究显示这 135 项随机对照试验发表于 1992—2010 年,尽管方法学质量呈好转趋势,但总体偏倚风险程度较高。尽管 Meta 分析结果显示刺络拔罐治疗带状疱疹、闪罐治疗 Bell's 面瘫、拔罐疗法治疗痤疮和颈椎病都有较好的效果,但由于证据质量较低、研究并未得出肯定的结论。

目前,在 PubMED 中检索拔罐相关的系统综述研究,仅能找到 8 项研究,除去上述2 项对拔罐疗法的总体文献综述研究,余下 6 项分别是拔罐疗法治疗疼痛、带状疱疹、

高血压、中风后康复、慢性下腰痛的疗效评价研究以及一项刺络拔罐疗法的疗效评价研究。与针刺的临床研究证据相似,拔罐的临床研究存在着方法学质量不高影响总体证据质量的问题。尽管系统综述 Meta 分析的结果均显示拔罐疗法可能存在疗效,但证据等级较低,无法作出有把握的推荐。

### （二）太极的临床研究证据

2015 年 PLOS ONE 杂志发表了一篇题为"Evidence base of clinical studies on Tai Chi:a bibliometric analysis"(循证的太极临床研究的文献计量学分析)的文章。研究者在 PubMed、Cochrane 图书馆和 4 个主要的中文电子数据库中搜索了截至 2013 年 7 月太极相关的所有临床研究。结果显示,1958~2013 年间共发表了 507 项研究,其中包括 43 项(8.3%)临床研究的系统评价,255 项(50.3%)随机临床试验,90 项(17.8%)非随机对照临床研究,115 项(22.7%)病例系列和 4 个(0.8%)病例报告。排名前 10 位的疾病为高血压、糖尿病、关节炎、骨质疏松症、骨质疏松、乳腺癌、心脏衰竭、慢性阻塞性肺疾病,冠状动脉心脏病、精神分裂症、抑郁症。许多参与者是为了维持健康或预防疾病而练习太极。杨式太极拳是最流行的,疗程一般 12 周、每周练习 2~3 小时。在超过一半的研究中太极作为独立的干预措施(58.6%),而在余下研究中与其他疗法联合应用,包括药物治疗、健康教育和其他物理疗法。大多数研究(94.1%)报告了太极的积极作用,5.1%项研究报告疗效不确定,0.8%项研究报告了负效应。所有研究未见与太极有关的严重不良事件。因此,研究者认为太极临床研究的数量和证据基础是丰富的。然而,太极拳干预研究质量和结果有很大的差异,研究报告的质量有待改进。

在 PubMED 中检索太极相关的系统综述研究能得到近百篇检索结果,太极治疗的目标疾病包括心脑血管疾病(如中风后康复、高血压、冠心病、心衰等)、糖尿病、神经系统疾病(帕金森病、抑郁症等)、多发性硬化、关节炎等,还包括预防老年人跌倒风险、治疗慢性疼痛类疾病、提高癌症患者生存质量等方面。太极相关的随机对照试验研究数量也很可观,纵观太极疗效评价研究的质量,其局限性与上述两种非药物疗法相类似。虽然多数研究显示太极的疗效显著,但尚未有研究给出明确的推荐意见。

# 第二节　实例分析

## 一、循证针灸临床实践实例分析

### （一）临床情景

魏某,男,64 岁,干部。

主诉:右侧肢体活动不利 1 天。

现病史:患者于 1 天前,晨起活动时出现右侧肢体活动不利,但可行走,伴右侧肢体麻木。发病过程中无发热、头痛、呕吐,无意识丧失及手足抽搐。今日肢体活动不利症状加重,为寻求诊断及治疗而来门诊就诊。

既往史:高血压病史 10 年,最高血压 190/120mmHg,目前应用降压药物沙坦钾氢氯噻嗪片,每次 62.5mg,日 1 次口服,血压控制在 130/90mmHg 左右。高脂血症病史 4 年,脂肪肝病史 4 年。吸烟史 44 年,每天吸烟 20 支左右。无饮酒史。患者否认糖尿病病史,否认肺结核、病毒性肝炎等传染病病史。

家族史:母亲患有高血压病、脑梗死。

入院查体:T:36.8℃,P:84 次/分,R:18 次/分,BP:150/100mmHg。神志清楚,查体合作,呼吸平稳,双肺呼吸音清,未闻及干湿啰音,心率 84 次/分,心律整齐,各瓣膜听诊区未闻及杂音。神经系统查体:语言流利,检测智能正常,双侧瞳孔等大等圆,直径 3mm,对光反射灵敏,右侧鼻唇沟浅,伸舌右偏,咽反射正常,右侧上肢肌力 2 级,下肢肌力 2 级,右侧面部及上下肢针刺痛觉减退,右侧音叉振动觉减退,右侧上下肢肌张力减低,腱反射减弱。右侧 Brudzinski 征(-),Kernig 征(-),Babinski 征(+)。左侧肢体肌力 5 级,肌张力正常,腱反射正常。舌质紫黯,苔白腻,脉弦滑。

辅助检查结果:入院行头颅 CT 检查示:左侧基底节区低密度影,边界模糊。

临床诊断:脑梗死;高血压病,3 级,极高危。

### (二)提出问题

针刺治疗急性脑梗死的疗效和安全性如何?

### (三)文献检索

为了回答上述临床问题,应按照如下顺序逐级检索现有证据。

1. Cochrane 图书馆　Cochrane 图书馆中收录的系统综述是方法学水平较高的系统综述证据,是对已经发表的原始研究的科学汇总、评价和总结。经检索,Cochrane 图书馆中关于针刺治疗脑卒中的系统综述有 4 篇,分别是针灸用于急性脑卒中、卒中后康复、卒中后失眠和卒中后失语。经初步评价,这 4 篇 Cochrane 系统综述没有直接相关的可应用证据(评价详情见本节第四部分)。

2. PubMed　为进一步查询针刺治疗急性脑梗死的随机对照试验证据,检索 PubMed 中针刺治疗急性脑梗死的随机对照试验。

检索策略:

#1 Search acupuncture Limits:Randomized Controlled Trial

#2 Search acute cerebral infarction Limits:Randomized Controlled Trial

#3 Search acute ischemic stroke Limits:Randomized Controlled Trial

#4 Search(#2)OR #3 Limits:Randomized Controlled Trial

#5 Search(#1)AND #4 Limits:Randomized Controlled Trial

检索结果发现 26 篇相关文章,其中发表于中文期刊的文章 11 篇,这 11 篇文章将通过中文数据库进一步查询。通过阅读摘要,排除动物试验、机理研究等类型的研究,找到与本临床问题相关的英文随机对照试验 3 篇。

3. VIP 和 CNKI 检索　在 VIP 和 CNKI 中检索针灸治疗急性脑梗死的随机对照试验。检索词为"针灸""针刺""电针""急性脑梗死""急性脑梗死""急性中风""急性脑卒中""随机"等。最终入选 1 篇相关性较好的随机对照试验。

### (四)文献评价

1. Cochrane 图书馆中检索到的 4 篇系统综述　针刺治疗卒中后失眠和卒中后失语的 2 篇系统综述与本实例患者病情不相关,主要针对卒中后期并发症的治疗。针刺治疗卒中后康复的系统综述与当前要解决的临床问题无关。经进一步阅读全文,针灸治疗急性脑卒中的系统综述里纳入了急性缺血性脑梗死和急性出血性中风两种类型的脑卒中,但是该系统综述没有就这两类疾病进行亚组分析。而且纳入综述的原始研究中针刺的具体方法包括有手针、头针、电针等多种方法,该综述也没有就针刺治疗的干预类型进行亚组分析。因此,该综述的结果和结论不能用于指导本例的临床决策。

2. PubMed 检索到的 3 篇随机对照试验

[文献1]该研究是一项系统综述(Jae Cheol Kong, et al. Acupuncture for functional recovery after stroke: a systematic review of sham-controlled randomized clinical trials. CMAJ, 2010. DOI: 10.1503/cmaj.091113),该研究并非针对急性缺血性脑梗死,纳入了缺血性脑梗死和出血性卒中,没有就此进行亚组分析。而且纳入综述的原始研究中针刺的具体方法包括有手针、头针、电针等多种方法,该综述也没有就此进行亚组分析。所以该综述的结果和结论不能为本实例的临床决策提供直接的参考。

[文献2]该研究是一篇随机对照试验(Yan T, et al. Transcutaneous electrical stimulation on acupuncture points improves muscle function in subjects after acute stroke: a randomized controlled trial. Journal of Rehabilitation Medicine, 2009, 41(5): 312-316),入组病例接受针刺治疗的时间是急性脑卒中后 9.2±3.4 天,且入组患者同时包含急性脑梗死和急性出血性脑卒中患者,由于纳入试验对象的临床异质性,该研究结果难以推断到急性脑梗死,因此其结果和结论不能为本实例的临床决策提供直接的参考。

[文献3]该案例发表于 1998 年,由瑞典学者完成(Gunilla Gosman-Hedström, et al. Effects of acupuncture treatment on daily life activities and quality of life: a controlled, prospective, and randomized study of acute stroke patients. Stroke, 1998, 29: 2100-2108.)。该研究仅纳入 40 岁以上急性脑梗死的患者,患者入组时必须是急性脑梗死发生后 1 周之内,但是开始针刺治疗的时间是在随机分组后 4~10 天。所以该研究的患者特征与本研究的临床情景也不直接相关。但是该研究可以为本研究临床情景中的患者在度过现阶段后的针灸治疗提供参考。该研究将入组的 104 例患者随机分为深刺组(37 例)、浅刺组(34 例)和无针刺干预组(33 例)。三组患者均接受常规脑卒中康复治疗。针刺组腧穴:合谷(双侧)、曲池(双侧)、条口(双侧)、Ex mob(双侧,无法对应该腧穴汉语名称)、外关(患侧)、百会。以上穴位,深刺组用 30mm 毫针,在患侧手针针刺得气,每 5 分钟行针 1 次,健侧用电针 2Hz,强度为局部肌肉抽搐。手针、电针治疗均为 30 分钟/次,2 次/周,治疗 10 周。浅刺组用 15mm 毫针,仅针刺曲池(双侧)和 Ex mob(双侧),深度仅达皮下,不用针刺手法,30 分钟/次,2 次/周,治疗 10 周。无针刺干预组仅接受常规康复治疗。该研究发现在 3 个月和 12 月时,深刺组、浅刺组和无针刺干预组之间神经功能评分、Barthel 评分和 Sunnaas 日常生活活动指数均无差别。深刺组患者有 4 位患者死亡,心源性死亡(2 例)、肺炎(1 例)、脑梗死(1 例);浅刺组患者有 10 位患者死亡,心源性死亡(6 例)、脑梗死(2 例)、肾衰(1 例)、消化道出血(1 例)。无针刺干预组死亡 5 例,心源性死亡(3 例)、脑梗死(1 例)、肺炎(1)。该研究作者未就以上死亡病例与针刺的关系进行评价。该小样本临床试验未能就针刺的疗效得到有效的证据。

3. VIP 和 CNKI　在 VIP 和 CNKI 中检索到 1 篇针刺治疗急性脑梗死的随机对照试验(饶萍. 针刺治疗急性缺血性脑卒中随机对照观察. 中国针灸, 2006, 26(10): 694-696.)。该研究纳入急性脑梗死发病 3~10 天的患者 40 例。通过计算机产生随机号,采用系列编号的、不透光的、密封的信封将符合入选标准的病例随机分为针刺组和非针刺组各 20 例。疗效及不良反应均由未参加患者纳入和治疗过程的医生对各观察

笔记

时点的指标进行盲法评价。两组患者均给予常规治疗，即对症、支持和防治并发症等治疗。针刺组在常规治疗基础上加用针刺治疗。针具选用毫针，针身长 15～40mm，直径 0.38～0.32mm。选穴主要参考石学敏创立的醒脑开窍针法。针刺时患者取平卧位，主穴选内关、水沟、患侧三阴交；配穴选患侧足三里、丰隆、太冲、尺泽及气海、风池、百会等。针刺治疗每日 1 次，每周 5 次，共计治疗 3～4 周。出院时或治疗 1 个月时针刺组神经功能缺损评分较非针刺组略有改善，但差异无显著意义（$P>0.05$）；3 个月及 6 个月时针刺组 Barthel 指数、改良的 Rankin 量表（MRS）均稍高于非针刺组，但两组在两个时段相比，差异均无显著意义（$P>0.05$）；3 个月时，针刺组残障 5 例，无死亡，非针刺组残障 7 例，死亡 2 例；6 个月时，针刺组残障 2 例，死亡 1 例，非针刺组残障 6 例，死亡 2 例。未交代 3 个月和 6 个月时的残障和死亡病例是否重复。死亡原因未交代。未报告其他不良事件。

### （五）结果应用

综合以上文献检索和评价的结果，尚未发现针刺对急性脑梗死发病 1 天左右的患者而进行的研究。与本研究临床情景较为接近的两篇研究（Gunilla 1998，饶萍 2006）均提示针刺加常规治疗基础组与单纯常规治疗组相比，在神经功能缺损、生存质量方面均无显著性差异。两篇研究中均有患者死亡的情况，Gunilla 的研究中患者的死因似与针刺无关，饶萍的研究没有报告死亡原因，无法判断。两篇研究均未报告其他严重不良事件。

### （六）效果评价

根据以上研究结果，目前没有直接的证据表明急性脑梗死患者在发病 1 天的时候是否应该使用针刺治疗。但是，通过上述两项研究可以初步认为对于急性脑梗死患者在发病 3 天到半个月的时候使用针刺治疗并不能改善神经功能缺损情况和患者的生存质量，故基于当前证据可以考虑暂时不使用针刺治疗。目前没有证据表明急性脑梗死患者接受针刺治疗会增加不良事件的发生。鉴于本研究检索的数据库有限，临床实际中针灸医生的针灸方法与研究中的方法可能有所不同，针灸医生的经验与技能存在差异，患者对针灸治疗存在选择性偏好等情况，针灸医生可以根据具体情况酌情使用。

## 二、循证刺络拔罐疗法临床实践实例分析

### （一）临床情景

孙某，女，40 岁，教师。

主诉：右侧腰部疱疹，疼痛两周局部皮肤麻木 1 周。

现病史：患者自述两周前无明显诱因出现右侧腰部掣痛，夜间为甚，次日疼痛部位出现成簇疱疹，痛如火燎，在当地卫生室作"带状疱疹"给予口服外用药物治疗，两周来曾口服中药，腰部疱疹有所消退，一周来局部皮肤时有发热，时有掣痛，时有麻木不仁等感觉，外用膏剂未见明显疗效，于今日来院求治，门诊以"带状疱疹"收治。

既往史：既往无特殊病史。

入院查体：T：36.6℃，P：70 次/分，R：20 次/分，BP：120/80mmHg。神志清楚，双肺呼吸音清晰，未闻及干湿性啰音，心律齐，未闻及杂音。腹部平软，无压痛及反跳痛，肝脾肋下未及，双肾区无明显叩击痛，右侧腰部有成簇疱疹，有结痂，局部皮肤色素沉着。

辅助检查结果:无。

临床诊断:带状疱疹。

### （二）提出问题

刺络拔罐治疗带状疱疹疗效和安全性如何?

### （三）文献检索

为了回答上述临床问题,按照如下顺序逐级检索现有证据。

1. Cochrane 图书馆　检索策略:

#1 Search wet cupping

#2 Search blood letting

#3 Search herpes zoster

#4 Search(#1)OR #2

#5 Search(#3)AND #4

经检索,Cochrane 图书馆中无关于刺络拔罐治疗带状疱疹的系统综述,但检索到非 Cochrane 系统综述 1 篇,在 CENTRAL 数据库中检索到随机对照试验 4 篇,均为中文发表的研究。

2. PubMed　进一步检索 PubMed 中刺络拔罐治疗带状疱疹的系统综述研究。

检索结果发现 5 篇相关文章,2 篇为发表于中文期刊的随机对照试验研究,余下 3 篇均为拔罐疗法系统综述研究,其中 1 篇直接相关的系统综述研究与在 Cochrane 图书馆中检索到的为同一篇文献。

3. VIP 和 CNKI 检索　在 VIP 和 CNKI 中检索刺络拔罐治疗带状疱疹的系统综述研究。检索词为"拔罐""刺络""点刺""三棱针""梅花针""带状疱疹""蛇串疮""系统综述""系统评价""荟萃分析"等。最终无直接相关的系统综述研究。

### （四）文献评价

仅检索到 1 篇系统综述,纳入的研究包括所有以刺络拔罐为主要干预措施治疗带状疱疹及其后遗神经痛的随机对照试验,对照组治疗方法可以为不治疗、安慰剂治疗或基础药物治疗。结局测量指标包括疼痛减轻程度、病程缩短程度、治愈率及后遗神经痛发生率。该综述的结果和结论对本例的临床决策有一定的指导意义。

该研究检索了 3 个中文数据库和 2 个英文数据库,检索策略恰当,但检索时间截止到 2009 年 4 月,距今时间较长,结论可能需要进行更新。从方法上看,该研究筛选文献、提取资料、严格评价及资料分析的步骤适宜,方法学质量较好,按照系统综述研究的质量评价方法,认为该研究的结果较为可信。然而,研究仅纳入了 8 项随机对照试验(651 个受试对象),结果的统计学把握度可能受样本量的影响。

### （五）结果应用

已检索到的系统综述的研究结果显示,刺络拔罐与药物对比能更有效地治愈带状疱疹的皮损(拔罐组治愈率是药物组的 2.5 倍)、减少(6%)后遗神经痛的发生率,而刺络拔罐结合其他某疗法也似乎更优于单纯运用该疗法(治愈率为对照组的 1.93 倍)。当然,这样的结果可能由于纳入研究的小样本量、方法学质量不高等原因而过高估计了刺络拔罐疗法的疗效。

### （六）效果评价

根据以上研究结果,目前仅有带状疱疹患者可以使用刺络拔罐治疗低质量的证据,且证据的适用时限为数年前,无更新的二次研究的证据。同时,纳入的原始研究中刺络拔罐的针具与选穴方法各不相同,并不能直接给出统一的临床操作规范建议,但结果显示出的疗效显著,建议针对本例患者应用本证据时,结合医生的经验和患者对刺络拔罐方法治疗的意愿酌情考虑。

## 学习小结

### 学习内容

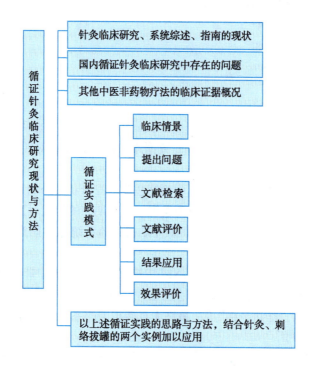

### 学习方法

中医非药物疗法临床研究中存在的方法学问题中大部分是中医临床研究中存在的共性问题,但是非药物疗法手法标准、盲法、安慰对照的问题等具有独特之处。中医非药物疗法的循证实践模式与中医其他疗法的循证实践过程一致,但是更加强调手法的实施。

（费宇彤 曹卉娟）

### 复习思考题

1. 中医非药物疗法的临床科研设计需要注意的独特之处有哪些?
2. 中医非药物疗法的循证实践应该注意哪些独特之处?

# 主要参考书目

[1] Sackett DL, Straus SE, Richardson WS, et al. Evidence-based medicine: how to practice and teach EBM[M]. 2nd edition. London: Churchill Livingston, 2000.

[2] 刘建平. 临床科研方法——理论与实践[M]. 北京: 军事医学科学出版社, 2000: 114-126.

[3] 《中医学》编辑委员会. 中国医学百科全书——中医学[M]. 上海: 上海科学技术出版社, 1997.

[4] 刘建平. 循证医学与中医药现代化[J]. 华西医学, 2002, 17(3): 289-290.

[5] 刘建平. 中医药研究随机对照试验质量的现状及对策[J]. 中国中西医结合杂志, 2003, 23(1): 62-64.

[6] 詹思远, 唐金陵, 谢立亚, 等. 中医药学术期刊随机对照临床试验文章评阅及建议[J]. 中国中西医结合杂志, 1999, 19(9): 568.

[7] 李庭谦, 毛兵, 常静, 等. 《中国中西医结合杂志》发表的论文中有关临床试验的评价[J]. 中国中西医结合杂志, 1999, 19(7): 435.

[8] Smith R. Where is the wisdom? The poverty of medical evidence [J]. BMJ, 1991, 303: 798-799.

[9] 赖世隆. 临床流行病学在中医药研究的应用. 见王家良主编《临床流行病学——临床科研设计、衡量与评价. 第2版[M]. 上海: 上海科学技术出版社, 2001: 434-439.

[10] 胡滨. 中医药文献检索[M]. 北京: 人民卫生出版社, 2013.

[11] 任晓琳, 李爱萍, 李晓惠, 等. 喜炎平注射液与利巴韦林治疗小儿急性上呼吸道感染疗效的Meta分析[J]. 中成药, 2017, 39(3): 480-485.

[12] ROBINS-I: a tool for assessing risk of bias in non-randomized studies of interventions. BMJ, 2016: 355.

[13] 钟利群, 唐雪春, 朱玉梅, 等. 消栓肠溶胶囊治疗缺血性中风恢复期(气虚血瘀证)多中心、随机、双盲双模拟、平行对照临床试验[J]. 现代中医临床, 2017, 24(1): 30-34.

[14] 谢丽娟, 陈嘉欣. 针灸治疗子宫内膜异位症的系统评价[J]. 中国妇幼保健. 2017, 32(3): 635-638.

[15] 陈薇, 刘建平. 中药外治法治疗糖尿病周围神经病变随机对照试验的系统评价[J]. 北京中医药大学学报(中医临床版), 2013, 20(3): 32-39.

[16] Holger J. Schünemann, Wojtek Wiercioch, Itziar Etxeandia. 指南2.0: 为成功制定指南而系统研发的全面清单[J]. 中国循证医学杂志, 2014, 14(9): 1135-1149.

[17] 陈君超, 刘建平, 吴文婷. 指南研究与评价的评审工具[J]. 循证医学, 2007, 7(5): 291-294.

[18] 任吉祥, 刘海燕, 赵建军, 等. 脑出血急性期治疗述评[J]. 世界科学技术-中医药现代化, 2013, 15(6): 1456-1462.

[19] 刘泰, 黄树武. 活血化瘀法治疗急性脑出血随机对照实验的系统评价[J]. 时针国医国药学杂志, 2015, 26(3): 765-768.

[20] 尹森林, 刘雪梅, 何林, 等. 对系统评价/Meta分析报告规范的系统评价[J]. 中国循证医学杂志, 2011, 11(8): 971-977.

[21] 刘建平. 循证医学 [M]. 北京: 人民卫生出版社, 2012.

# 全国中医药高等教育教学辅导用书推荐书目

**一、中医经典白话解系列**

| | |
|---|---|
| 黄帝内经素问白话解（第2版） | 王洪图　贺娟 |
| 黄帝内经灵枢白话解（第2版） | 王洪图　贺娟 |
| 汤头歌诀白话解（第6版） | 李庆业　高琳等 |
| 药性歌括四百味白话解（第7版） | 高学敏等 |
| 药性赋白话解（第4版） | 高学敏等 |
| 长沙方歌括白话解（第3版） | 聂惠民　傅延龄等 |
| 医学三字经白话解（第4版） | 高学敏等 |
| 濒湖脉学白话解（第5版） | 刘文龙等 |
| 金匮方歌括白话解（第3版） | 尉中民等 |
| 针灸经络腧穴歌诀白话解（第3版） | 谷世喆等 |
| 温病条辨白话解 | 浙江中医药大学 |
| 医宗金鉴·外科心法要诀白话解 | 陈培丰 |
| 医宗金鉴·杂病心法要诀白话解 | 史亦谦 |
| 医宗金鉴·妇科心法要诀白话解 | 钱俊华 |
| 医宗金鉴·四诊心法要诀白话解 | 何任等 |
| 医宗金鉴·幼科心法要诀白话解 | 刘弼臣 |
| 医宗金鉴·伤寒心法要诀白话解 | 郝万山 |

**二、中医基础临床学科图表解丛书**

| | |
|---|---|
| 中医基础理论图表解（第3版） | 周学胜 |
| 中医诊断学图表解（第2版） | 陈家旭 |
| 中药学图表解（第2版） | 钟赣生 |
| 方剂学图表解（第2版） | 李庆业等 |
| 针灸学图表解（第2版） | 赵吉平 |
| 伤寒论图表解（第2版） | 李心机 |
| 温病学图表解（第2版） | 杨进 |
| 内经选读图表解（第2版） | 孙桐等 |
| 中医儿科学图表解 | 郁晓微 |
| 中医伤科学图表解 | 周临东 |
| 中医妇科学图表解 | 谈勇 |
| 中医内科学图表解 | 汪悦 |

**三、中医名家名师讲稿系列**

| | |
|---|---|
| 张伯讷中医学基础讲稿 | 李其忠 |
| 印会河中医学基础讲稿 | 印会河 |
| 李德新中医基础理论讲稿 | 李德新 |
| 程士德中医基础学讲稿 | 郭霞珍 |
| 刘燕池中医基础理论讲稿 | 刘燕池 |
| 任应秋《内经》研习拓导讲稿 | 任廷革 |
| 王洪图内经讲稿 | 王洪图 |
| 凌耀星内经讲稿 | 凌耀星 |
| 孟景春内经讲稿 | 吴颖昕 |
| 王庆其内经讲稿 | 王庆其 |
| 刘渡舟伤寒论讲稿 | 王庆国 |
| 陈亦人伤寒论讲稿 | 王兴华等 |
| 李培生伤寒论讲稿 | 李家庚 |
| 郝万山伤寒论讲稿 | 郝万山 |
| 张家礼金匮要略讲稿 | 张家礼 |
| 连建伟金匮要略方论讲稿 | 连建伟 |

| | |
|---|---|
| 李今庸金匮要略讲稿 | 李今庸 |
| 金寿山温病学讲稿 | 李其忠 |
| 孟澍江温病学讲稿 | 杨进 |
| 张之文温病学讲稿 | 张之文 |
| 王灿晖温病学讲稿 | 王灿晖 |
| 刘景源温病学讲稿 | 刘景源 |
| 颜正华中药学讲稿 | 颜正华　张济中 |
| 张廷模临床中药学讲稿 | 张廷模 |
| 常章富临床中药学讲稿 | 常章富 |
| 邓中甲方剂学讲稿 | 邓中甲 |
| 费兆馥中医诊断学讲稿 | 费兆馥 |
| 杨长森针灸学讲稿 | 杨长森 |
| 罗元恺妇科学讲稿 | 罗颂平 |
| 任应秋中医各家学说讲稿 | 任廷革 |

**四、中医药学高级丛书**

| | |
|---|---|
| 中医药学高级丛书——中药学（上下）（第2版） | 高学敏　钟赣生 |
| 中医药学高级丛书——中医急诊学 | 姜良铎 |
| 中医药学高级丛书——金匮要略（第2版） | 陈纪藩 |
| 中医药学高级丛书——医古文（第2版） | 段逸山 |
| 中医药学高级丛书——针灸治疗学（第2版） | 石学敏 |
| 中医药学高级丛书——温病学（第2版） | 彭胜权等 |
| 中医药学高级丛书——中医妇产科学（上下）（第2版） | 刘敏如等 |
| 中医药学高级丛书——伤寒论（第2版） | 熊曼琪 |
| 中医药学高级丛书——针灸学（第2版） | 孙国杰 |
| 中医药学高级丛书——中医外科学（第2版） | 谭新华 |
| 中医药学高级丛书——内经（第2版） | 王洪图 |
| 中医药学高级丛书——方剂学（上下）（第2版） | 李飞 |
| 中医药学高级丛书——中医基础理论（第2版） | 李德新　刘燕池 |
| 中医药学高级丛书——中医眼科学（第2版） | 李传课 |
| 中医药学高级丛书——中医诊断学（第2版） | 朱文锋等 |
| 中医药学高级丛书——中医儿科学（第2版） | 汪受传 |
| 中医药学高级丛书——中药炮制学（第2版） | 叶定江等 |
| 中医药学高级丛书——中药药理学（第2版） | 沈映君 |
| 中医药学高级丛书——中医耳鼻咽喉口腔科学（第2版） | 王永钦 |
| 中医药学高级丛书——中医内科学（第2版） | 王永炎等 |